FELIPE PROBST WERNER

DANO MORAL E O COMERCIANTE

FELIPE PROBST WERNER

DANO MORAL E O COMERCIANTE

Del Rey editora

Belo Horizonte
2019

www.editoradelrey.com.br

Editor: Arnaldo Oliveira

Editor Adjunto: Ricardo A. Malheiros Fiuza

Diagramação / Capa: Alfstudio

Revisão: Responsabilidade do autor

EDITORA
Rua dos Goitacazes, 71 – Lojas 20 a 24
Centro - Belo Horizonte-MG
CEP 30190-909

Comercial:
Tel.: (31) 3284-3284 | 3293-8233
vendas@editoradelrey.com.br

Editorial:
editorial@editoradelrey.com.br

Werner, Felipe Probst
W492d Dano moral e o comerciante / Felipe Probst Werner. – Belo Horizonte: Del Rey, 2019.

278 p. – Inclui bibliografia.

ISBN: 978-85-384-0549-8

1. Direito do consumidor 2. Dano moral 3. Comerciantes 4. Atos jurídicos I. Título

CDU 347.451.031

Ficha catalográfica elaborada pela bibliotecária Meire Luciane Lorena Queiroz CRB 6/2233.

DEDICATÓRIA

Dedico esta obra à toda minha família, especialmente minha esposa Maressa e filhos Benjamin e Catarina, diários incentivadores e motivadores; e meus pais, Sergio e Cristiane, grandes estimuladores dos meus estudos.

AGRADECIMENTOS

Agradeço ao Professor
Dr. José Manuel Arruda Alvim Netto,
exímio orientador; aos professores
Dr. Tércio Sampaio Ferraz Júnior;
Dra. Maria Helena Diniz;
Dr. Rogério José Ferraz Donnini;
Dr. Everaldo Auguso Cambler; e
Dr. Eduardo Pellegrini de Arruda Alvim,
além de todos os colegas de doutorado.

SUMÁRIO

APRESENTAÇÃO

A construção de normas capazes de orientar o povo de determinada nação a ponto de fomentar o desenvolvimento econômico e social tem sido um dos grandes desafios dos legisladores ao redor do globo.

Dentre as mais variadas regras criadas pelo ser humano, uma das que mais se destaca é aquela que faculta aos indivíduos criarem, modificarem e extinguirem obrigações entre si. A necessidade de observação destas "normas individuais" mostrou-se extremamente útil para garantir o incremento das interações e foi responsável por fazer surgir diversas novas atividades até então impensadas pelo ser humano.

O respeito por estas normas passou a ser garantido pelo Estado que atuou por um bom período de tempo como espectador do progresso que ocorria na esfera privada apenas garantindo que os pactos celebrados deveriam ser cumpridos. Um dos motores desde progresso é o negócio jurídico, tema estudado no primeiro capítulo deste estudo.

O negócio jurídico é elemento central dos contratos e será o mesmo estudado em sua gênese, função e estrutura, quando explorar-se-á seus planos de existência, validade e eficácia. Como todo negócio jurídico é feito para que seja implementado pelas partes e têm suas controvérsias dirimidas por terceiros (especialmente Poder Judiciário), também será necessária a análise de sua forma de interpretação, com percurso a ser trilhado por meio do princípio da boa-fé, um dos grandes moduladores deste instituto.

Ocorre que a partir da Revolução Industrial os negócios jurídicos começaram a se intensificar, as relações diretas entre produtor e adquirente do produto passaram a ser substituídas por um cadeia de fornecimento. Surgiram os distribuidores, comerciantes, grandes armazéns, dentre inúmeros outros intermediários entre aquele que produzia e aquele que consumia.

Para conseguir suprir toda esta nova demanda os negócios jurídicos passaram a se massificar, isto é, obedecer um critério ou forma padrão, afastando-se a possibilidade de livre negociação entre as partes.

Neste ponto verifica-se que a grande ideia de liberdade entre as partes até então capaz regular as condutas sociais já não mais se mostra suficiente para garantir um desenvolvimento harmônico da coletividade. Diante dessa sociedade massificada o Estado começa a intervir por meio de regulação das relações existentes entre particulares.

A autonomia de vontade, outrora venerada, mostra-se insuficiente para suprir os anseios sociais com plenitude porque as partes contratantes não se encontram equilibradas na ocasião de sua manifestação de vontade quando da formalização do negócio jurídico. É neste contexto que surgem as legislações consumeristas, incluso a brasileira, que é analisada no segundo capítulo deste estudo.

A regulamentação das relações de consumo é ponto fundamental deste estudo porque é nela que se baseia a tese desenvolvida. Para tanto, buscou-se identificar os aspectos históricos, princípios positivados tanto pelo microssistema como pela Constituição Federal de 1988, além de trazer-se a definição das duas categorias principais da relação de consumo: consumidor e fornecedor.

É neste segundo capítulo que surge a análise de ponto nevrálgico ao estaudo. Diferencia-se o instituto do vício do produto ou serviço daquele de fato do produto ou serviço, muitas vezes também denominado de defeito. São analisadas suas sutis diferenças, principalmente no que tange ao sistema de responsabilidade civil adotado pela legislação consumerista brasileira para uma e outra situação.

Notar-se-á que as normas consumeristas diferenciam a responsabilidade, em especial do comerciante, na ocorrência de vício ou fato do produto ou serviço, por isso, pretende-se com o estudo verificar como desenvolve-se o sistema de responsabilidade civil trazido pela legislação consumerista.

A lógica de responsabilização por problemas de segurança ou adequação do produto ou serviço colocado no mercado positivada pelo microssistema estudado decorre de notável evolução do instituto da responsabilidade civil.

Por este motivo, no terceiro capítulo será realizado um estudo aprofundado da responsabilidade civil passando-se por sua noção, função, elementos e espécies. Destaque merece a função da responsabilidade de prevenção de novos danos, principal propulsor da moderna formulação da responsabilidade civil sem culpa, aqui denominada objetiva.

Em relação aos elementos, demonstrar-se-á que necessário para a configuração da responsabilidade civil um dano, uma conduta antijurídica e um elo entre esta conduta e o dano. Tratar-se-á, também, da culpa e da crescente desnecessidade de sua demonstração, principalmente em relação ao microssistema consumerista brasileiro, adotante da teoria do risco.

No que tange ao elemento dano, especial foco será dado àquele moral, quando demonstrar-se-á que pode este termo ser entendido quando interpretado extensivamente como qualquer lesão causada a personalidade da pessoa, natural ou jurídica.

Com todos estes elementos, esclarece-se que esta obra visa identificar se que sempre que constatado um dano moral (*lato sensu*) se estará diante de fato do produto ou serviço, por tal motivo, além de desenvolver um estudo acerca dos contratos de consumo, pretende-se relacionar o instituto do dano moral com as formas de responsabilidade civil que destes contratos derivam.

Por esta razão, fundamental será identificar qual a verdadeira fatispécie do vício e do fato do produto ou serviço, bem como a possibilidade de cumular essas duas situações a uma hipótese de lesão à personalidade do consumidor.

Desta forma, pretende-se com esta tese responder algumas questões centrais: há diferença entre as fatispécies de vício do produto e serviço e fato do produto e serviço? As consequências de uma e outra fatispécies são diferentes? Será possível cumular o dano moral com uma situação de vício do produto ou serviço?

A metodologia que será utilizada é indutiva e descritiva com utilização do direito comparado em algumas ocasiões e considerações pessoais sobre a matéria que será ventilada. Adentrar-se-á de forma não exaustiva noutros temas relevantes à compreensão dos danos morais ao consumidor e a responsabilidade solidária ou não do comerciante em razão do Código de Defesa do Consumidor.

Para realizar o estudo será utilizada doutrina especializada sobre os temas tratados, incluso direito estrangeiro, além da jurisprudência, que se manifestou em casos relevantes, sempre com o escopo de facilitar a compreensão e a exposição do problema que visa esta obra superar.

O estudo, como já mencionado acima, será dividido em três capítulos, que serão seguidos das considerações finais e referencias bibliográficas utilizadas.

Capítulo 1

NEGÓCIO JURÍDICO

A primeira parte deste estudo visa trazer elementos que serão os alicerces para o resultado final da pesquisa. Sabe-se que a responsabilidade civil, ainda que tenha um caráter preventivo, é uma consequência de uma relação jurídica pretérita.

Esta situação anterior ou causadora da responsabilidade pode ser contratual ou não contratual, mas é acerca daquela oriunda dos negócios jurídicos que se dará maior ênfase no início deste estudo porque sem relação jurídica contratada entre particulares, pouco provável seria existir responsabilidade extracontratual, explica-se: os negócios jurídicos são os propulsores da economia social porque com base neles é que serão promovidos intercâmbios entre produção de coisas e trabalho na sociedade. Sem negócios jurídicos, a tendência é que a sociedade fique estagnada, presa numa inércia que desencoraja a realização de atividades e assunção de riscos, que, por este motivo, diminui sobremaneira a possibilidade de qualquer responsabilidade extracontratual por ausência de atividade social.

Para melhor compreender o que acima disposto, interessante retroceder um pouco no tempo para verificar que já naquelas sociedades primitivas existia elemento organizador fundado basicamente no princípio do parentesco. Gravitava, nessa época, a sociedade em torno de uma segmentação familiar na qual cada ente assumia uma posição nas relações de parentesco, quem não estava na família encontrava-se fora do direito.

Com o incremento da complexidade das interações humanas o princípio do parentesco lentamente começa a desaparecer dando espaço a uma nova organização social e ao aparecimento da *polis* (sociedade política). O surgimento dos mercados e a posição do comerciante irá permitir que as necessidades sejam supridas por não-parentes, será neste ponto que começa-se a definir quem é quem ou qual sua posição na sociedade. O direito, que até então confundia-se com as maneiras de agir do povo passa a ligar homens livres com diferentes funções neste novo tipo de sociedade, consequentemente, passa o direito a incluir toda a sociedade, independente de estar-se ou não num grupo familiar.[1]

Com o direito recaindo sobre toda a sociedade irão surgir negócios que sofrerão regulamentações e serão o carro-chefe do desenvolvimento social. À responsabilidade, por honrar com estes compromissos, dá-se o nome de contratual, mas, como esses negócios podem vir a afetar não participantes diretos da relação operacionalizada, necessário foi o direito prever, também, um instituto de responsabilidade que protegesse pessoas que não necessariamente participaram do negócio, à esta dá-se o nome de extracontratual.

A ideia, neste momento, não é esgotar o tema da responsabilidade civil, mesmo porque este será tratado ao final do estudo, pois como já mencionado, antes da responsabilidade vem o negócio jurídico. Como o presente estudo é focado nas relações de consumo, são os negócios jurídicos de consumo que serão abordados neste capítulo.

1.1 O CONTEXTO DO NEGÓCIO JURÍDICO

Desde as sociedades arcaicas o ser humano, com o escopo de garantir sua sobrevivência, vê-se obrigado a construir relacionamentos com seus semelhantes. Foi com o desenvolvimento social que as relações começaram a passar de uma campo estritamente verbal e costumeiro para a forma reduzida expressada de forma escrita (inicialmente cuneiforme).[2]

Com o aumento da complexidade das relações sociais e a racionalização do Estado na transição da Idade Média para a Idade Moderna, o direito viu-se concentrado nas mãos de um soberano, que, a partir daí, transcreveria costumes em normas escritas com aplicabilidade em todo o Estado.

1 FERRAZ JR., Tércio Sampaio. **Introdução ao estudo do direito:** técnica, decisão, dominação. 8 ed. São Paulo: Atlas, 2015.

2 PALMA, Rodrigo Freitas. **História do direito.** 5 ed. São Paulo: Saraiva, 2015.

O acúmulo dessas normas faz surgir uma necessidade de organização dos temas que juntos acabam sendo denominados pelos teóricos do direito como sistema.[3] Acerca do sistema hierárquico (piramidal) ou formado em rede, muitos são os debates, mas, certo é que esta organização das normas a partir do Século XIX culminará por criar as grandes codificações do direito, destacando-se para o direito civil ocidental aquelas provenientes da França, Alemanha e Itália.[4]

Nestas codificações as normas são abstratas, isto é, preveem hipóteses de fato, são classificadas por tipo e orientadas segundo diretivas de valoração jurídica criadas pelo espírito humano. A doutrina convencionou chamar tais situações de *fatispecie*[5], que quando se implementam no mundo fático, uma consequência jurídica já prevista na norma passa a ser automaticamente produzida.[6]

O homem criou, portanto, algumas situações hipotéticas para que quando uma situação real ocorra e se enquadre àquela hipotética um resultado seja produzido. Tal resultado pode ser uma criação, modificação ou extinção de direito; uma permissão; uma sanção, dentre outras formas de manifestação do direito.

Jean-Jacques Rousseau em sua obra "do contrato social" sustenta que a consequência produzida pelo ordenamento jurídico deve obrigatoriamente ser aceita por aqueles à quem a norma está direcionada porque "nunca o mais forte o é tanto para ser sempre senhor, se não converte a força em direito, e em dever a obediência". Para o autor, vontade geral seria a cessão de parcelas de liberdade em prol de um bem maior, qual seja, defender e proteger cada sócio e seus bens com toda a força comum, unindo-se cada um a todos.[7]

Acerca desta confabulação de Rousseau importante é trazer o comentário de Norberto Bobbio, que sustenta serem duas as maneiras de conceber o contrato social: a hobbesiana, quando o contrato seria a renúncia completa a todos os direitos do estado natural, que seria o poder civil sem limites; e a lockiana, quando o poder civil seria fundamentado no objetivo de assegurar o melhor gozo dos direitos naturais. Argumenta o autor que

---

3 LOSANO, Mario G. Modelos teóricos, inclusive na prática: da pirâmide à rede. Novos paradigmas nas relações entre direitos nacionais e normativas supraestatais. **Revista do Instituto dos Advogados de São Paulo.**. v. 8. n. 16. São Paulo: Revista dos Tribunais, 2005.

4 SCHIOPPA, Antonio Padoa. **História do direito na Europa: da Idade Média à Idade Contemporânea.** São Paulo: Martins Fontes, 2014.

5 Ou fatispécie, proveniente do latim *facti species*, em tradução livre: figura do fato.

6 BETTI, Emílio. **Teoria geral do negócio jurídico.** Campinas: Servanda, 2008.

7 ROUSSEAU, Jean-Jacques. **Do contrato social.** São Paulo: Martin Claret, 2003, p. 26.

> Na primeira hipótese o Direito natural desaparece completamente para dar vida ao Direito positivo; na segunda, o Direito positivo é o instrumento para a completa atuação do preexistente Direito natural.[8]

Em outras palavras, independente da teoria que se adote referente a um suposto contrato social ou qualquer outra forma de organização estatal, não se pode negar que há um direito positivo que exerce influência contínua sobre toda a sociedade, seja para organizá-la, conduzi-la, ou tão somente para garantir um mínimo de liberdade individual. Certo é que há uma força formada pela coletividade que produz normas coercitivas simultaneamente em favor e desfavor dela mesma.

Assim, para Michel Foucault, cada indivíduo é um efeito e centro de transmissão do poder, que apenas funcionará se exercido em rede. Segundo o autor, tem-se que

> a partir do Século XIX até hoje, por um lado, uma legislação, um discurso e uma organização do direito público articulados em torno do princípio do corpo social e da delegação de poder; e por outro, um sistema minucioso de coerções disciplinares que garanta efetivamente a coesão deste mesmo corpo social.[9]

Georg Jellinek segue na mesma toada, mas aduz que há o poder de dominação, que seria um poder irresistível, porque dominar pode e deve se traduzido como mandar de uma forma incondicionada, inclusive com coação para que se cumpra o que determinado.[10]

Ao debruçar-se sobre este tema, Hans Kelsen deparou-se com o seguinte questionamento: por que uma norma vale e deve ser respeitada? A resposta é seu modelo piramidal, segundo o qual o ilustre jurista atribui que o fundamento de validade de uma norma seria uma outra norma superior, que, sucessivamente, chegar-se-ia na chamada norma fundamental.[11]

Inegável é que o modelo piramidal sofre inúmeras críticas e muito provavelmente a teoria mais aceita hoje seria aquela do sistema como uma rede não necessariamente organizada hierarquicamente, neste sentido sustenta Mario G. Losano que "hoje o direito assume o aspecto de uma massa tridimensional em

---

8 BOBBIO, Norberto. **Teoria do ordenamento jurídico.** Brasília: Editora Polis. 1989, p. 43.

9 FOUCAULT, Michel. **Microfísica do poder.** 25 ed. Rio de Janeiro: Graal, 1979. p. 179-191.

10 JELLINEK, Georg. **Teoria General del Estado.** Buenos Aires: Albatroz, 1970.

11 KELSEN, Hans. **Teoria pura do direito.** São Paulo, Martins Fontes, 1999.

contínua e irregular expansão e, assim, o rigoroso modelo da pirâmide normativa está desagregando-se"[12].

De toda forma, o resultado é a obrigatoriedade de observação das normas pela sociedade, tema que foi profundamente estudado por Walter Benjamin quando concluiu que o que mantém o direito é a violência (em suas mais variadas formas)[13] e que "a violência que mantém o direito é uma violência que ameaça"[14]. Na mesma obra o autor sustenta que ainda que um contrato tenha sido firmado de forma pacífica, na última instância seria implementado por meio de violência caso uma das partes rompesse o contrato.[15]

O presente estudo não pretende fundamentar uma teoria do ordenamento ou sistema jurídico, mas importante é estar ciente que é a norma (sistema) quem atribui a capacidade de criar obrigatoriedade e coercitividade ao negócio jurídico, inclusive sob forma de violência. Adiante passar-se-á, portanto, às noções de negócio jurídico até chegar-se ao tema central deste capítulo: os negócios jurídicos de consumo.

1.2 FATO JURÍDICO, ATO JURÍDICO E NEGÓCIO JURÍDICO

Para compreender plenamente o negócio jurídico necessário antes esclarecer como são formados e qual sua diferença para fato e ato jurídico.

Enquanto, fato é uma "coisa ou ação feita"[16], ato significa "aquilo que se fez ou faz"[17]. A diferença semântica parece pequena mas um fato é o que realmente existe, reporta-se ao passando, enquanto ato representa uma ação. Fato é um acontecimento, já ato é uma conduta, um procedimento. A palavra *jurídico* após fato ou ato apenas dará um sentido para uma acontecimento ou ação na esfera do direito.

---

12 LOSANO, Mario G. Modelos teóricos, inclusive na prática: da pirâmide à rede. Novos paradigmas nas relações entre direitos nacionais e normativas supraestatais. **Revista do Instituto dos Advogados de São Paulo**.. v. 8. n. 16. São Paulo: Revista dos Tribunais, 2005, p. 281.

13 A violência a que se refere Walter Benjamin é um produto da natureza, deve ser um meio e não um fim, podendo apenas ser utilizada para fins justos. Ex.: alienação forçada de um bem em hasta pública para pagar uma dívida trabalhista.

14 BENJAMIN, Walter. **Escritos sobre mito e linguagem**. 2 ed. São Paulo: Editora 34, 2013, p. 133.

15 BENJAMIN, Walter. **Escritos sobre mito e linguagem**. 2 ed. São Paulo: Editora 34, 2013.

16 CUNHA, Antônio Geraldo. **Dicionário etimológico da língua portuguesa.** 4 ed. Rio de Janeiro: Lexikon, 2010. p. 287.

17 CUNHA, Antônio Geraldo. **Dicionário etimológico da língua portuguesa.** 4 ed. Rio de Janeiro: Lexikon, 2010. p. 287.

O Código Civil Brasileiro de 1916 continha em sua parte geral a designação genérica de *ato jurídico* caracterizando-o como "todo ato lícito, que tenha por fim imediato adquirir, resguardar, transferir, modificar ou extinguir direitos"[18], mas aquele de 2002 substituiu tal nomenclatura genérica por *negócio jurídico*. Atualmente, portanto, apenas há regulamentação pormenorizada acerca de negócio jurídico, permanecendo o ato jurídico como uma categoria à parte.

Para a melhor compreensão de ato jurídico necessário é alçar-se à etapa dos fatos jurídicos, eis que sendo aquele espécie deste, importante se faz esclarecer a posição de cada um na legislação atual. Visto acima que uma fatispécie é uma criação humana que possui uma valoração outorgada pelo criador da norma abstrata, tem-se que as consequências produzidas automaticamente pelas normas quando ocorrida uma situação de fato são as respostas do ordenamento ao caso concreto, e, considerando que a criação da fatispécie está intimamente relacionada com sua valoração, apenas se pode concluir que um fato jurídico é um fato concreto que o direito entende que deva dar uma resposta quando vem a ocorrer.

Neste sentido leciona o jurista italiano Emilio Betti,

> Fatos jurídicos, são, portanto, aqueles fatos a que o direito atribui relevância jurídica, no sentido de mudar as situações anteriores a eles de configurar novas situações, a que correspondem novas situações jurídicas. O esquema lógico do fato jurídico, reduzido à expressão mais simples, obtém-se estudando-o como um fato dotado de certos requisitos pressupostos pela norma, o qual incide sobre uma situação preexistente (inicial) e a transforma numa situação nova (final), de modo a constituir, modificar ou extinguir poderes e vínculos, ou qualificações e posições jurídicas.[19]

Pode-se concluir, portanto, que fatos jurídicos são situações fáticas que repercutem no âmbito jurídico criando, modificando ou extinguindo direitos. Mas cabe o alerta, enquanto não se verificar a hipótese de fato estabelecida pela norma – fatispécie pressuposta – não haverá nova situação jurídica.

Posição simplista é a adotada por Arnoldo Wald quando dispõe que "os fatos jurídicos são aqueles que repercutem no direito, provocando a aquisição, a modificação ou a extinção de direitos subjetivos"[20].

---

18 BRASIL. Lei 3.071, de 1 de Janeiro de 1916. Disponível em https://www.planalto.gov.br/ccivil_03/leis/L3071.htm. Acesso em 27 de dezembro de 2016.

19 BETTI, Emílio. **Teoria geral do negócio jurídico.** Campinas: Servanda, 2008, p. 22.

20 WALD, Arnoldo. **Direito civil: introdução e parte geral.** v. 1. 13 ed. São Paulo: Saraiva, 2011, p. 239.

Assim como a vida humana o direito também possui seu ciclo vital: nasce, se desenvolve e extingue-se. Estas situações são denominadas fatos jurídicos porque produzem efeitos previstos e valorados em lei.

Por este motivo, numa visão ampla, Pedro Lenza conceitua fato jurídico como "todo o acontecimento da vida que o ordenamento jurídico considera relevante no campo do direito"[21], dividindo-se em naturais e humanos, mesma divisão feita por inúmeros outros autores, como, por exemplo, Carlos Roberto Gonçalves e Arnoldo Wald.

Os fatos naturais, também denominados fatos jurídicos em sentido estrito, podem ser classificados como ordinários, por exemplo: nascimento, morte, maioridade e decurso do tempo; ou extraordinários, como terremotos, tempestade, dentre outras situações que podem ser incluídas na categoria de caso fortuito e força maior.

Este mesmo raciocínio é exposto por José Abreu quando afirma que os fatos jurídicos em sentido estrito "englobariam aqueles acontecimentos resultantes da natureza, que repercutissem no ordenamento jurídico, como, por exemplo, a morte, nascimento, [...]"[22].

Já os fatos humanos, também chamados de atos jurídicos em sentido amplo, são ações humanas capazes de criar, modificar, transferir ou extinguir direitos. Podem decorrer de atos lícitos ou ilícitos, os primeiros são aqueles que a lei irá deferir os efeitos almejado pelo agente; os segundos, como praticados em desacordo com ordenamento jurídico, apenas serão fonte de obrigação, como, por exemplo, ressarcimento ou indenização por eventual prejuízo causado.

Dentre os atos lícitos é possível encontrar três ramificações encontradas na doutrina: ato jurídico em sentido estrito, ato-fato jurídico e negócio jurídico.[23]

Atualmente no Brasil o ato jurídico lícito é disciplinado pelo artigo 185 do Código Civil de 2002, que trata do ato jurídico em sentido estrito, pois excluem aqueles que formam o negócio jurídico.

No primeiro caso tem-se o ato jurídico como uma espécie de fato jurídico humano baseado numa simples intenção, como o reconhecimento de filho, notificação para constituição em mora ou até o ato de pescar um peixe e tornar-se proprietário do mesmo pelo instituto da ocupação.[24]

---

21 LENZA, Pedro. **Direito civil: parte geral**. v. 1. 3 ed. São Paulo: Saraiva, 2013. p. 512.

22 ABREU, José. **O negócio jurídico e sua teoria geral**. 2 ed. São Paulo: Saraiva, 1988, p. 8.

23 LENZA, Pedro. **Direito civil: parte geral**. v. 1. 3 ed. São Paulo: Saraiva, 2013. P. 514.

24 GONÇALVES, Carlos Roberto. **Direito civil: parte geral**. v. 1. 19 ed. São Paulo: Saraiva, 2012.

O ato jurídico em sentido estrito é um tipo de fato jurídico sempre produzido pela manifestação de uma vontade não qualificada predeterminada em lei. Trata-se de uma situação menos rica em conteúdo que produz menos efeitos que o negócio jurídico.

Para Maria Helena Diniz, existem atos jurídicos materiais e de participações, os primeiros consistem numa atuação de vontade que lhes outorga existência imediata porque não destinam-se ao conhecimento de outra pessoa, como a ocupação, transferência de domicílio, confusão, comistão, adjunção, acessão, pagamento indevido, dentre outros; já os segundos têm o objetivo de produzir na mente de outrem um evento psíquico, possuem um destinatário, como a intimação, interpelação para constituição em mora, confissão, dentre outros.[25]

O ato-fato jurídico, segundo Pedro Lenza, é um fato consequente da prática de um ato, independente da vontade do agente. Para o autor, mesmo um absolutamente incapaz pode produzir um ato-fato jurídico, como ocorre, por exemplo, quando um louco descobre um tesouro, independente de sua vontade ficará, conforme artigo 1.264 do Código Civil de 2002, com metade de sua propriedade.[26]

Esta concepção trazida por Pedro Lenza de uma consequência mesmo sem vontade do agente é trazida por Emilio Betti simplesmente como fato jurídico, que seria aquele pelo qual o direito leva em consideração o fenômeno natural como tal, sem necessidade de concorrência de vontade, como, por exemplo, se adquire a propriedade por acessão da plantação mesmo que tenha a semente da planta sido levada pelo vento, completamente alheio à vontade do ser humano.[27]

Esclarecido este dois pontos iniciais tem-se, por último, que um fato humano lícito pode gerar um negócio jurídico, instituto que foi tratado pela primeira vez pelo Código Civil Alemão (BGB) e é definido por uma corrente por sua gênese, e, por outra, por sua função. Em outras palavras, ora o enfoque do negócio jurídico é o que lhe dá origem (autonomia de vontade), ora um preceito oriundo de uma norma abstrata superior e seu caráter jurídico vinculante (auto-regramento da vontade).[28]

As duas correntes e seus aspectos fundamentais do negócio jurídico serão tratados adiante, no entanto, adota-se o clássico conceito de Karl Larenz para sua definição, segundo o qual "negócio jurídico é um ato, ou uma pluralidade de atos,

25 DINIZ, Maria Helena. **Código civil anotado.** 14 ed. São Paulo: Saraiva, 2009, p. 205.

26 LENZA, Pedro. **Direito civil: parte geral.** v. 1. 3 ed. São Paulo: Saraiva, 2013. P. 515-516.

27 BETTI, Emílio. **Teoria geral do negócio jurídico.** Campinas: Servanda, 2008.

28 AZEVEDO, Antônio Junqueira. **Negócio jurídico: existência, validade e eficácia.** 4 ed. São Paulo: Saraiva, 2010.

entre si relacionados, que sejam de uma ou várias pessoas, que tem por fim produzir efeitos jurídicos, modificações nas relações jurídicas no âmbito do direito privado"[29], mas acrescido de um ponto que entende-se fundamental, qual seja: a necessidade deste(s) ato(s) serem recepcionados pelo ordenamento jurídico.

Para este estudo, o conceito adotado de negócio jurídico será de que é um ato, ou uma pluralidade de atos, entre si relacionados, que sejam de uma ou várias pessoas, que tem por fim produzir efeitos jurídicos da forma que são recepcionados pelo ordenamento jurídico.

Uma relação jurídica é o vínculo de um titular de um direito subjetivo e seu dever correspondente[30], sendo que os efeitos jurídicos previstos pelos agentes, e amparados por lei, irão criar, modificar, transmitir ou extinguir direitos.

Apresentada uma noção introdutória dos negócios jurídicos, passar-se-á ao estudo de suas correntes, para, então, justificar a conceituação acima escolhida.

1.3 A GÊNESE DO NEGÓCIO JURÍDICO (CORRENTE VOLUNTARISTA)

A iniciativa privada é um dos principais alicerces de uma sociedade que pretenda desenvolver-se economicamente porque é por meio dela que as mais variadas relações jurídicas se iniciarão. A manifestação desta iniciativa não procura apenas atingir objetivos determinados, mas também criar os meios mais aptos para que seja possível efetivar os anseios pretendidos.

A ideia de que o que caracteriza o negócio jurídico é uma manifestação ou declaração de vontade destinada a produzir efeitos jurídicos é a mais comum tanto na doutrina estrangeira, com Ruggiero[31], Ramón Aguila[32] e Stolfi[33], como naquela brasileira. Clóvis Beviláqua sustentava ser o ato jurídico uma "manifestação da vontade individual", Washington de Barros Monteiro informava que uma "característica primordial do ato jurídico é ser um ato de vontade" e Silvio

29 LARENZ, Karl apud LENZA, Pedro. **Direito civil: parte geral.** v. 1. 3 ed. São Paulo: Saraiva, 2013. p. 517.

30 COELHO, Fábio Ulhoa. **Direito civil: parte geral.** v. 1. 5 ed. São Paulo: Saraiva, 2012.

31 Que aduz que o negócio seria uma declaração de vontade do indivíduo tendente a um fim protegido pelo ordenamento jurídico.

32 Quando sustenta que o negócio seria uma manifestação de vontade destinada a criar, modificar ou extinguir direitos e obrigações.

33 Que adota como conceito do negócio jurídico a manifestação de vontade de uma ou de algumas partes com objetivo de produzir um efeito jurídico, ou seja, o nascimento ou a modificação de um direito subjetivo, sua garantia ou extinção.

Rodrigues sustenta que "o ato jurídico é fundamentalmente um ato de vontade visando a um fim".[34]

No entanto, há críticas a esta corrente pelo fato de que podem existir atos lícitos não negociais que sejam realizados por agente que deseja que ocorra exatamente o que a lei prevê. Nestes casos haverá uma manifestação de vontade que produzirá efeito jurídico, mas não negócio.

Segundo Karl Larenz, para os voluntaristas "no puede nunca admitirse como contenido del contrato lo que las partes no han querido realmente y en lo que, por consiguiente, no han pensado"[35].

Ao seu tempo, José Abreu irá sustentar que para os adeptos do voluntarismo, "[...] o ato negocial é nada mais nada menos que uma expressão da vontade, conceituando-se o negócio jurídico, de uma maneira geral, como fruto de sua declaração, produzindo efeitos jurídicos"[36].

Por este grande e único valor à vontade, Antônio Junqueira de Azevedo é incisivo em sua crítica aos voluntaristas apontando dois exemplos que fulminariam a teoria voluntarista: o primeiro é uma situação hipotética de um caçador, conhecedor do direito positivo, que atira numa caça com a intenção de virar proprietário da mesma pela ocupação. Sustenta o autor que neste caso o caçador deseja o efeito jurídico e prático do ato, mas não está diante de um negócio jurídico. O segundo exemplo trazido pelo autor é o caso da conversão substancial, quando o negócio dela resultado não era exatamente aquele desejado pelas partes. Neste último caso, o negócio ineficaz que ensejou a conversão resultou num outro negócio que não foi aquele inicialmente previsto ou desejado pelas partes.[37]

Para César Fiúza a vontade nos negócios jurídicos não pode ser adotada como dogma absoluto e os interesses dos agentes devem ser tomados como parte de um todo socioeconômico tutelado pelo Estado[38], ou seja, em que pese o negócio jurídico ser o principal instrumento para a realização dos interesses particulares, a lei impõe limites que devem obrigatoriamente ser observados sob pena de inexistência, invalidade ou ineficácia.

---

34 AZEVEDO, Antônio Junqueira. **Negócio jurídico: existência, validade e eficácia.** 4 ed. São Paulo: Saraiva, 2010.

35 LARENZ, Karl. **Base del negócio jurídico y cumplimiento de los contratos.** Traz. Carlos Fernandes Rodriguez. Granada: Editorial Comares, 2002. p. 163.

36 ABREU, José. **O negócio jurídico e sua teoria geral**. 2 ed. São Paulo: Saraiva, 1988. p. 26.

37 AZEVEDO, Antônio Junqueira. **Negócio jurídico: existência, validade e eficácia.** 4 ed. São Paulo: Saraiva, 2010.

38 FIÚZA, César. **Direito civil: curso completo.** 7 ed. Belo Horizonte: Del Rey, 2003.

Como de fato é possível ter-se uma manifestação de vontade capaz de criar, modificar ou extinguir direitos sem que seja esta um negócio jurídico, vê-se que a teoria subjetivista não contempla com exatidão o conceito de negócio jurídico, e, por este motivo, adiante será explorada a teoria objetivista do negócio jurídico.

1.4 A FUNÇÃO DO NEGÓCIO JURÍDICO (CORRENTE OBJETIVISTA)

A corrente objetivista assume o negócio jurídico como um comando concreto pelo qual o ordenamento jurídico irá reconhecer uma eficácia obrigatoriamente vinculante. A ótica deste grupo de pensadores não está na gênese, mas sim na função do negócio jurídico.

Em sua obra teoria pura do direito, Hans Kelsen mostra seu posicionamento quando enfatiza o negócio jurídico como criador de direito. Para o autor, negócio jurídico seria uma norma jurídica individual que, enquanto numa relação penal o descumprimento resultaria numa sanção-pena, esta relação civil culminará numa sanção-execução a fim de ressarcir prejuízo causado pelo mesmo (descumprimento).[39]

Esclarece Emilio Betti quanto a gênese e função que

> os negócios jurídicos têm a sua gênese na vida de relações: surgem como atos por meio dos quais os particulares dispõem, para o futuro, um regulamento obrigatório de interesses das suas recíprocas relações, e desenvolvem-se, espontaneamente, sob o impulso das necessidades, para satisfazer diversíssimas funções econômico-sociais, sem a ingerência de qualquer ordem jurídica.[40]

A ideia que passa Emilio Betti é que apesar de ter uma gênese na autonomia de vontade, serve primordialmente o negócio jurídico como um regulamento interpartes obrigatório que visa satisfazer funções econômicas e sociais.

É por este motivo que renomados autores da corrente objetivista, como Brinz, Thon, Larenz a o próprio Betti afirmam que o negócio jurídico é um meio concedido pelo ordenamento jurídico para a produção de efeitos jurídicos, coisa que desvincula o negócio jurídico daquela submissão à vontade individual apenas.[41]

---

39 KELSEN, Hans. **Teoria pura do direito**. Trad. João Batista Machado. 6 ed. São Paulo: Martins Fontes, 1998.

40 BETTI, Emílio. **Teoria geral do negócio jurídico**. Campinas: Servanda, 2008, p. 74.

41 ABREU, José. **O negócio jurídico e sua teoria geral**. 2 ed. São Paulo: Saraiva, 1988.

Von Tuhr parece seguir no mesmo raciocínio quando argumenta que o negócio jurídico é a manifestação de vontade de um ou mais particulares encaminhadas a produzir efeitos no direito no sentido de criar, modificar ou extinguir direitos ou relação jurídica. Para o autor, "la ley, al admitir estos actos o negocios jurídicos y sancionar -dentro de ciertos límites- los efectos apetecidos por las partes, reconoce a los sujetos de derecho la posibilidad de reglamentar por sí mismos sus relaciones"[42].

Para os objetivista, portanto, a função dos negócios jurídicos é que irá defini-los, e este será encarado como um produtor de direito pelo fato de que indivíduos poderão regular sua relações mútuas, que, por sua vez, ficam sujeitos a um contexto mais amplo que a vontade meramente individual.

Para ilustrar, note-se que no Brasil o artigo 421 do Código Civil de 2002 coloca a função social do contrato (aquele que é o mais proeminente dos negócios jurídicos) como cláusula geral dos mesmos, isto é, negócios jurídicos bilaterais que não respeitem ou não contemplem função social poderão não ser reconhecidos pelo direito brasileiro porque os interesses sociais devem prevalecer sobre aqueles individuais.

Ocorre que a afirmação de que atos de auto-determinação ou de auto-regulamentação de interesses recíprocos é criar lei entre as partes. Negócio jurídico e norma jurídica são institutos diferentes. Relembrando Kelsen, os primeiros dependem dos segundos para que sejam possíveis de sancionar por meio da execução.

Aliás, mesmo que por uma mão Emílio Betti afirme que negócios jurídicos são "atos por meio dos quais os particulares procuram satisfazer a necessidade de regular por si mesmos os seus interesses nas relações recíprocas"[43], verdade é que numa outra o eminente jurista italiano irá reconhecer que ainda que concebido como um ato de autonomia privada, os efeitos do negócio jurídico apenas serão produzidos se previstos em normas que o ligam a uma fatispécie necessária e suficiente.[44]

Em outras palavras, sendo o entendimento desta corrente que o negócio faz lei entre as partes, parece faltar uma explicação para o fato de que necessário se faz uma norma superior para recepcionar esta "lei entre as partes" e validá-la no ordenamento jurídico como um todo. Ou seja, casos de nulidade e anulabilidade, que podem não ser recepcionados pelo ordenamento, ficariam sem um lugar dentro da teoria objetivista.

---

42 TUHR, A. Von. **Tratado de las obligaciones**. Granada: Editorial Comares S.L., 2007, p. 81.

43 BETTI, Emílio. **Teoria geral do negócio jurídico**. Campinas: Servanda, 2008, p. 76.

44 BETTI, Emílio. **Teoria geral do negócio jurídico**. Campinas: Servanda, 2008.

Desta forma, vê-se que conceituar o negócio jurídico apenas com base em sua função também não é satisfatório para seu pleno entendimento, por este motivo adiante se passará a estudar um conceito de negócio jurídico com base em sua estrutura.

1.5 A ESTRUTURA DO NEGÓCIO JURÍDICO

Como visto acima, definições do negócio jurídico tomando-se em consideração apenas sua gênese ou sua função não são capazes de evitar errôneos entendimentos acerca de seu real conceito.

Por meio de um ponto de vista da estrutura do negócio jurídico, no entanto, a tarefa parece que pode ser concluída. A palavra *estrutura* pode ser traduzida como diferentes partes que compõem um todo, assim, compreendendo a composição do negócio jurídico certamente será possível uma conclusão mais precisa acerca de sua definição porque saber-se-á o que de fato é (do que é formado) o negócio jurídico.

A estrutura do negócio jurídico pode ser observada como uma categoria (fato jurídico abstrato) ou como um fato jurídico concreto. No primeiro caso será uma hipótese de fato jurídico consistente numa manifestação de vontade cercada de certas circunstâncias que culmine por produzir efeitos jurídicos; já no segundo será uma declaração de vontade que o ordenamento jurídico atribui os efeitos pretendidos pelas partes, observados pressupostos de existência, validade e eficácia. Num ou noutro caso o negócio jurídico estará debaixo da concepção de fato jurídico, isto é, deverá existir uma norma pretérita que conceda valor jurídico ao que tratado pelos agentes do negócio.[45]

Desta forma, possível seria conceituar o negócio jurídico como um ato negocial manifestado pelas partes e reconhecido pela sociedade como criador, modificador, transformador ou extintor de direitos, oriundo de autonomia privada e que corresponda a um modelo juridicamente preestabelecido.

A diferença entre um conceito por meio da estrutura e aquele dado pelos adeptos da teoria voluntarista se dá porque esta última diz respeito apenas à vontade particular dos agentes, enquanto uma visão estrutural identifica a declaração de vontade como um ato socialmente visto como apto a produzir efeitos jurídicos, ou seja, o negócio não é o que o agente quer, mas o que a sociedade ou o direito enxergam na declaração de vontade emitida pelo mesmo.

---

45 AZEVEDO, Antônio Junqueira. **Negócio jurídico: existência, validade e eficácia.** 4 ed. São Paulo: Saraiva, 2010.

Sendo o negócio jurídico uma ação humana combinada com o ordenamento jurídico voltada a criar, modificar ou extinguir relações ou situações jurídicas das quais os efeitos provém mais da autonomia privada que da lei, resta apresentar este instituto dentro de seus três planos: existência, validade e eficácia.

1.6 EXISTÊNCIA, VALIDADE E EFICÁCIA

Existência, validade e eficácia são três atributos do negócio jurídico. O estudo destes três planos do negócio jurídico foi amplamente disseminado por Pontes de Miranda com a hoje chamada "escada ponteana". A escada pressupõe três degraus, o primeiro seria aquele da existência, o segundo o da validade, já o terceiro, o plano da eficácia.[46]

Para sua existência necessário será um sujeito que emite declaração de vontade com intenção de produzir certos efeitos e juridicidade, isto é, lei que descreva tal situação com vontade manifestada como um fato jurídico.

Para a validade deverá ter o negócio jurídico seus requisitos legais preenchidos, como o agente ser capaz, o objeto lícito, possível e determinado ou determinável, e forma prescrita em lei, tudo desde que inexistente vício na formação do negócio jurídico, como dolo, coação, estado de perigo, lesão ou fraude contra credores.

Observada a existência e a validade, para que seja eficaz o negócio jurídico este deverá realizar-se espontaneamente ou com a intervenção do Poder Judiciário.

Neste sentido dispõe Fábio Ulhoa Coelho que

> Os atributos do negócio jurídico são a existência, validade e eficácia. Eficácia e validade são independentes entre si. O negócio pode ser válido ou inválido, eficaz ou ineficaz, em qualquer caso. Mas eficácia e validade dependem da existência do negócio jurídico. Só o que existe pode ser válido ou inválido, eficaz ou não.[47]

A afirmação trazida pelo renomado autor brasileiro decorre de lógica: se uma coisa inexiste, não há o que se falar se é válida ou se produz efeitos porque sequer atingiu o plano da existência.

Em que pese entenda-se necessário, até por uma lógica de raciocínio, ser observado o plano da existência do negócio jurídico, verdade é que o código civil de

46 MIRANDA, Pontes de. **Tratado de direito privado.** Tomo III. Atualizado por Vilson Rodrigues Alves. Campinas: Bookseller, 2000.

47 COELHO, Fábio Ulhoa. **Direito civil: parte geral.** v. 1. 5 ed. São Paulo: Saraiva, 2012. p. 570.

2002 não reservou capítulo expresso para tal tema, colocando-o de forma implícita junto às condicionantes da validade do negócio jurídico.

Ocorre que argumentar apenas acerca da validade e eficácia e sua independência entre si não parece a melhor alternativa, eis que assim como não há como um negócio produzir efeitos se não for revestido de validade, não há como distinguir um negócio é válido ou inválido se ele sequer existe. Nesta senda, argumenta Antônio Junqueira de Azevedo que verificado em primeiro lugar que o negócio existe, deve-se observar, em segundo lugar, se válido. Tido como válido, o próximo passo natural seria observar se produzirá efeitos ou não. [48]

1.6.1 Plano de existência

Para que um negócio jurídico exista deverá conter elementos gerais intrínsecos (forma, objeto e manifestação de vontade vista como socialmente destinada à produção de efeitos jurídicos) e extrínsecos (tempo, lugar e agente).

Segundo Pontes de Miranda, o plano de existência do negócio jurídico é aquele que irá definir se o negócio existiu, e, portanto, se entrou ou não no mundo jurídico.[49]

Durante sua existência o negócio irá conter elementos categoriais definidos pela lei, que podem ser inderrogáveis, quando servem para definir a categoria do negócio jurídico (ex.: compra e venda deve conter obrigatoriamente preço, consentimento e coisa) ou derrogáveis, que podem ser afastados pelas partes sem alterar o tipo do negócio (ex.: responsabilidade pela evicção, vício redibitório, gratuidade no contrato de depósito, mandato ou mútuo, etc.).

Elementos inderrogáveis também são chamados de essenciais e por este motivo não podem ser afastado pelas partes, já aqueles derrogáveis, também chamados de naturais, poderão ser afastados pelas partes sem que o regime jurídico do negócio seja afastado.

Para melhor compreensão da inderrogabilidade de elementos, caso as partes queiram fazer um contrato de comodato, imprescindível será a gratuidade do mesmo. Assim, cessão de coisa infungível e gratuidade serão elementos inderrogáveis do contrato, pois se alterados, o negócio jurídico passará a ser de outro tipo, porque se não for gratuito, passará a ser uma locação, não mais comodato.

---

48 AZEVEDO, Antônio Junqueira. **Negócio jurídico: existência, validade e eficácia.** 4 ed. São Paulo: Saraiva, 2010.

49 MIRANDA, Pontes de. **Tratado de direito privado.** Tomo III. Atualizado por Vilson Rodrigues Alves. Campinas: Bookseller, 2000..

Por outro lado, sabe-se que em contratos de depósito a coisa deve ser infungível (elemento inderrogável), mas pode ou não ser onerosa (elemento derrogável), por isso as partes não podem substituir o objeto de infungível para fungível sem alterar o tipo contratual (depósito), mas podem torná-lo oneroso ou gratuito sem que o tipo do negócio jurídico seja alterado.

Por último, há os elementos particulares que sempre serão voluntários: condição, termo e encargo. O primeiro subordinará os efeitos do negócio jurídico a evento futuro e incerto; o segundo subordinará a evento futuro e certo; já o terceiro irá restringir liberalidade, tema que será abordado com mais profundidade quando tratado da eficácia do negócio jurídico.

A existência ou não do negócio jurídico não precisará, como já visto, da inserção de todos os elementos particulares acima identificados. Para que o negócio seja considerado existente este deverá conter os elementos gerais, enquanto os elementos categoriais servirão para identificar o regime jurídico aplicável o negócio. Contudo, deve-se salientar que se tal elemento categorial faltante for inderrogável, o negócio jurídico não existirá como daquele tipo inicialmente previsto, podendo ser convertido noutro (conversão substancial). Em relação aos elementos particulares, sua observação poderá apenas definir nulidade parcial ou ineficácia, mas não a existência.[50]

Nesta parte do estudo forcar-se-á nas condicionantes iniciais de um negócio jurídico e para que isto seja possível tratar-se-á dos elementos que devem constituí-lo sob a penalidade de inexistência.

Como é o negócio jurídico uma ação humana combinada com o ordenamento jurídico voltada a criar, modificar ou extinguir relações ou situações jurídicas das quais os efeitos provém mais da autonomia privada que da lei, o primeiro ponto a ser levado em consideração para que se exista um negócio jurídico é a ação humana, neste caso, a declaração da vontade voltada à produção efeito jurídico.

1.6.1.1 Declaração de vontade

Para a existência de um negócio jurídico, o primeiro lugar cabe à vontade humana. Sem ela não haverá a ignição para o desencadeamento de criação, modificação, transformação ou extinção de direitos.

Sendo o negócio jurídico destinado a produção de efeitos, destaque merece ensinamento de Roberto de Ruggiero, que dispõe que sendo a vontade ou lei aquilo que faz produzir-se efeito, ter-se-á que nem apenas a vontade nem apenas o

50 AZEVEDO, Antônio Junqueira. **Negócio jurídico: existência, validade e eficácia.** 4 ed. São Paulo: Saraiva, 2010.

ordenamento poderiam produzir efeitos sozinhos, ou seja, um depende do outro para que um efeito jurídico seja produzido.[51]

Na mesma esteira, para Sílvio Rodrigues, o negócio jurídico é fundamentalmente um ato de vontade que se revela por meio de uma declaração.[52] Por sua vez, Carlos Roberto Gonçalves sustenta que "a vontade é pressuposto básico do negócio jurídico e é imprescindível que se exteriorize"[53].

De forma categoria Von Thur proclama que "la médula del negocio jurídico es la declaración o exteriorización de voluntad de las partes interesadas"[54].

Em suma, a vontade, manifestada de modo válido e com intuito de produzir efeitos, será o elemento central do negócio jurídico que nela terá sua gênese e pela qual dita sua estrutura, em outras palavras, gênese e estrutura resultarão sempre do elemento volitivo.

A vontade, por si só, é elemento subjetivo e enquanto não exteriorizada não trará consequência jurídica, exceto se a própria lei dispor em contrário.[55] Ocorre que entre a vontade e sua exteriorização parece existir um espaço que pode trazer um delicado problema – o conflito entre a vontade verdadeira e a vontade declarada. Havendo conflito entre uma e outra faz nascer um dúvida: qual seria a válida?

Sobre a prevalência da vontade verdadeira ou daquela declarada há dois sistemas antagônicos: o primeiro coloca a vontade verdadeira em relevo, já o segundo faz prevalecer a vontade declarada.

Muito já se discutiu acerca de uma ou outra corrente, são trazidos nas lições doutrinárias os sistemas jurídicos da França e da Alemanha de forma comparada, destacado que o primeiro aparenta dar mais força para a vontade verdadeira enquanto o segundo àquela declarada. No entanto, conclui Antônio Junqueira de Azevedo que "admitindo-se que o direito francês e o direito alemão partam de concepções opostas, eles se aproximam muito no que concerne às soluções admitidas pela jurisprudência dos dois países"[56].

---

51 RUGGIERO, Roberto de. **Instituições de direito civil: direito das obrigações e direito hereditário.** v. III. 1 ed. Campinas: Bookseller, 1999.

52 RODRIGUES, Silvio. **Direito Civil: parte geral.** V. 1. 34 ed. São Paulo: Saraiva, 2003.

53 GONÇALVES, Carlos Roberto. **Direito civil brasileiro: parte geral.** v. 1. 10 ed. São Paulo: Saraiva, 2012. p. 613.

54 TUHR, A. Von. **Tratado de las obligaciones.** Granada: Editorial Comares S.L., 2007, p. 91.

55 A título exemplificativo, o art. 539 do Código Civil de 2002 dispõe que o silêncio do donatário fará presumida a aceitação da doação.

56 AZEVEDO, Antônio Junqueira. **Negócio jurídico: existência, validade e eficácia.** 4 ed. São Paulo: Saraiva, 2010. p. 80.

Sobre as duas correntes destaca Silvio Rodrigues que a teoria da vontade real foi cientificamente formulada por Savigny e pressupõe uma posição individualista do agente porque sustenta que "se, no ato jurídico, o direito emprega consequências ao querer individual, é evidente que, se ocorre disparidade entre a vontade e a declaração, é a primeira que deve prevalecer"[57].

A teoria da vontade, por fazer predominar a vontade interna, num primeiro olhar parece proteger mais a liberdade do indivíduo. Ocorre que quando se está num contrato há dois sujeitos e beneficiar um significa prejudicar o outro.

Vê-se, portanto, que a teoria da vontade é capaz de semear grande insegurança jurídica porque qualquer negócio aparentemente consolidado pode vir a se desfazer se uma das partes vier a demonstrar que concordou com o mesmo inspirada em erro.

Em oposição à teoria da vontade surgiu a teoria da declaração que desconsidera a vontade atém-se especificamente ao que foi externalizado. O fundamento desta teoria é que se o negócio jurídico é ato pelo qual a sociedade enxerga como emitido para produzir efeitos, seria sob esta ótica que se deveria receber uma declaração.[58]

Na teoria da declaração há completo desprezo pela vontade real do declarante porque apenas se almeja assegurar a estabilidade das relações negociais.[59] Em outras palavras, ao invés de proteger o emissor da declaração, protege-se aquele que a recebe.

Considerando que uma teoria dá ênfase demais ao emitente e causa tremenda insegurança nos negócios jurídicos e outra torna inflexível a declaração externalizada, duas teorias foram desenvolvidas: a da responsabilidade e a da confiança.

A primeira é um abrandamento da teoria da vontade e dispõe que quando houver disparidade entre vontade e declaração prevaleceria a vontade desde que não tenha a mesma sido emitida com dolo ou culpa do declarante. Ocorre que dentro desta teoria a parte à quem é a declaração emitida continua desprotegida, por isso a mesma não possui hoje muitos adeptos.[60]

Já a teoria da confiança, que representa uma relativização daquela da declaração, aduz que prevalece a declaração desde que esteja de boa-fé a pessoa para quem a declaração se dirija. Aqui há um abandono da concepção individualista

57 RODRIGUES, Silvio. **Direito Civil: parte geral**. V. 1. 34 ed. São Paulo: Saraiva, 2003. p. 185.

58 AZEVEDO, Antônio Junqueira. **Negócio jurídico: existência, validade e eficácia.** 4 ed. São Paulo: Saraiva, 2010.

59 RODRIGUES, Silvio. **Direito Civil: parte geral**. V. 1. 34 ed. São Paulo: Saraiva, 2003.

60 RODRIGUES, Silvio. **Direito Civil: parte geral**. V. 1. 34 ed. São Paulo: Saraiva, 2003.

mas não fica à mercê da cristalização do negócio o declarante porque se o declarado conhecia a divergência entre vontade e declaração, ou se podia com mediana diligência descobrir, irá se proteger o declarante, não o declarado. Sustenta Silvio Rodrigues que esta última teoria conduziu o legislador italiano e brasileiro quando disciplinado o instituto do erro em seus respectivos códigos civis.[61]

Em que pese seja compreensível a posição adotada e informada por Sílvio Rodrigues, Antônio Junqueira de Azevedo parece trazer uma melhor solução para o imbróglio ao lecionar que entre vontade e declaração "não há dois elementos, mas apenas um, e este é a declaração de vontade"[62].

A vontade, segundo Azevedo, não é elemento do negócio jurídico porque este é somente a declaração de vontade. Aduz o autor que "cronologicamente, ele surge e nasce por ocasião da declaração, sua existência começa nesse momento, todo o processo volitivo anterior não faz parte dele, em suma, o negócio todo consiste na declaração"[63].

Sob este prisma a declaração passa a ser o resultado do processo volitivo interno que, quando emitida, "incorpora-o e absorve-o". Por este motivo, a única coisa que a vontade seria capaz de fazer é influenciar na validade ou eficácia do negócio, não em sua existência, logo, caso a declaração não advenha de um processo volitivo regular, o negócio, que é existente, poderá ser nulo ou anulável.

Emílio Betti tem entendimento similar quando sustenta que para ele a declaração é o fenômeno "de uma saída do pensamento íntimo de cada um, para se tornar expressão objetiva, dotada de vida própria, perceptível e apreciável no mundo social"[64].

O mesmo raciocínio é feito por Vicente Ráo, para quem

> a vontade, como fato interno e anteriormente determinado, esgota-se na declaração, que a absorve: assim considerada, confunde-se com a pessoa, da qual não se pode separar, ao passo que o preceito da autonomia privada, exatamente, por sua essência preceptiva e não psicológica, adquire vida exterior própria e destacada da pessoa de seu autor.[65]

---

61 RODRIGUES, Silvio. **Direito Civil: parte geral.** V. 1. 34 ed. São Paulo: Saraiva, 2003.

62 AZEVEDO, Antônio Junqueira. **Negócio jurídico: existência, validade e eficácia.** 4 ed. São Paulo: Saraiva, 2010. p. 82.

63 AZEVEDO, Antônio Junqueira. **Negócio jurídico: existência, validade e eficácia.** 4 ed. São Paulo: Saraiva, 2010. p. 83.

64 BETTI, Emílio. **Teoria geral do negócio jurídico.** Campinas: Servanda, 2008. p. 190.

65 RÁO, Vicente. **Ato jurídico: noção, pressupostos, elementos essenciais e acidentais. O problema do conflito entre os elementos volitivos e a declaração.** 4 ed. São Paulo: RT, 1999. p. 52.

De fato, como o negócio jurídico para ser considerado como tal precisa ser reconhecido assim pela sociedade, imprescindível se faz uma declaração ou comportamento. Existente a declaração ou o comportamento, existente será o negócio jurídico, caso irregulares, influenciarão no campo da validade e eficácia.

Com a incumbência de clarear este entendimento, possível notar que uma declaração emitida sob coação, por exemplo, tornará o negócio inválido, não inexistente.

Acerca do tema se faz necessário mencionar o instituto da reserva mental. Conceituada como a situação na qual há uma manifestação de vontade não correspondente à vontade real com o fim de ludibriar ou enganar o declaratário, isto é, àquele a quem é a declaração dirigida. Para que fique caracterizada, não pode o declaratário ter conhecimento dissonância entre as vontades declarada e manifestada.

Sustenta Francisco Amaral que a reserva mental é um estado psicológico no qual declarante se propõe a não querer aquilo que está a declarar, ou seja, quer a declaração, mas não seu conteúdo jurídico.[66]

No direito civil brasileiro a reserva mental está disposta no artigo 110 do Código Civil de 2002[67], que há reconhece como incapaz de retirar a existência e validade da manifestação de vontade que tenha ensejado em negócio.

Assim, feita a declaração com ou sem reserva mental, adquire o processo volitivo autonomia e seus efeitos passam a ser produzidos ainda que a vontade posterior já não seja mais aquela declarada, logo, o que vincula as partes e torna o negócio existente são suas declarações, não o processo que originou elas.

É, portanto, a declaração, não a vontade, elemento formador do negócio jurídico, no entanto, deve a declaração de vontade estar acompanhada de outros elementos para que se tenha um negócio, por isso a seguir apresentar-se quais são estes elementos adicionais que compõem o negócio jurídico.

1.6.1.2 Elementos constitutivos do negócio jurídico

Os elementos constitutivos do negócio jurídico, ainda que possam ser analisados de forma individual, não existem separadamente.

---

66 AMARAL, Francisco. **Direito civil: introdução.** 8 ed. Rio de Janeiro: Renovar, 2014.

67 Note-se que o exato termo utilizado pelo Código Civil Brasileiro de 2002 é "subsiste", isto quer dizer que parece a normativa afirmar que de fato há um plano de existência do negócio jurídico, pois quando trata da reserva mental afirma que o negócio existirá caso o declaratário não tenha ciência da reserva do declarante, por outro lado, afirma a norma civil que o negócio não subsistirá se o declaratário tiver ciência da reserva mental do declarante.

Para Emílio Betti, os elementos que constituem o negócio jurídico são forma e conteúdo. Para ele, forma "é o modo como o negócio é, quer dizer, como ele se apresenta em face dos outros na vida de relação; é a figura exterior"[68]. Já o conteúdo "é aquilo que o negócio é, intrinsicamente considerado: a sua fatispécie interior, que é, ao mesmo tempo, fórmula e ideia, palavra e significado"[69].

O renomado autor italiano acima mencionado não coloca de forma individual as circunstâncias negociais como elemento constitutivo do negócio jurídico, tarefa feita por Antônio Junqueira de Azevedo, que inclui as circunstâncias negociais como elemento definidor da existência de uma declaração de vontade voltada à produção de efeitos, que, por esta característica, condiciona a existência do negócio jurídico.[70]

Os ensinamentos de Antônio Junqueira de Azevedo já foram expostos por Karl Larenz, segundo o qual "la interpretación de un contrato no depende, pues, exclusivamente de las palabras usadas y de su significación inteligible para las partes, sino también de las circunstancias [...]"[71].

Toda manifestação de vontade para concretização de negócio jurídico indubitavelmente possui forma e conteúdo. Mas, como já visto acima no plano de existência, sendo o negócio jurídico analisado em sua forma estrutural, ver-se-á que é formado por manifestações de vontades socialmente reconhecidas como produtoras de efeitos jurídicos.

Ocorre que alguns atos de vontade, como aqueles realizados num palco durante uma apresentação teatral ou mesmo por um docente numa sala de aula durante uma preleção, ainda que contenham uma manifestação de vontade, não formarão elas um negócio jurídico porque falta uma vontade séria do agente. Em outras palavras, há na formação do negócio jurídico, além da forma e conteúdo, um elemento que deve ser verificado para que se identifique, ou não, a existência de um negócio jurídico.

Este elemento é um modelo cultural que incluirá aquela manifestação de vontade como direcionada a produzir efeitos jurídicos ou não. Se a manifestação de vontade não foi destinada à produção de efeitos jurídicos, a consequência lógica é que não há negócio jurídico.

---

68 BETTI, Emílio. **Teoria geral do negócio jurídico**. Campinas: Servanda, 2008. p. 187.

69 BETTI, Emílio. **Teoria geral do negócio jurídico**. Campinas: Servanda, 2008. p. 187.

70 AZEVEDO, Antônio Junqueira. **Negócio jurídico: existência, validade e eficácia.** 4 ed. São Paulo: Saraiva, 2010.

71 LARENZ, Karl. **Base del negócio jurídico y cumplimiento de los contratos.** Traz. Carlos Fernandes Rodriguez. Granada: Editorial Comares, 2002.

É por este motivo que Antônio Junqueira do Azevedo aduz que além de forma e conteúdo, é o negócio jurídico formado por suas circunstâncias negociais, isto é, um padrão cultural que faz ou não que uma declaração de vontade seja entendida como voltada para produção de efeitos jurídicos.[72]

Identificado este relevante elemento do negócio jurídico, que, como visto, pode ensejar em sua existência ou não, resta discorrer acerca dos dois outros clássicos elementos: forma e conteúdo.

a) Forma

A forma pela qual um negócio jurídico se torna reconhecível pela sociedade pode advir de uma declaração ou de um comportamento. Como já visto, a declaração é o fenômeno da saída do pensamento íntimo para se tornar uma expressão objetiva, perceptível pelo mundo social.

A declaração tem vida própria e sua forma poderá ser oral, escrita, mímica, consistir do silêncio, ou mesmo atos praticados. A forma pode ser livre ou prescrita em lei, mas certo é que não há negócio sem forma.

Acerca da necessidade de forma no negócio dispõe Emilio Betti que "a verdade é que nenhum negócio existe sem uma forma que o torne socialmente reconhecível"[73].

A forma pode ser expressa ou tácita. A primeira decorre de palavras, escritos ou qualquer outro meio direto de manifestação de vontade, a segunda é aquela pela qual deduz uma declaração por fatos e atos revelados. Também poderá a forma ser ativa ou omissiva. Os negócios jurídicos de forma ativa são os que o agente modifica o mundo (e podem ser expressos ou tácitos), já os de forma omissiva são consubstanciados na inércia, quando não há alteração do mundo exterior, quando, por exemplo, numa assembleia as pessoas votam 'permanecendo onde estão'; quando um jornaleiro fica inerte enquanto uma pessoa adquire jornal e coloca seu respectivo preço no caixa ao lado; quando há a penalidade de revelia pela inércia; quando há aceitação da herança ou doação segundo ordenamento jurídico brasileiro.[74]

---

72 AZEVEDO, Antônio Junqueira. **Negócio jurídico: existência, validade e eficácia.** 4 ed. São Paulo: Saraiva, 2010.

73 BETTI, Emílio. **Teoria geral do negócio jurídico.** Campinas: Servanda, 2008. p. 193.

74 AZEVEDO, Antônio Junqueira. **Negócio jurídico: existência, validade e eficácia.** 4 ed. São Paulo: Saraiva, 2010.

Outra forma possível de declaração é o silêncio, que segundo legislação brasileira, importará em anuência quando circunstâncias e costumes autorizarem e for desnecessária a vontade expressa.

Para Pablo Stolze e Rodolfo Pamplona Filho, há situações em que a abstenção do agente ganhará juridicidade, como no contrato de mandato, que o silêncio implica na aceitação quando começa-se a executar o contrato, e na doação pura, quando o silêncio no prazo fixado implica em sua aceitação por parte do donatário.[75]

O silêncio, portanto, pode importar numa declaração de vontade, nesse sentido leciona Antônio Junqueira de Azevedo que a sua forma é omissiva, não necessariamente tácita, tudo isso porque o silêncio pode ser proposital.[76]

Neste sentido, dispõe o código civil de 2002 em seu art. 432 que restará concluído o contrato quando não for daqueles que seja costume a aceitação expressa, ou o proponente a tiver dispensado, desde que não chegue a recusa a tempo.[77]

Seja expressa, tácita, ativa ou omissiva, a declaração, por ser ato conscientemente destinado a ser conhecido por outros, terá como resultado a concretização em mente alheia. Por esta razão Emilio Betti ensina que não é possível conceber uma declaração sem um destinatário que venha, cedo ou tarde, a conhecê-la.[78]

No entanto, a forma do negócio jurídico não necessariamente advirá sempre de uma declaração, pode ela decorrer de um comportamento, caso no qual não necessariamente contará com mente receptícia alheia, mas precisará, logicamente, ser socialmente reconhecida como tal.

A título exemplificativo, no direito civil brasileiro abandono e ocupação são atos ou comportamentos que caracterizam a perda ou aquisição da propriedade. Não são declarações, mas se equiparam a tais e trarão consequências jurídicas.

Como um determinado modo de comportamento pode adquirir, no ambiente social em que se desenvolve, significado de valor de declaração, acrescenta-se que este pode ser direto e explícito, quando se produz por meio de sinais socialmente reconhecidos desempenham a função de dar a conhecer determinado conteúdo; ou, nas palavras de Emilio Betti, comportamento "concludente", isto é, um

---

75 GAGLIANO, Pablo Stolze, PAMPLONA FILHO, Rodolfo. **Novo curso de direito civil.** v. 1. 14 ed. São Paulo: Saraiva, 2012.

76 AZEVEDO, Antônio Junqueira. **Negócio jurídico: existência, validade e eficácia.** 4 ed. São Paulo: Saraiva, 2010.

77 BRASIL. Lei 10.406, de 10 de janeiro de 2002. Disponível em http://www.planalto.gov.br/ccivil_03/leis/2002/L10406.htm. Acesso em 30 de dezembro de 2016.

78 BETTI, Emílio. **Teoria geral do negócio jurídico.** Campinas: Servanda, 2008.

comportamento que indireta e implicitamente permite deduzir e reconhecer uma tomada de posição vinculativa do agente.[79]

A forma, portanto, será elemento fundamental do negócio jurídico porque sem ela, independente do modo pelo qual se apresenta, a intenção se encerrará dentro do próprio agente e não será socialmente reconhecível. Não sendo possível seu reconhecimento, não será este processo volitivo não externalizado incorporado pelo direito, logo, inexistente será o negócio jurídico.

b) Conteúdo

Manifestada a vontade por determinada forma, resta outro elemento essencial para a existência do negócio que é o conteúdo. O conteúdo é o teor, aquilo que está presente dentro da forma.

Emilio Betti leciona que o conteúdo é o elemento central característico do negócio. Para o autor, declarações e comportamentos podem possuir os mais diversos conteúdos, no entanto, apenas devem ser qualificados como negócios jurídicos quando o conteúdo for matéria de autonomia privada.[80]

Antônio Junqueira de Azevedo prefere utilizar a terminologia objeto, que, para ele, compreende todo o conteúdo do negócio jurídico. Aduz também o autor que o objeto ou conteúdo não é seu elemento central, mas sim "a manifestação de vontade qualificada por um modelo cultural que faz com que ela socialmente seja vista como juridicamente vinculante"[81].

Autores brasileiros quase que invariavelmente utilizam outros termos, como idoneidade[82] do objeto. Para estes, necessário é que o objeto do negócio seja idôneo, como no mútuo uma coisa fungível e no comodato uma coisa infungível, para que este venha a existir. São as palavras de Pedro Lenza:

> Não lograrão as partes celebrar, dar existência a um contrato de locação, por exemplo, se o objeto sobre o qual recair a declaração de vontade não tiver idoneidade para tanto, ou seja, se não se tratar de bem infungível.[83]

---

79 BETTI, Emílio. **Teoria geral do negócio jurídico.** Campinas: Servanda, 2008.

80 BETTI, Emílio. **Teoria geral do negócio jurídico.** Campinas: Servanda, 2008.

81 AZEVEDO, Antônio Junqueira. **Negócio jurídico: existência, validade e eficácia.** 4 ed. São Paulo: Saraiva, 2010. p. 134.

82 Como Carlos Roberto Gonçalves e Silvio Rodrigues e Pedro Lenza.

83 LENZA, Pedro. **Direito civil: parte geral.** v. 1. 3 ed. São Paulo: Saraiva, 2013. p. 565.

Já para Pablo Stolze Gagliano e Rodolfo Pamplona Filho todo negócio pressupõe a existência de um objeto em razão do qual gravitam os interesses dos agentes.[84]

Apesar de tratar de maneiras um pouco diferentes entre si, todos os autores concordam que conteúdo ou objeto do negócio são fundamentais para a existência do mesmo.

A declaração ou comportamento quando socialmente reconhecidos como vinculantes e produtores de efeitos jurídicos, por nada mais ser que uma regulamentação dos interesses com outros sujeitos, uma vez sancionada ou recepcionada pelo direito, eleva-se a um preceito jurídico e torna-se obrigatória entre os agentes que se vincularam. É fundamental a sanção do direito para que os efeitos jurídicos sejam produzidos, mas, de toda forma, impossível negar que trata-se de um preceito jurídico oriundo da autonomia privada, ainda que exista em alguns casos, como nos contratos de adesão ou contratos nos quais há intervenção da autoridade pública, limitação a esta autonomia.

Por esta razão é que Emilio Betti afirma que como a autonomia privada deve ser recepcionada pelo direito para que exista um negócio jurídico, a determinação do conteúdo do negócio por vezes escapa à iniciativa individual e entra na competência da consciência social e da ordem jurídica.[85]

Antônio Junqueira de Azevedo, por sua vez, expõe que o objeto ou conteúdo do negócio resulta quase que totalmente das partes, mas pode também advir de outras fontes, seja porque trata-se um negócio criado por apenas uma delas e aderido por outra, seja porque há interferência do ente público, ente sindical, dentre outros, que fazem com que o conteúdo do negócio não seja diretamente escolhido pela parte.[86]

Visto isso, resta especificar que o conteúdo do negócio jurídico será formado por elementos categoriais inderrogáveis, dispostos no ordenamento jurídico e que irão ditar a qual o tipo contratual aquelas manifestações de vontade se adequam[87]; pelos elementos derrogáveis, que podem ser afastados pelas partes porque compreendem inclusões feitas pelo ordenamento jurídico que não foram expressadas pelas partes, como vício redibitório e evicção no contrato de compra e venda; e

---

84 GAGLIANO, Pablo Stolze, PAMPLONA FILHO, Rodolfo. **Novo curso de direito civil**. v. 1. 14 ed. São Paulo: Saraiva, 2012.

85 BETTI, Emílio. **Teoria geral do negócio jurídico**. Campinas: Servanda, 2008.

86 AZEVEDO, Antônio Junqueira. **Negócio jurídico: existência, validade e eficácia.** 4 ed. São Paulo: Saraiva, 2010.

87 Que não podem ser afastados pelas partes sem que causem prejuízo ao que de fato era querido

pelos elementos particulares, que irão modular o negócio jurídico com condição, termo e encargo.

Nesta senda, sustenta Antônio Junqueira de Azevedo que, pelo menos no Brasil, não faz parte do conteúdo do negócio, se não expresso como determinante, os motivos para sua realização.[88] O motivo ou causa, apesar de aparentemente não terem sido absorvidos pelo ordenamento jurídico brasileiro quando da regulação dos negócios jurídicos, são inúmeras vezes trazidos por este como uma consequência de um ato, contudo, não será a causa elemento do plano de existência do negócio jurídico, mas, dependendo do ordenamento e conotação, do plano da validade ou eficácia, conforme será tratado adiante.

1.6.2 Plano de validade

Ultrapassado o plano da existência, a segunda parte do trabalho do jurista será observar se aquele negócio jurídico existente será válido.

A validade será "a qualidade que o negócio jurídico deve ter ao entrar no mundo jurídico, consistente em entrar em acordo com as regras jurídicas [...] 'válido' é adjetivo com que se qualifica o negócio jurídico formado de acordo com as regras jurídicas"[89].

A lógica do plano da validade é simples porque considerando que agentes podem criar, modificar e extinguir direitos e obrigações por meio do negócio jurídico em virtude de suas declarações de vontade, necessárias serão regulamentações destas verdadeiras fontes jurídicas por normas superiores a fim de evitar declarações decorrentes de vontades não deliberadas, proveniente de violência, etc.

Para tanto, o código civil brasileiro de 2002 dispôs em seu art. 104 requisitos para que um negócio seja válido, como ser compreendido por agente capaz, objeto possível, lícito, determinado ou determinável e forma prescrita ou não defesa em lei, que serão tratados a seguir.[90]

Para melhor compreender o plano de validade do negócio jurídico é imprescindível conceituar nulidade absoluta e relativa, pois a primeira é insanável e necessariamente invalidará o negócio, já a segunda pode ser afastada ou mesmo sanada.

---

88 AZEVEDO, Antônio Junqueira. **Negócio jurídico: existência, validade e eficácia.** 4 ed. São Paulo: Saraiva, 2010.

89 AZEVEDO, Antônio Junqueira. **Negócio jurídico: existência, validade e eficácia.** 4 ed. São Paulo: Saraiva, 2010. p. 42

90 BRASIL. Lei 10.406, de 10 de janeiro de 2002. Disponível em http://www.planalto.gov.br/ccivil_03/leis/2002/L10406.htm. Acesso em 30 de dezembro de 2016.

Assim, tem-se que a nulidade é uma sanção imposta por lei aos atos e negócios jurídicos que são realizados sem observância de requisitos essenciais. Pode ser absoluta, quando há infração um interesse social (ordem pública) e por este motivo pode ser alegada por qualquer interessado ou pronunciada de ofício pelo julgador; ou relativa, também denominada anulabilidade, que atinge negócios que possuem vícios sanáveis capazes de torna-lo inválido.[91]

A seguir tratar-se-á dos requisitos que podem causar a invalidade por meio da nulidade absoluta ou relativa do negócio jurídico.

a) Agente capaz

Sem um sujeito o negócio não existe, mas no campo da validade não basta ser qualquer sujeito, se faz uma avaliação de quem ele é. Em outras palavras, irá se apurar se o sujeito que emitiu a declaração de vontade formadora do negócio jurídico agiu sem interferência de outro.

Leciona Carlos Roberto Gonçalves que agente capaz será aquele que tem capacidade para o exercício do direito, ou seja, "aptidão para exercer direitos e contrair obrigações na ordem civil"[92].

A capacidade é um estado pessoal e ser capaz é uma qualificação atribuída pelo direito às pessoas. Incapaz, assim, será aquele a quem as normas jurídicas negam a capacidade de praticar - pessoalmente - um ato jurídico válido.

Importa ressaltar que o termo "agente capaz" não significa dizer que agentes desprovidos de capacidade não poderão entabular um negócio jurídico. A capacidade trazida pela lei referente ao agente é a aptidão para intervir em negócios jurídicos como declarante ou declaratário de vontade, por isso a incapacidade pode ser suprida por meios legais como, por exemplo, com a representação.

---

91 GONÇALVES, Carlos Roberto. **Direito civil brasileiro: parte geral.** v. 1. 10 ed. São Paulo: Saraiva, 2012.

92 GONÇALVES, Carlos Roberto. **Direito civil brasileiro: parte geral.** v. 1. 10 ed. São Paulo: Saraiva, 2012. p. 628

Para Silvio Rodrigues a restrição à atuação dos incapazes dá-se com o intuito de protegê-los, mas podem estes fazerem-se representar em razão da ideia de legitimação, que é a "aptidão para atuar em negócios jurídicos que tenham determinado objeto, em virtude de uma relação em que se encontra, ou se coloca, o interessado em face do objeto do ato".[93]

Acerca da definição dos incapazes, a Lei 13.146 de 2015 trouxe alterações para o código civil de 2002. Para a novel legislação os absolutamente incapazes são aqueles menores de dezesseis anos, já os relativamente incapazes são aqueles entre dezesseis e dezoito anos; ébrios e viciados em tóxicos; aqueles que não puderem, ainda que transitoriamente, exprimir sua vontade; e os pródigos. Fica, também reservada um parágrafo especial aos indígenas que serão regulados por legislação especial.[94]

Contudo, em que pese o código civil de 2002 seja bastante objetivo ao colocar como requisito de validade do negócio jurídico a necessidade de ter-se um agente capaz, verdade é que além de ser capaz, necessário será que o agente "não esteja circunstancialmente impedido de celebrar o ato"[95]. Isto é, além de ser capaz, deve haver legitimidade do sujeito para realizar o ato especificado no negócio.

Esta legitimação, segundo Silvio Rodrigues, "chegou do direito privado pelas portas do processo civil", difere da capacidade porque enquanto esta última é tida como a "aptidão intrínseca da pessoa para dar vida a negócios jurídicos"; a primeira poderia ser enquadrada como "a aptidão para atuar em negócios jurídicos que tenham determinado objeto, em virtude de uma relação em que se encontra, ou se coloca, o interessado em face do objeto do ato".[96]

Alguns exemplos são bastante felizes para elucidar o tema e sua diferenciação, como o falido não poder dispor de bens da massa, o tutor não poder adquirir bens do tutelado, dentre outros. Nesses casos, o agente é capaz, mas ilegítimo para celebrar o negócio jurídico.

A consequência de realizar-se um negócio jurídico com agentes sem capacidade ou sem legitimidade para tanto é a nulidade do negócio jurídico por expressa violação da norma.

---

93 RODRIGUES, Silvio. **Direito Civil: parte geral.** V. 1. 34 ed. São Paulo: Saraiva, 2003. p. 173.

94 BRASIL. Lei 10.406, de 10 de janeiro de 2002. Disponível em http://www.planalto.gov.br/ccivil_03/leis/2002/L10406.htm. Acesso em 30 de dezembro de 2016.

95 GAGLIANO, Pablo Stolze, PAMPLONA FILHO, Rodolfo. **Novo curso de direito civil.** v. 1. 14 ed. São Paulo: Saraiva, 2012. p. 661.

96 RODRIGUES, Silvio. **Direito Civil: parte geral.** V. 1. 34 ed. São Paulo: Saraiva, 2003. p. 173.

b) Objeto lícito, possível, determinado ou determinável

O objeto pode ser imediato, quando representado por uma ação humana (dar, fazer ou não fazer), ou mediato, que são os bens ou prestações sobre as quais incidirá a relação jurídica obrigacional.

A licitude do objeto significa que não pode o negócio jurídico ter objeto que atente contra a lei, moral[97] ou bons costumes. Para Fabio Ulhoa Coelho o "objeto é lícito quando os atos necessários à sua realização não são sancionados por norma jurídica"[98]. Veja-se aqui que a sanção, e consequente nulidade, não decorrem apenas da lei, mas da moral e bons costumes, por isso, vedado será vender lugar numa fila, vender tóxicos, vender votos, doar condicionando que pessoa jamais se case, ou mesmo contratar para beneficiar-se da própria torpeza.

Para Marcos Bernardes de Mello, não fica a licitude limitada ao plano da pura legalidade, mas envolve, também, o aspecto da moralidade e do respeito à ordem pública, isto porque sendo a licitude sinônimo de conformidade com o direito, a moral, que está no cerne da juridicidade, e ordem pública, devem ser observadas.[99]

Por sua vez, a impossibilidade, seja do objeto mediato ou imediato, apenas prejudicará o negócio jurídico ser for absoluta (que atinge toda a coletividade), física[100] ou juridicamente[101]. Em caso de impossibilidade relativa, o código civil de 2002 disciplina em seu art. 106 que o negócio não se tornará inválido.

A impossibilidade que invalida o negócio e o faz nulo será aquela que existia na ocasião em que se concretizou o negócio (impossibilidade originária), caso o negócio quando feito tivesse objeto possível, tornando-se impossível, não será o plano da validade que será atingido, pois a impossibilidade superveniente acarretará, em regra, no dever de indenizar perdas e danos.

Por último, tem-se que indeterminabilidade do objeto do negócio também causará sua invalidade negócio jurídico.[102] Isto quer dizer que o objeto do negócio deve conter elementos mínimos para sua identificação e individualização. Uma

---

97 Quando ninguém deve beneficiar-se de sua própria torpeza.

98 COELHO, Fábio Ulhoa. **Direito civil: parte geral.** v. 1. 5 ed. São Paulo: Saraiva, 2012. p. 646.

99 MELLO, Marcos Bernardes de. **Teoria do fato jurídico: plano da validade.** 13 ed. São Paulo: Saraiva, 2014.

100 Que emana das leis físicas ou naturais, como "transporte para astros celestes" ou colocar toda a areia da praia dentro de um pequeno balde.

101 Ocorrerá quando o ordenamento jurídico proíbe expressamente negócios acerca de determinado bem/interesse, como a venda de bens gravado com cláusula de inalienabilidade ou disposição de herança de pessoa viva.

102 GONÇALVES, Carlos Roberto. **Direito civil: parte geral.** v. 1. 19 ed. São Paulo: Saraiva, 2012.

coisa determinada é aquela precisamente descrita, já um objeto determinável é aquele caracterizado por ao menos gênero e quantidade, ainda que não se saiba exatamente qual.

A indeterminabilidade que acarreta a nulidade do negócio jurídico será apenas a absoluta, portanto, note-se que o objeto poderá ser indeterminado, mas nunca indeterminável. É que enquanto indeterminado, mas determinável, pode ele passar da indeterminação para a determinação quando realizada a concentração do débito ou escolha, seja pelo credor, devedor ou mesmo terceiro.

As consequências para a ilicitude, impossibilidade absoluta e indeterminabilidade será, assim como a falta de agente capaz e legítimo, a nulidade do negócio jurídico.

c) Forma prescrita ou não defesa em lei

A forma deve ser adequada, sendo que adotou o código civil brasileiro por regra a liberdade de forma.[103] Assim, o negócio jurídico quando não disposto ao contrário, poderá ser celebrado de acordo com a conveniência da forma preferida pelos agentes.

São inúmeros casos em que a lei determina forma específica, como compra e venda de imóveis acima de determinado valor, que devem ser formalizada por escritura pública; penhor que deve ser por escrito, ainda que particular; pactos antenupciais, que devem ser feitos por meio de escritura pública; testamento, dentre outros. Assim, caso a lei obrigue uma formalidade específica para determinado negócio, esta deverá ser observada sob pena de invalidação do mesmo.

Vê-se, então, que desatendida uma solenidade formal exigida por lei, nulo será não só o negócio, mas também o ato jurídico. É o que leciona Marcos Bernardes de Mello: "se em vez de duas testemunhas, apenas uma comparece ao ato de formalização de testamento público, há nulidade"[104].

Para Silvio Rodrigues, a forma é exigida pelo legislador para determinados casos por múltiplas finalidades, como facilidade de prova, maior garantia da autenticidade do ato, obstrução de apresentação de vontade viciada por dolo ou coação, ou mesmo solenidade do ato para demonstrar a seriedade do ato que se está a realizar.[105]

---

103 Conforme disposto no art. 107 do código civil de 2002.

104 MELLO, Marcos Bernardes de. **Teoria do fato jurídico: plano da validade**. 13 ed. São Paulo: Saraiva, 2014. p. 164.

105 RODRIGUES, Silvio. **Direito Civil: parte geral**. V. 1. 34 ed. São Paulo: Saraiva, 2003.

Ocorre que como acima foi colocada a forma como requisito para a existência do negócio e aqui para a validade do mesmo, importa destacar que não se pode confundi-las, pois enquanto uma trata do elemento existencial, a segunda trata da adequação.

A forma no plano existencial é "entendida como o meio de exteriorização da vontade"[106] e sua supressão impede a formação do negócio jurídico. Diferente é a forma no plano de validade, que trata-se de uma adequação do negócio a um determinado tipo de forma exigido pelo legislador. Neste segundo caso, o negócio existirá, mas será revestido de nulidade, e, portanto, será reputado inválido.

d) A problemática da causa

Observado acima que ainda que delimitado pelo ordenamento jurídico a plena autonomia das partes ante a necessidade de reconhecimento pelo direito do que desejado por elas, não se pode olvidar que sem a manifestação de vontade, tácita ou expressa, não seria possível estar-se diante de um negócio jurídico. Por este motivo, apresenta-se o princípio da autonomia das partes ainda como o grande princípio norteador e até como fator condicionante da existência do negócio jurídico.

Ficou exposto, também, que são três os fatores condicionantes da existência ou não do negócio jurídico: declaração de vontade, forma e conteúdo. No entanto, há ordenamentos jurídicos e doutrinadores que acenam com a causa ou motivo do negócio jurídico como fator determinante de sua existência.

O princípio de qualquer deliberação humana é formado por uma série de representações psíquicas que precedem uma eventual declaração de vontade. Desta cadeia de representações será possível distinguir uma que se apresentará como decisiva para aquela ação/declaração.

O fator determinante na declaração, para Ruggiero, é a finalidade econômica e social reconhecidas e garantidas pelo direito[107].

Por sua vez, Silvio de Salvo Venosa aduz que "todo negócio jurídico é composto por um motivo" e este motivo com relevância jurídica seria a causa do negócio jurídico.[108]

---

106 GAGLIANO, Pablo Stolze, PAMPLONA FILHO, Rodolfo. **Novo curso de direito civil.** v. 1. 14 ed. São Paulo: Saraiva, 2012. p. 670.

107 RUGGIERO, Roberto de. **Instituições de direito civil: direito das obrigações e direito hereditário.** v. III. 1 ed. Campinas: Bookseller, 1999.

108 VENOSA, Silvo de Salvo. **Direito Civil: parte geral.** São Paulo: Atlas, 2007, p. 355.

Segundo o mesmo autor, que é acompanhado por José Jairo Gomes, existem duas correntes fundamentais da causa: subjetivista e objetivista. A primeira, predominante entre os juristas franceses, pode ser compreendida como representações psicológicas que fazem as partes concluir o negócio. Já para a segunda, mais moderna e adotada principalmente na Itália, a causa seria o elemento distintivo do negócio jurídico para cada tipo de negócio.[109]

Enquanto para a corrente subjetivista a causa seria a razão determinante para o ato praticado, já naquela objetivista a preocupação é com a significação social do negócio e sua função.

A título exemplificativo, no primeiro caso ter-se-ia como causa do contrato de compra e venda, para o comprador, receber a coisa, para o vendedor, receber o preço; enquanto que no segundo caso, ter-se-ia na compra e venda como causa a própria prestação do negócio, ou seja, entrega da coisa e pagamento do preço.[110]

Expondo acerca da corrente objetivista colacionam Pablo Stolze Gagliano e Rodolfo Pamplona Filho mencionando Junqueira de Azevedo que:

> O contrato de seguro é um negócio admitido pelo ordenamento jurídico para que todos possam eliminar as consequências patrimoniais de um sinistro, prevenindo-se do risco. A causa estaria na transferência lícita do risco (função prático-social do negócio). Todavia, se o seguro encobre uma aposta, o contrato não vale, pois se desvirtuou a sua função ou finalidade socioeconômica e jurídica, ou seja, em outras palavras, distorceu-se a sua causa.[111]

Certo é, portanto, que a causa cumpre uma função relacionada ao desenvolvimento econômico-social do negócio, mas a atenção que deve ser dada à mesma não é pacífica porque existe uma corrente anticausalista[112] que afirma que importância atribuída à causa seria inócua porque esta se confunde com o próprio conteúdo ou objeto do negócio jurídico.

Em que pese compreender o que pretendem os anticausalistas, como toda declaração de vontade provém de um processo volitivo no qual o agente tem alguma intenção, impossível seria o direito deixar de observar qual a causa motivadora desta.

---

109 VENOSA, Silvo de Salvo. **Direito Civil: parte geral**. São Paulo: Atlas, 2007.

110 VENOSA, Silvo de Salvo. **Direito Civil: parte geral**. São Paulo: Atlas, 2007.

111 GAGLIANO, Pablo Stolze, PAMPLONA FILHO, Rodolfo. **Novo curso de direito civil**. v. 1. 14 ed. São Paulo: Saraiva, 2012. p. 643.

112 Formada por Planiol, Beviláqua, dentre outros.

Leciona Emilio Betti, "quem promete, [...] não pretende, pura e simplesmente, obrigar-se a despojar-se de um bem, transmiti-lo, adquiri-lo sem outro fim, não procura fazer isso tudo só pelo prazer de praticar um ato que seja fim em si mesmo"[113]. O agente procura, na grande maioria das vezes, trocar interesses, essa é a verdadeira causa dos negócios jurídicos chamados causais.

Ocorre que a palavra "causa" pode ser traduzida como motivo ou razão de ser de algo, ou seja, o que faz com que uma coisa venha a existir. Se no campo gramático o conceito de causa é simples, já no do direito informa José Jairo Gomes que a "doutrina não é harmoniosa quanto ao tema da causa no negócio jurídico".[114]

Num amplo sentido, causa ou motivo já foi trazida por Karl Larenz como base do negócio jurídico, sendo, para o autor, a representação mental de uma das partes no momento da conclusão do negócio jurídico. Desta forma, sustenta Larenz que existe a base subjetiva, representação mental existente ao concluir o negócio que influenciou como formadora dos motivos; e a base objetiva, que é formada pelo conjunto de circunstâncias cuja existência pressupõe o negócio jurídico.[115]

Para Karl Larenz, entende-se por base do negócio subjetiva a comum representação mental dos contratantes pela qual ambos tenham desejado se guiar quando fixado o conteúdo contratual. Por outro lado, a base do negócio objetiva seria aquela não necessariamente expressada, mas que quando da conclusão do negócio estariam as partes atreladas a determinada situação que foi crucial para a conjecturação e realização do negócio de alguma maneira, pois sedimentos desta situação penetrariam no contrato em forma de pressuposição.[116]

A linha de raciocínio de Antônio Junqueira de Azevedo procura abarcar todos os conceitos esclarecendo que:

> há dois significados da palavra "causa" que estão hoje suficientemente esclarecidos [...]; são eles o de causa-motivo (como na expressão "causa lícita", que somente pode ser entendida como "motivo determinante lícito" [...] e o de causa-fato jurídico, (*causa efficiens*), como, por exemplo, na expressão

113 BETTI, Emílio. **Teoria geral do negócio jurídico**. Campinas: Servanda, 2008. p. 252.

114 GOMES, José Jairo. **Direito Civil: introdução e parte geral**. Belo Horizonte: Del Rey, 2006. P. 371.

115 LARENZ, Karl. **Base del negócio jurídico y cumplimiento de los contratos**. Traz. Carlos Fernandes Rodriguez. Granada: Editorial Comares, 2002.

116 LARENZ, Karl. **Base del negócio jurídico y cumplimiento de los contratos**. Traz. Carlos Fernandes Rodriguez. Granada: Editorial Comares, 2002.

causa obligationis, em que a palavra "causa" equivale ao fato jurídico que dá origem à obrigação. [117]

No entanto, sustenta o mesmo autor que existe ainda um terceiro sentido para a palavra "causa", que seria a função prático-social ou econômico-social do negócio.[118]

Desta forma, para Antônio Junqueira de Azevedo a causa não pode ser tratada como juridicamente irrelevante porque embora não sirva para determinar o regime jurídico, age no plano da validade ou da eficácia do negócio jurídico.[119]

Não se pode olvidar que existem no ordenamento jurídico negócios abstratos ou formais, nos quais a forma assumirá uma posição mais relevante que a causa, sem, contudo, eliminá-la por completo.

O papel da causa do negócio jurídico é de proteção à parte, assim, quando há inexistência de causa estar-se-á diante de nulidade por invalidade ou ineficácia do negócio, a depender de ser o negócio causal ou de causa final.

No primeiro caso porque quando é o negócio eminentemente causal, inexistindo causa, ter-se-á nulidade por falta de causa – que seria aí requisito de validade, já no segundo, porque a falta de causa final acarretaria a ineficácia superveniente.

O direito estrangeiro também não é uníssono no que tange a causa, a França a trata sob o ângulo da validade e a Alemanha sob aquele da eficácia. Já no Brasil, argumenta Antônio Junqueira de Azevedo que procura-se ignorar a noção de causa, mas de toda forma acaba a mesma surgindo quando se distinguem negócios causais de abstratos ou quando o próprio legislador se refere à justa causa para a realização de determinados negócios.[120]

De uma maneira ou outra, é importante atentar-se ao fato de que pode a causa ser final ou elemento pressuposto e vir a influenciar o negócio jurídico.

A causa nos negócios jurídicos como causa pressuposta irá influenciar no plano da validade do negócio, logo, quando faltar o fato justificador do negócio será o mesmo considerado nulo.

---

117 AZEVEDO, Antônio Junqueira. **Negócio Jurídico: existência, validade e eficacial.** 4 ed. São Paulo: Saraiva, 2010, p. 152-153.

118 AZEVEDO, Antônio Junqueira. **Negócio Jurídico: existência, validade e eficacial.** 4 ed. São Paulo: Saraiva, 2010.

119 AZEVEDO, Antônio Junqueira. **Negócio Jurídico: existência, validade e eficacial.** 4 ed. São Paulo: Saraiva, 2010.

120 AZEVEDO, Antônio Junqueira. **Negócio Jurídico: existência, validade e eficacial.** 4 ed. São Paulo: Saraiva, 2010.

Ligada às circunstâncias que antecedem um evento para que ele ocorra regularmente, a causa pressuposta condiciona a validade do negócio.

A causa pressuposta é a solução francesa (como requisito de validade) e ocorrerá, por exemplo, quando num mútuo não houver a entrega da coisa, neste caso dir-se-á que está-se diante de negócio jurídico nulo. Do mesmo modo, nula será a fiança que garante débito inexistente e a dação em pagamento sem débito anterior.

Aduz Antônio Junqueira de Azevedo que em todos os casos acima narrados o legislador brasileiro procurou atingir o mesmo resultado por vias menos claras que aquela da nulidade por falta de causa. Aduz o autor que a saída para o primeiro exemplo, segundo direito brasileiro, será dizer que o negócio não se constituiu porque não houve contrato de empréstimo apesar do acordo feito; na segunda porque o negócio principal seguido era nulo (mas não inexistente); e o terceiro quando obrigaria o pagador (*solvens*) a ingressar com ação de pagamento indevido ou por enriquecimento sem causa, quando na realidade dever-se-ia seguir as regras da compra e venda.[121]

Por fim, ainda quanto à causa pressuposta, verifica-se que por mais que não coloque explicitamente em suas normas jurídicas, o direito brasileiro admite, mesmo sem confessar, e por via oblíqua, que a inexistência de causa pressuposta acarretará na nulidade do negócio jurídico.

No que tange a causa-final, vê-se que esta relaciona-se com a finalidade, o resultado jurídico próprio do negócio realizado entre as partes. Na hipótese de causa-final o negócio existe e pode estar gerando efeitos, mas a ausência de causa paralisará sua eficácia.

É nos contratos bilaterais a mais fácil observação da causa (como causa-final). Nestes tipos de negócios jurídicos se convenciona uma prestação como causa da contraprestação e vice-versa, ou seja, funciona a causa como elemento posterior, logo, no plano da eficácia.

Não somente nos contratos bilaterais a causa final age. Pode ocorrer, por exemplo, um acordo em juízo sobre alimentos porque uma parte entenda que a outra necessite dos mesmos. Cessando a necessidade dos alimentos (causa-final), cessará, também, a eficácia do acordo.

A causa da contraprestação também é aquela no enriquecimento sem causa disciplinado pelo artigo 884 do Código Civil de 2002, que dispõe que aquele que enriquecer sem justa causa à custa de outrem fica obrigado a restituir o que

121 AZEVEDO, Antônio Junqueira. **Negócio Jurídico: existência, validade e eficacial.** 4 ed. São Paulo: Saraiva, 2010.

indevidamente auferido. Neste sentido, sustentam Rosa Nery e Nelson Nery Jr. que inexistiria causa o gozo para uma vantagem jurídica sem uma contrapartida que o justifique, por este motivo a legislação civil tornaria fonte de obrigação o locupletamento à custa alheia.[122]

Nos negócios causais, portanto, há um elemento categorial inderrogável que é seu objetivo, que podem ser a causa pressuposta ou a causa final. Como exemplo daqueles com causa pressuposta tem-se os contratos reais (mútuo, depósito, comodato, etc.) e como daqueles com causa final a troca, o mandato, compra venda, dentre outros.

Seja um ou outro caso, o que se percebe é que por mais que a causa pese no processo volitivo que ensejará a declaração de vontade a ser reconhecida socialmente como produtora de efeitos, verdade é que sua influência, se reconhecida, se dará nos planos da validade ou eficácia.

e) Outros requisitos do negócio jurídico

Além dos requisitos expressamente dispostos pelo código civil de 2002 como necessários para a validade do negócio, ver-se-á que outros também podem existir e vir a causar a sua anulação.

A diferença trazida pela lei poderia decorrer pelo fato de que enquanto os casos de agente incapaz, objeto não idôneo e forma defesa em lei, acarretam a invalidade do negócio por sua nulidade, isto é, vício insanável do negócio jurídico que não pode ser convalidado pelas partes; há alguns casos em que o negócio também será inválido, no entanto, poderão, querendo as partes, serem confirmados, coisa que tornaria o negócio jurídico válido. São os casos de anulabilidade do negócio jurídico. Entretanto, apesar do problema todo estar em manifestações de vontade não livres ou impregnadas da má-fé, o fato do código civil de 2002, em algumas situações, admitir estar-se diante de caso de nulidade e noutras de anulabilidade, não se pode afirmar tal suposição.

Acerca da diferenciação, importante trazer lição de Maria Helena Diniz que expõe que existe a nulidade absoluta, uma penalidade que consiste na privação da eficácia jurídica que teria o negócio; e a nulidade relativa ou anulabilidade, que menos grave, diminui a eficácia, mas pode ser eliminada e restabelecer o negócio à sua normalidade.[123]

---

122 NERY, Rosa Maria de Andrade e NERY, Nelson Nery Junior. **Instituições do direito civil.** Vol. I, tomo II: parte geral. São Paulo: Editora Revista dos Tribunais, 2015.

123 DINIZ, Maria Helena. **Curso de direito civil brasileiro: 1. Teoria geral do direito civil.** 29 ed. São Paulo: Saraiva, 2012.

Por este motivo, o que se demonstrará é que além dos requisitos tradicionais para a validade do negócio jurídico há um outro que decorre da manifestação da vontade dos agentes que também ensejará sem seu defeito.

Os vícios em razão da manifestação da vontade podem decorrer "do consentimento, isto é, o erro, o dolo e a coação; e de outro, os chamados vícios sociais, ou seja, a fraude contra credores e a simulação"[124]. Os primeiros impedirão que a vontade se externalize conforme íntimo desejo do agente, os segundos são emitidos com uma vontade igual ao íntimo desejo mas possuem o condão de causar prejuízo a outrem.

Em ambos casos, em que pese exista uma manifestação de vontade num sentido, o ordenamento jurídico as receberá (se as receber) num outro, pois serão negócios jurídicos nulos ou anuláveis.

Assim, entende-se como requisito de validade do negócio jurídico também que a manifestação não contenha erro, dolo, coação, lesão, fraude contra credores, nem simulação.

O erro deve ser substancial, é espontâneo, e trata-se de uma decisão tomada em função de uma falsa interpretação da realidade, já o dolo não é espontâneo porque provoca uma falsa interpretação da realidade por comportamento malicioso de outro agente.

Ocorrerá o erro quando a divergência entre vontade e declaração seja tão profunda que por uma decorrência lógica se poderá perceber que o declarante não teria formulado a declaração caso conhecesse a tempo seu verdadeiro significado.[125]

A coação nada mais será que uma manifestação de vontade oriunda de uma ameaça, maculado o negócio se a ameaça for grave e determinante porque a declaração feita sob sua égide não decorre de um processo volitivo espontâneo.

Lesão será quando ocorrer uma desproporção manifesta causada por inexperiência, necessidade econômica ou de sobrevivência (estado de perigo) de se fazer o negócio de um dos agentes.

Por sua vez, a simulação, que significa aparentar, fingir, disfarçar, ocorrerá quando a declaração externalizada difere de seu íntimo querer com o fim de ludibriar terceiro, e, por último, a fraude contra credores será declaração deliberada com o escopo de prejudicar credores com a diminuição do patrimônio do devedor.

---

124 RODRIGUES, Silvio. **Direito Civil: parte geral.** V. 1. 34 ed. São Paulo: Saraiva, 2003. p. 182.

125 TUHR, A. Von. **Tratado de las obligaciones.** Granada: Editorial Comares, S.L., 2007.

Importante destacar que para a simulação o código civil de 2002 reservou uma espécie de conversão do negócio jurídico, ou seja, nulo será aquilo que aparenta, mas válido, se tiver substância e forma exigida, o que foi dissimulado.

A fraude contra credores, que acarreta apenas nulidade relativa, conceituada como "todo ato de disposição e oneração de bens, créditos e direitos, a título gratuito ou oneroso, praticado por devedor insolvente, ou por ele tornado insolvente, que acarrete redução de seu patrimônio, em prejuízo de credor preexistente"[126]. Para que se caracterize deve, no mínimo, haver um prejuízo ao credor (*eventus damni*), o propósito do devedor e de terceiro em fraudar (*consilium fraudis*), e a redução do patrimônio do devedor de modo que este não mais consiga honrar sua pretérita obrigação.

Na hipótese de incidência dos casos acima, a legislação brasileira em vigor fulminará o negócio por meio de sua nulidade (simulação) ou anulabilidade (erro, dolo, coação, lesão e fraude contra credores), logo, inválido será, em regra[127], o negócio se ocorrerem sob estas fatispécies.

A nulidade a anulabilidade, portanto, são causas de invalidação do negócio jurídico, mas sempre dependerão de pronunciamento judicial, neste sentido leciona Fabio Ulhoa Coelho que "tanto na hipótese de nulidade, como na de anulabilidade, a invalidação depende necessariamente de processo judicial"[128]. Outro aspecto de semelhança entre a nulidade e anulabilidade é o fato de que ambas são oriundas da constituição do negócio jurídico, não de momento posterior.

No entanto, diferenciam-se os negócios nulos e anuláveis em alguns pontos: em seus efeitos, eis que nos nulos não há geração alguma de efeito enquanto nos anuláveis haverá efeito até a declaração de invalidade feita pelo Poder Judiciário; na legitimidade para arguir a invalidade, que será de toda a coletividade nos nulos e apenas dos agentes participantes do negócio nos anuláveis; em relação a possibilidade de ratificação, apenas admitidas naqueles anuláveis; e na prescrição, quando a nulidade não se convalidará nem pelo decurso do tempo, diferentemente do que ocorre com a anulabilidade.[129]

Estas diferenças entre nulidade e anulabilidade, para Emilio Betti, "são consequências naturais que derivam da diferença de índole das duas formas de invalidade".

---

126 MELLO, Marcos Bernardes de. **Teoria do fato jurídico: plano da validade.** 13 ed. São Paulo: Saraiva, 2014. p. 249.

127 Uma exceção que pode ser considerada a esta regra é o casamento putativo.

128 COELHO, Fábio Ulhoa. **Direito civil: parte geral.** v. 1. 5 ed. São Paulo: Saraiva, 2012. p. 686.

129 COELHO, Fábio Ulhoa. **Direito civil: parte geral.** v. 1. 5 ed. São Paulo: Saraiva, 2012. p. 686.

Em todos estes casos, pressupõe-se que existe um negócio como fatispécie, mas que torna-se inválido em razão de máculas em sua formação, seja em virtude do agente, do objeto, da forma, ou mesmo da manifestação de vontade problemática.

Por último, acrescenta Antônio Junqueira de Azevedo que para a validade do negócio querido as partes deverão observar seus elementos inderrogáveis, assim, caso o negócio jurídico seja causal (com causa pressuposta), a existência desta causa será também requisito de validade contratual.[130]

Este tema já foi esgotado quando tratado da causa no item 1.6.1.2, mas, em outras palavras, poderá o contrato também ser considerado inválido pelo ordenamento jurídico quando para que ocorra seja imprescindível uma causa, como ocorre na dação em pagamento, que exige débito anterior, e no mútuo e comodato, quando necessária a entrega da coisa.

Verificadas as condicionantes de existência e validade do negócio jurídico, passar-se-á adiante ao estudo de seu plano da eficácia.

1.6.3 Plano de eficácia

Verificada a existência e validade do negócio jurídico restará saber se é o mesmo eficaz a ponto de, mesmo recepcionado pelo ordenamento, produzir os efeitos almejados pelos agentes.

O plano de eficácia será aquele no qual os fatos jurídicos produzirão seus efeitos e decorre de elementos chamados pela doutrina de acidentais, que uma vez pactuados tornam-se indissociáveis do negócio.[131]

A doutrina brasileira assegura que estes elementos acidentais que podem acarretar a ineficácia do negócio jurídico são: condição, termo e encargo ou modo.

a) Condição

A condição é evento futuro ou incerto do qual depende o nascimento ou extinção de um direito. Para Orlando Gomes a condição é "disposição acessória que subordina a eficácia, total ou parcial, do negócio jurídico a acontecimento futuro incerto"[132].

---

130 AZEVEDO, Antônio Junqueira. **Negócio jurídico: existência, validade e eficácia.** 4 ed. São Paulo: Saraiva, 2010.

131 LENZA, Pedro. **Direito civil: parte geral.** v. 1. 3 ed. São Paulo: Saraiva, 2013.

132 GOMES, Orlando apud LENZA, Pedro. **Direito civil: parte geral.** v. 1. 3 ed. São Paulo: Saraiva, 2013. p. 587.

O código civil brasileiro de 2002 em seu art. 121 corrobora o entendimento de Orlando Gomes e disciplina a condição como sendo "cláusula que, derivando exclusivamente da vontade das partes, subordina o efeito do negócio jurídico a evento futuro e incerto"[133].

Para Vicente Ráo, "chama-se condição a modalidade voluntária dos atos jurídicos que lhes subordina o começo ou o fim dos respectivos efeitos à verificação, ou não-verificação, de um evento futuro e incerto"[134].

Salienta-se, portanto, que existem as condições suspensivas e as resolutivas. As primeiras irão subordinar o início da eficácia contratual e as segundas vão colocar fim ao direito criado, modificado ou transferido pelo negócio jurídico.[135]

Além de suspensivas ou resolutivas, as condições podem ser positivas[136] ou negativas[137]; casuais[138], potestativas[139] ou mistas[140]; divisíveis ou indivisíveis[141]; conjuntas ou alternativas[142]; e expressas ou tácitas[143].

Não se pode olvidar de destacar a condição presente nos contratos sinalagmáticos, trata-se da condição resolutiva expressa, que independe de interpelação judicial para implementar-se, ou condição resolutiva tácita, que precisa da intervenção do Poder Judiciário para que não acarrete uma surpresa à outra parte.[144]

Assim como os negócios jurídicos e suas cláusulas, as condições devem respeitar os requisitos de validade, ou seja, não podem as condições convencionadas

---

133 BRASIL. Lei 10.406, de 10 de janeiro de 2002. Disponível em http://www.planalto.gov.br/ccivil_03/leis/2002/L10406.htm. Acesso em 30 de dezembro de 2016.

134 RÁO, Vicente. **Ato jurídico: noção, pressupostos, elementos essenciais e acidentais. O problema do conflito entre os elementos volitivos e a declaração.** 4 ed. São Paulo: RT, 1999. p. 250.

135 COELHO, Fábio Ulhoa. **Direito civil: parte geral.** v. 1. 5 ed. São Paulo: Saraiva, 2012.

136 Quando o início ou fim do negócio dependem da verificação de evento futuro incerto.

137 Quando o início ou fim do negócio dependem da não-verificação de evento future incerto.

138 Quando não depende da vontade daquele cujo direito à condição se subordina.

139 Quando depende da vontade de quem o direito à condição se subordina. Em regra quando suspensivas são vedadas pelo ordenamento jurídico porque não se pode subordinar os efeitos do negócio jurídico ao mero arbítrio de uma das partes. Em outras palavras, não se pode contrair uma obrigação sob a condição de a cumprir "se quiser". Se resolutivas não incorrem no mesmo problema porque já há um vínculo jurídico consistente na vontade atual de se obrigar.

140 Quando a verificação do evento depende em parte do contraente do negócio jurídico e em parte do caso ou vontade de terceiro.

141 Quando podem ou não verificar-se em partes.

142 Quando dependem do implemento de várias condições conjunta ou disjuntamente.

143 Quando declaradas manifestamente ou resultam de inequívocas declaração de vontade.

144 ABREU, José. **O negócio jurídico e sua teoria geral.** 2 ed. São Paulo: Saraiva, 1988.

serem ilícitas ou impossíveis de se implementar. Condições que privem o efeito total do negócio jurídico, que se sujeitem ao puro arbítrio de uma das partes, ou que sejam contraditórias também não são admitidas pelo atual código civil brasileiro (arts. 122 e 123).[145]

Há negócios jurídicos, contudo, que não comportam condição, como os inerentes à personalidade humana (ex.: direito à vida e integridade física, por serem indisponíveis, irrenunciáveis e imprescritíveis), aqueles que consistem em direitos e deveres ao mesmo tempo (como o casamento, adoção, reconhecimento de filhos, etc.) e àqueles que não comportam elementos de incerteza, como títulos cambiários, aceitação ou renúncia de herança, dentre outros.[146]

b) Termo

Assim como a condição, o termo será evento que dará início ou fim a eficácia de um negócio jurídico, mas diferencia-se daquela porque o evento que dá início ou fim certamente ocorrerá.

A certeza do termo não refere-se ao momento que ocorrerá o fato, mas à ocorrência do mesmo, isto é, será termo, e não condição, quando a situação à qual está subordinado o início ou fim da eficácia do negócio jurídico for uma da qual sabe-se, com certeza, que ocorrerá.

Para Arnoldo Wald, "existem termos certos quanto ao momento da ocorrência (uma data) e termos incertos quanto ao momento da ocorrência (a morte de certa pessoa)"[147].

José Abreu sustenta que o termo é elemento acidental, cláusula acessória, que se destina a regulamentar a eficácia do negócio jurídico e sua projeção no tempo[148]. Ruggiero, por sua vez, aduz que o termo "é certo, não quanto ao momento do decorrer do tempo que sucederá, mas sim quanto ao próprio fato do seu aparecimento"[149].

---

145 BRASIL. Lei 10.406, de 10 de janeiro de 2002. Disponível em http://www.planalto.gov.br/ccivil_03/leis/2002/L10406.htm. Acesso em 30 de dezembro de 2016.

146 RÁO, Vicente. **Ato jurídico: noção, pressupostos, elementos essenciais e acidentais. O problema do conflito entre os elementos volitivos e a declaração.** 4 ed. São Paulo: RT, 1999.

147 WALD, Arnoldo. **Direito civil: introdução e parte geral.** v. 1. 13 ed. São Paulo: Saraiva, 2011, p. 239. p. 259.

148 ABREU, José. **O negócio jurídico e sua teoria geral.** 2 ed. São Paulo: Saraiva, 1988.

149 RUGGIERO, Roberto de *apud* ABREU, José. **O negócio jurídico e sua teoria geral.** 2 ed. São Paulo: Saraiva, 1988. p. 198.

O termo poderá ser inicial (*dies a quo*) ou final (*dies ad quem*), o primeiro é o dia em que os efeitos do negócio jurídico têm início, já o segundo o dia em que deixam de existir.

As regras aplicadas à condição quanto a negócios jurídicos que não às comportam, também são aplicadas ao termo. Assim, não se pode subordinar a condição ou termo o reconhecimento de filhos, a adoção, aceitação ou renúncia de herança, sendo que o próprio código civil de 2002 dispõe nos artigos 1.808, 1.626 e 1.613 vedações expressas para a imposição de termo para estes institutos jurídicos.[150]

Os termos em regra são convencionais, mas podem advir da lei ou de decisão judicial. Por último, pode o termo ser certo ou incerto. Termo certo será aquele no qual se sabe, por antecipação, o momento preciso de sua verificação. Já o termo incerto tem seu momento de verificação desconhecido, ou seja, sabe-se que chegará, mas não quando.[151]

Exemplo para termo certo é um dia específico (1º de janeiro de determinado ano), já para termo incerto é a morte de uma determinada pessoa, que se sabe que ocorrerá mas não o exato momento.

Para concluir, relevante destacar que existem diferenças entre condição e termo suspensivo, eis que na condição suspende-se o exercício e a aquisição do direito, já no termo suspende-se apenas o exercício, mas não a aquisição do direito.[152] Esta diferença se dá porque o titular do direito condicional possui apenas um direito eventual, enquanto o titular do direito a termo possui um direito futuro certo, apenas diferido.

c) Encargo ou Modo

Incumbência, dever, responsabilidade ou compromisso de alguém são alguns dos significados da palavra encargo.

Para Silvio Rodrigues, encargo ou modo é "uma limitação trazida a uma liberalidade, quer por dar destino ao seu objeto [...], quer por impor ao beneficiário uma contraprestação"[153].

Trata-se de elemento acidental do negócio jurídico e é um ônus imposto ao beneficiário de um negócio jurídico gratuito que irá diminuir ou limitar sua extensão.

150 BRASIL. Lei 10.406, de 10 de janeiro de 2002. Disponível em http://www.planalto.gov.br/ccivil_03/leis/2002/L10406.htm. Acesso em 30 de dezembro de 2016

151 ABREU, José. **O negócio jurídico e sua teoria geral**. 2 ed. São Paulo: Saraiva, 1988.

152 LENZA, Pedro. **Direito civil: parte geral**. v. 1. 3 ed. São Paulo: Saraiva, 2013.

153 RODRIGUES, Silvio. **Direito Civil: parte geral**. v. 1. 34 ed. São Paulo: Saraiva, 2003. p. 259.

Segundo José Abreu, a incidência de encargo nos negócios onerosos não encontrou beneplácito na doutrina porque nestes tipos de negócio não há um ônus, mas sim contraprestações recíprocas. Continua o autor afirmando que "nos negócios jurídicos de natureza gratuita é que se impõe o ônus, com feição tipicamente restritiva, delimitando um ato de liberalidade"[154].

O encargo ou modo incidem normalmente sobre doações e legados, mas outros negócio jurídicos também podem possuir este tipo de restrição, como cessão não onerosa, promessa de recompensa, renúncia, dentre outros.

De forma bastante clara expõe Fábio Ulhoa Coelho que o encargo deve ser de pequeno valor quando contraposto ao da prestação a que o beneficiário fará jus se o cumprir. Para o autor, "se o encargo não valer pouco diante da prestação, terá a natureza de remuneração, desconstituindo-se a natureza gratuita do contrato"[155].

Esta limitação imposta aos negócios jurídicos gratuitos é acessória, mas uma vez imposta torna-se obrigatória. Por esta razão, a inexecução do encargo imposto ao beneficiário torna anulável o benefício.

Conforme disposto no código civil de 2002, a existência do encargo ou modo não irá suspender a aquisição nem o exercício do direito, exceto se restar equiparado a uma condição suspensiva.[156] Neste sentido ministra Arnoldo Wald:

> Se, por exemplo, a doação é feita 'desde que o donatário cuide da parenta fulana', entende-se que a doação é feita desde logo ao donatário dos bens [...] Se, ao contrário, o testador estabelece que determinado legatário só receberá seu legado após ter mandado construir um túmulo, de acordo com as instruções constantes do testamento, o legado depende, para sua efetivação, do cumprimento prévio, pelo legatário, da obrigação estabelecida no testamento como encargo e que funciona, na realidade, como verdadeira condição suspensiva.[157]

Como possível observar, a linha divisora entre encargo e condição suspensiva é tênue. Por este motivo irá lecionar José Abreu que dentre os principais traços distintivos estão a coercibilidade, limitação reduzida e seus efeitos.[158]

---

154 ABREU, José. **O negócio jurídico e sua teoria geral**. 2 ed. São Paulo: Saraiva, 1988. p. 212.

155 COELHO, Fábio Ulhoa. **Direito civil: parte geral**. v. 1. 5 ed. São Paulo: Saraiva, 2012. p. 620.

156 BRASIL. Lei 10.406, de 10 de janeiro de 2002. Disponível em http://www.planalto.gov.br/ccivil_03/leis/2002/L10406.htm. Acesso em 30 de dezembro de 2016.

157 WALD, Arnoldo. **Direito civil: introdução e parte geral**. v. 1. 13 ed. São Paulo: Saraiva, 2011, p. 261.

158 ABREU, José. **O negócio jurídico e sua teoria geral**. 2 ed. São Paulo: Saraiva, 1988.

É que no modo o encargo há coação para que o beneficiário cumpra tal ônus sob pena de invalidação do negócio jurídico, já na condição suspensiva o que ocorre é que apenas seus efeitos não serão produzidos enquanto não implementada a condição.

No que tange aos efeitos, verifica-se grande diferença porque enquanto o modo ou encargo não suspende a aquisição ou exercício do direito, a condição assim o faz.

O modo ou encargo, portanto, obrigam o beneficiário mas não são capazes de suspender o exercício de seus direitos, já a condição suspensiva faz o oposto, não obriga, mas suspende direitos.

Por último, importa diferenciar encargo de condição resolutiva. O modo ou encargo quando descumpridos apenas irão fulminar o direito se houver interpelação do instituidor do benefício (ou equiparado) e se assim feito não irão operar retroativamente. Por outro lado, operada a condição resolutiva, tem-se que o direito irá imediatamente cessar de foram retroativa.

d) Os fatores de eficácia

Estes três elementos acidentais acima trazidos, como já dito, são aqueles pacificados pela doutrina brasileira quando analisado o código que hoje regula as relações privadas. Ocorre que Antônio Junqueira de Azevedo complementa o tema e expõe que são três as espécies de fatores de eficácia: aqueles de atribuição da eficácia em geral (condição, termo e encargo); aqueles de atribuição da eficácia diretamente visada; e aqueles de atribuição de eficácia mais extensa.[159]

Os fatores de eficácia geral são aqueles referentes às condições, termos e encargos que podem integrar o negócio jurídico, mais algumas hipóteses que culminem num resultado no qual o negócio praticamente nenhum efeito produza se não ocorridos, como emissão (colocação em circulação) do título de crédito; morte do testado, no testamento; homologação do juízo da partilha amigável feita pelos herdeiros; dentre outras.

Os fatores de atribuição de eficácia diretamente visada diferem e podem ser explicados como "aqueles indispensáveis para que um negócio, que já é de algum modo eficaz entre as partes, venha a produzir exatamente os efeitos por ele visados"[160]. Trata-se da hipótese do art. 662 e seu parágrafo único do código civil

---

159 AZEVEDO, Antônio Junqueira. **Negócio jurídico: existência, validade e eficácia.** 4 ed. São Paulo: Saraiva, 2010.

160 AZEVEDO, Antônio Junqueira. **Negócio jurídico: existência, validade e eficácia.** 4 ed. São Paulo: Saraiva, 2010. p. 57.

de 2002, quando o mandatário entabula negócio com terceiro sem os poderes para tanto. Aqui os efeitos do negócio são produzidos apenas entre mandatário e terceiro, ainda que não sejam estes os efeitos diretamente visados, tudo até que o mandante ratifique o negócio.[161]

O terceiro fator é o de atribuição de eficácia mais extensa, "indispensáveis para que um negócio, já com plena eficácia, inclusive produzindo exatamente os efeitos visados, dilate seu campo de atuação, tornando-se oponível a terceiros"[162]. É o caso do art. 290 do código civil de 2002, que gera oponibilidade da cessão de crédito formalizada entre cedente e cessionário ao devedor (cedido) após sua regular notificação.[163]

Verificado e compreendido o negócio jurídico em seus três planos e cientes que para que um negócio produza efeitos jurídicos deverá existir, ser válido e eficaz, adiante será verificado como o negócio jurídico deve ser interpretado.

1.7 A INTERPRETAÇÃO DO NEGÓCIO JURÍDICO

O negócio jurídico origina-se de um ato volitivo com intenção de produção de determinado objetivo, criando, com supedâneo numa norma jurídica, direito subjetivo e obrigações para seus agentes.

Analisando o negócio por meio da vontade interna ou mesmo sua declaração, verdade é que sempre será necessária uma interpretação, principalmente quando houver situação duvidosa, obscura ou mesmo contraditória.

Não é sempre que o negócio jurídico traduzirá a exata vontade das partes. Assim como as leis, os negócios devem ser interpretados. Interpretar o negócio jurídico "é precisar o sentido e alcance do conteúdo da declaração de vontade", busca-se apurar "a vontade objetiva, o conteúdo, as normas que nascem da sua declaração"[164].

Para o código civil de 2002, as declarações de vontade devem ser interpretadas mais de acordo com a intenção dos agentes do que ao sentido literal da linguagem

---

161 BRASIL. Lei 10.406, de 10 de janeiro de 2002. Disponível em http://www.planalto.gov.br/ccivil_03/leis/2002/L10406.htm. Acesso em 30 de dezembro de 2016.

162 AZEVEDO, Antônio Junqueira. **Negócio jurídico: existência, validade e eficácia.** 4 ed. São Paulo: Saraiva, 2010. p. 57.

163 BRASIL. Lei 10.406, de 10 de janeiro de 2002. Disponível em http://www.planalto.gov.br/ccivil_03/leis/2002/L10406.htm. Acesso em 30 de dezembro de 2016.

164 GONÇALVES, Carlos Roberto. **Direito civil brasileiro: parte geral.** v. 1. 10 ed. São Paulo: Saraiva, 2012. p. 510.

utilizada. O mesmo dispositivo, em seu artigo 113, informa que a interpretação deverá ser feita de acordo com a boa-fé e usos do lugar de sua celebração.[165]

Esta mesma posição é compartilhada por Von Tuhr quando dispõe que quando da interpretação da vontade pode acontecer que a conduta das partes, modo de se expressar, ou mesmo as circunstâncias nas quais formou-se o negócio jurídico indiquem uma vontade que não seja precisamente aquela observada no sentido literal do que escrito.[166]

Além de ser fundamental para chegar-se ao objetivo de fato querido/declarado pelas partes, não de pode olvidar que em virtude do disposto da legislação acerca de como devem ser interpretados os negócios e até pela escolhas feitas pelo código civil de 2002, como aquela que trata da interpretação da declaração de vontade (e não da vontade em si), pode-se afirmar que atualmente o direito brasileiro dá maior prioridade para as declarações de vontade e não ao pensamento íntimo do declarante.

Neste sentido, dispõe Silvio Rodrigues que a seu ver o código civil de 2002 não autoriza "que se prefira a vontade à declaração, embora esta não corresponda àquela, quando referida declaração for clara e insuscetível de dúvida"[167].

Aprofundando-se na interpretação do negócio, leciona Maria Helena Diniz que,

> a interpretação do negócio jurídico pode ser: declaratória, se tiver por escopo expressar a intenção dos interessados; integrativa, se pretender preencher lacunas contidas no negócio, por meio de normas supletivas, costumes, etc., e construtiva, se objetivar reconstituir o ato negocial com o intuito de salvá-lo.[168]

A interpretação declaratória, portanto, será aquela que buscará a intenção do declarante, ficará adstrita relacionar a declaração com a vontade interna do agente, apenas, lógico, em caso de dúvida, obscuridade ou contradição.

Emilio Betti, por sua vez, irá dispor que a interpretação integrativa incidirá sobre pontos do regulamento de interesses que embora não abrangidos pela

165 BRASIL. Lei 3.071, de 1 de Janeiro de 1916. Disponível em https://www.planalto.gov.br/ccivil_03/leis/L3071.htm. Acesso em 27 de dezembro de 2016.

166 TUHR, A. Von. **Tratado de las obligaciones**. Granada: Editorial Comares, S.L., 2007.

167 RODRIGUES, Silvio. **Direito Civil: parte geral**. V. 1. 34 ed. São Paulo: Saraiva, 2003. p. 178.

168 DINIZ, Maria Helena. **Curso de direito civil brasileiro: 1. Teoria geral do direito civil**. 29 ed. São Paulo: Saraiva, 2012. p. 480.

fórmula, estão compreendidos na ideia que ela exprime e, por isso, estariam enquadradas no conteúdo do negócio.[169]

Já a interpretação construtiva será aquela que visa alterar a fatispécie do negócio a fim de salvá-lo da invalidade ou ineficácia, sempre considerando que já que há manifestação de vontade oriunda da autonomia de vontade, importante resguardá-la.

A doutrina norte americana acerca da interpretação construtiva discorre de forma didática que "it usually occurs where it appears the parties did not actually deal with a particular issue in their contract, and there is no factual evidence to establish how they intended that issue to be handled".[170]

Em outras palavras, pode ocorrer que as partes tenham disposto sobre determinado tema mas encaixa-se o negócio num outro, ou seja, claramente as partes contrataram, mas não dispuseram exatamente o que pretendiam, e, pela interpretação construtiva, preservar-se-á a autonomia de vontade e absorvida a declaração de vontade naquele negócio recepcionado pelo direito.

No mais, o negócio jurídico deverá ser interpretado levando-se em consideração a categoria de negócio que trata, como: se benéfico ou oneroso, quando na fiança, por exemplo, a interpretação será restritiva; se *intervivos* ou *mortis causa*, quando a boa-fé não será tão observada naqueles *mortis causa* ou se focará na declaração ou vontade real do testador; se de adesão, quando será interpretado favoravelmente ao aderente, dentre outras.

Por último, importante é dar destaque a interpretação conforme a boa-fé dos agentes. Brilhantemente coloca Vicente Ráo que "vem de longe o debate relativo ao conceito da boa-fé nos atos jurídicos"[171]. Continua o autor afirmando que:

> a solução comumente aceita a define como sendo um estado ético: 'a boa-fé é um momento proporcionado pela ética social e não alterado pelo direito, que o adota; é a boa-fé normal, humana, medida pela prática cotidiana de vida e remetida, caso a caso, à apreciação do juiz, partícipe e intérprete deste sentimento'[172].

---

169 BETTI, Emílio. **Teoria geral do negócio jurídico.** Campinas: Servanda, 2008.

170 BLUM, Brian A. **Contracts.** New York: Wolters Kluwer, 2013, p. 306.

171 RÁO, Vicente. **Ato jurídico: noção, pressupostos, elementos essenciais e acidentais. O problema do conflito entre os elementos volitivos e a declaração.** 4 ed. São Paulo: RT, 1999. p. 250.

172 BONFANTE *apud* RÁO, Vicente. **Ato jurídico: noção, pressupostos, elementos essenciais e acidentais. O problema do conflito entre os elementos volitivos e a declaração.** 4 ed. São Paulo: RT, 1999. p. 250.

A boa-fé ainda é dividida pela doutrina entre subjetiva e objetiva. Enquanto a primeira seria um estado psicológico (e interno) do indivíduo, a segunda seria uma forma de conduta. Explica-se: a boa-fé subjetiva seria a ignorância de determinado sujeito que existia uma demanda judicial contra um bem seu capaz de torna-lo indisponível e comercialize-o. Já a boa-fé objetiva um dever de comportamento, por exemplo, quando feitas inúmeras tratativas e atos para compra e venda de determinado bem, mas, sem nenhuma causa, uma das partes desiste, causando prejuízo à outra, neste caso, a conduta do agente desistente não estava revestida de boa-fé, eis que seu comportamento sempre trabalhou em outro sentido.

Sabe-se que o código civil de 1916 não dispunha de normas referente a boa-fé objetiva, coisa que foi aperfeiçoada pela legislação de 2002. No entanto, a doutrina ainda diverge se o tratamento dado pelo artigo 113 da atual legislação refere-se a boa-fé objetiva ou subjetiva.

Posicionando-se acerca do objetivismo da boa-fé, Maria Helena Diniz afirma que "o princípio da boa-fé objetiva" estaria intimamente ligado tanto à interpretação do negócio no sentido de que a literalidade não deve prevalecer sobre a intenção, como ao interesse social da segurança das relações jurídicas. Para a autora, as partes devem "agir com lealdade, retidão e probidade durante as negociações preliminares, a formação, execução, e extinção do ato negocial [...]"[173].

Por outro lado, argumenta Arnoldo Wald que a normativa do art. 113 do código civil que trata da interpretação dos negócios jurídicos

> [...] por se referir ao mecanismo de interpretação, trata da boa-fé subjetiva, pois tem por finalidade analisar o comportamento das partes, a sua intenção por ocasião da celebração do negócio. Não se trata, portanto, da cláusula geral da boa-fé, que consta no art. 422[174].

De uma forma ou outra, fato é que "a boa-fé exerce valioso papel para a exata compreensão das cláusulas contratuais".[175] Deve ser observada tanto pelos agentes quando fizerem sua declaração, como pelos intérpretes do negócio, quando necessária a interpretação da vontade declarada e, certamente, servirá para suprimir nulidades, sanar vícios e incapacidades.

---

173 DINIZ, Maria Helena. **Curso de direito civil brasileiro: 1. Teoria geral do direito civil.** 29 ed. São Paulo: Saraiva, 2012. p. 481.

174 WALD, Arnoldo. **Direito civil: introdução e parte geral.** v. 1. 13 ed. São Paulo: Saraiva, 2011, p. 250-251.

175 GONÇALVES, Carlos Roberto. **Direito civil brasileiro: parte geral.** v. 1. 10 ed. São Paulo: Saraiva, 2012.

A boa-fé exercerá nos negócios jurídicos não só função interpretativa, mas será capaz de trazer um novo aspecto aos negócios jurídicos impondo dever de conduta aos agentes, isto é, não se trata apenas de uma análise da crença interna do indivíduo, mas também de sua forma de conduta perante outro agente contratante e toda a coletividade.

Por este motivo é que pode-se entender a boa-fé prevista no art. 113 do código civil de 2002 em ambos sentidos, ou seja, tanto na forma subjetiva, quando dever-se-á interpretar o negócio como se a declaração emitida de fato desconhecesse nulidades, como na forma objetiva, quando esta interpretação deverá apurar se o que busca a declaração de vontade externalizada reflete numa conduta proba, íntegra e leal do agente declarante perante agentes do negócio e sociedade.

Observados os aspectos do negócio jurídico capazes de influenciar as relações de consumo, no próximo capítulo serão trazidos os elementos históricos e caracterizadores destes tipos de relação, bem como a normativa brasileira e o sistema de responsabilidade disposto no código de defesa do consumidor.

Capítulo 2

O CONTRATO DE CONSUMO

Estabelecido o conceito e a estrutura de funcionamento do negócio jurídico, sendo este bilateral, ou seja, composto por duas declarações de vontade que se encontram, estar-se-á diante de um contrato.

Segundo Orlando Gomes, contrato é uma espécie de negócio jurídico que exige a presença de ao menos duas partes[176], trata-se de uma relação de troca de obrigações criada por meio de declarações de vontade entre duas ou mais pessoas, contendo ao menos uma promessa, e reconhecido pelo direito como jurídica ou judicialmente exigível. Esta promessa, para Blum, significa um comprometimento de realização ou não realização de determinado ato em algum momento futuro.[177]

A palavra "contrato" é originária do latim "*contràctus*", derivada de "*contrahere*", composta da junção de "con", que significa junto, e "trarre", cuja tradução do italiano é desenhar[178]. Trata-se da reunião de consenso, por isso é o contrato, necessariamente, um negócio judíco bilateral.

176 GOMES, Orlando. **Contratos**. 26 ed. Rio de Janeiro: Forense, 2008.

177 BLUM, Brian A. **Contracts**. New York: Wolters Kluwer, 2013, p. 306.

178 Dizzionario etimologico online, 2017. Disponível em <http://www.etimo.it/?term=contratto&find=Cerca> Acesso em 06 de maio 2017.

Para Arnaldo Rizzardo, há indícios de contratos, não em seu aspecto moderno, desde o aparecimento do homem. Dentro dos agrupamentos em tribos já havia concordância acerca de determinado comportamento que obrigavam os componentes do grupo à certas regras comuns de convivência.[179]

Informa Jefferson Daibert, que antes da fundação de Roma os hebreus já conheceram o instituto do contrato quando num cativeiro em Nínive (Assíria), Tobias deu emprestado a Gabelo dez talentos de prata e um quirógrafo foi redigido ficando em poder do credor. Na Grécia antiga, Sólon argumentava que os homens poderiam fazer convenções entre si, e no antigo Egito existiam formas rudimentares de contratos que disciplinavam o casamento e transladavam propriedade.[180]

No direito romano aparece na Lei das XII Tábuas, por volta de 300 a.C, as primeiras disposições acerca das obrigações e do contrato quando seria possível inclusive o credor dispor do corpo do devedor caso ocorresse impontualidade ou inadimplemento da obrigação.[181]

No *Corpus Juris Civilis*, momento máximo do direito romano, consolida-se o contrato como uma espécie do gênero convenção, passando a ser reconhecido pelo direito civil como instrumento dotado de força obrigatória e de direito de ação por parte daquele que lesado em juízo. A outra espécie do gênero da convenção era o *pactum*, que não conferia às partes o direito de ação. As distinções entre contrato e pacto irão desaparecer por volta de 1800 quando Savigny irá dispor que todas as convenções seriam dotadas de força vinculante e, portanto, capazes de munir o credor de ação para perseguir em juízo a prestação ou espécie equivalente. [182]

O conceito moderno de contrato, no entanto, é formado por uma confluência de correntes de pensamento dos canonistas e da escola do direito natural. Da primeira corrente adveio a ideia de consensualismo e de fé-jurada, já da segunda mais racionalista e individualista, a lógica de que o nascimento das obrigações seria oriundo da livre vontade dos contratantes.

Enquanto dos canonistas o respeito à palavra dada e o dever de veracidade justificariam a necessidade das partes cumprirem reciprocamente as obrigações

179 RIZZARDO, Arnaldo. **Contratos.** 15 ed. Rio de Janeiro: Forense, 2015.

180 DAIBERT, Jefferson *apud* RIZZARDO, Arnaldo. **Contratos.** 15 ed. Rio de Janeiro: Forense, 2015.

181 RIZZARDO, Arnaldo. **Contratos.** 15 ed. Rio de Janeiro: Forense, 2015.

182 PEREIRA, Caio Mário da Silva. **Instituições do direito civil: contratos.** v. 3. 18 ed. Rio de Janeiro: Forense, 2014.

pactuadas, para a escola do Direito Natural a ideia é de que o consentimento basta para obrigar porque forma um compromisso a ser honrado pelas partes com base no dever de veracidade.[183]

Ambas escolas, portanto, atribuem como elementos básicos do contrato a autonomia de vontade das partes. Com o Código de Napoleão a autonomia de vontade recebe *status* de princípio quando normatizado que as convenções legalmente formadas tornam-se lei entre as partes.

No entanto, com o passar do tempo e consequente desenvolvimento das atividades e das relações sociais a função do contrato é ampliada. O contrato como norma imutável e obrigatória entre as partes começa a chocar-se com a disparidade de conhecimento e de poder entre os contratantes e por isso passa a não conseguir mais sempre cumprir seus objetivos, sejam eles econômicos, civilizatórios ou mesmo educativos.

Em suma, o modelo contratual formatado no simples acordo vontades que gera necessidade de observância de seus termos como se lei fosse, aliado ao liberalismo econômico responsável pela ideia basilar de que todos são iguais perante a lei, demonstra-se incapaz de solucionar de forma equânime todos os atritos da sociedade moderna.

Ao analisar este tema, Guido Alpa sustenta que com o passar do tempo uma interpretação objetivista dos contratos passou a considerar praticamente apenas o que manifestado pelos contratantes (limitação ao senso literal das palavras postas), deixando de lado a situação na qual as partes se encontravam quando da formalização do mesmo, ou seja, a posição de partida em que se encontravam os contratantes quando da negociação do contrato.[184]

Algumas técnicas foram criadas para solucionar eventuais conflitos entre declaração e real vontade, como a coerência entre as cláusulas contratuais, situação já tratada no capítulo anterior.

Ocorre que numa sociedade onde o consumo, e, por consequência, os contratos passaram a ser produzidos em massa, a ideia de preservação absoluta da vontade de contratar, quando a liberdade contratual deveria ser protegida porque é liberdade, não porque é sinônimo de justiça, começa a ser superada.[185]

183 GOMES, Orlando. **Contratos.** 26 ed. Rio de Janeiro: Forense, 2008

184 ALPA, Guido. I principi generali, **Tratatto di Diritto Privato, a cura di Giovanni Iudica e Paolo Zatti.** 2ª ed. Milano: Giuffrè, 2006.

185 RIBEIRO, Joaquim de Sousa. **Direito dos contratos: estudos.** Coimbra: Coimbra Editora, 2007.

Assim, no momento em que se passa a observar que no plano macro-jurídico certos interesses são sistematicamente violados, chega-se à conclusão de que a liberdade contratual, por si só, não cumpre satisfatoriamente seu papel, seja como instrumento de livre realização da pessoa, seja como fator de ordenação da expectativa social.

O direito, então, deve e passa a intervir nos contratos, principalmente naqueles de consumo, porque verificado que o ponto de partida ou poder das partes quando da contratação é díspar.

Esta intervenção é feita no direito inglês, por exemplo, com a inclusão na práxis judiciária de "proporção de ressarcimento em caso de dano", "impossibilidade de obter lucro com comportamento ilícito", "enriquecimento ilícito", injusto desfrute do maior poder contratual e "impossibilidade de exoneração da responsabilidade com culpa".[186]

Alguns autores, entretanto, irão sustentar que a intervenção é desnecessária porque o próprio mercado se regula. O fundamento seria de que o mercado possui uma autocorreção imediata de eventuais disparidades de poder contratual porque a própria concorrência reduziria o poder perverso de cláusulas contratuais muito benéficas para um lado e prejudiciais para outro.[187]

Ocorre que sendo o *homo economicus* o esperado regulador do mercado, necessário seria a intervenção do direito para que a autocorreção pudesse ser experimentada e fossem enfim cessadas as restrições de liberdade contratual que colocavam as partes em posições desiguais quando da contratação.

A intervenção do direito nos contratos para diminuir o peso da desigualdade será observada, no Brasil, com as normativas do direito do trabalho e do direito do consumidor.

É que se observou que sem nenhuma intervenção o suposto regulador do direito não conseguia realizar sua tarefa, pois, segundo Akerlof (citado por Joaquim Ribeiro), o efeito da concorrência sobre o consumidor, por déficit cognitivo do próprio consumidor, dá-se estritamente por produtos e preços, sendo indiferentes as cláusulas contratuais de uma ou outra operação na grande maioria dos casos.[188]

A consequência de tal déficit é um nivelamento por baixo das condições contratuais praticadas, eis que geram desvantagem porque atribuem cláusulas mais

186 RIBEIRO, Joaquim de Sousa. **Direito dos contratos: estudos.** Coimbra: Coimbra Editora, 2007.

187 RIBEIRO, Joaquim de Sousa. **Direito dos contratos: estudos.** Coimbra: Coimbra Editora, 2007.

188 RIBEIRO, Joaquim de Sousa. **Direito dos contratos: estudos.** Coimbra: Coimbra Editora, 2007.

benéficas aos consumidores e trabalhadores, e, ao mesmo tempo acarretam um acréscimo de custos não premiados.

Em outras palavras, mesmo que um fornecedor ou empregador disponha de cláusulas ou condições mais benéficas ao consumidor ou trabalhador, coisa que aumenta seus custos de trabalho, não culminam por vender mais ou contratar, necessariamente, melhores trabalhadores.

A conclusão será, portanto, que isto são "falhas do mercado" e, por isso, necessária a intervenção do direito nestes contratos *standarizados* de massa.

Como o problema é o déficit de conhecimento ou de informação por uma parte contratante, e, considerando que quanto menos intervenção na liberdade das partes melhor, tem-se que o primeiro passo a ser dado seria atribuir o "imperativo da transparência", formado por um arsenal de medidas como exigências de forma, imposição de menções obrigatórias, da relevância negocial das mensagens publicitárias, consagração de direito de arrependimento, dentre outras.

Guido Alpa sustenta que a intervenção deve se dar por meio da obrigatoriedade de boa-fé e do dever de informação, além de estender a responsabilidade à situações extracontratuais, como, por exemplo, determinado sejam feitos reembolsos à negociantes/tratantes que sofram dano porque foram levados a crer que o contrato seria formalizado, por um comportamento da outra parte, mas que tem sua legítima expectativa frustrada (*culpa in contrahendo*). Seria o dever de comportamento cooperante, fundamentado também nos princípios de informação e cooperação contratual.[189]

Em outras palavras, verificado que a autodeterminação de uma das partes se encontra bloqueada por uma diferença de poder contratual, deve o ordenamento intervir para compensar a vulnerabilidade da situação contratual.

Para Joaquim Ribeiro, isto seria estabelecer entre autodeterminação e justiça um "sistema móvel" estabelecendo pesos para dar proporcionalidade entre liberdade contratual e justiça.[190]

O princípio da transparência, neste cenário, assume posição de destaque porque é capaz de colocar no momento da formação do contrato as informações necessárias àquela parte hipossuficiente.

---

189 ALPA, Guido. I principi generali, **Tratatto di Diritto Privato, a cura di Giovanni Iudica e Paolo Zatti**. 2ª ed. Milano: Giuffrè, 2006.

190 RIBEIRO, Joaquim de Sousa. **Direito dos contratos: estudos**. Coimbra: Coimbra Editora, 2007.

Da premissa de necessidade de coadunação entre autonomia de vontade e desigualdade de força contratual surgirão, portanto, normativas voltadas ao restabelecimento da igualdade.

É a limitação à plena autonomia de contratação o resgate da justiça para Aristóteles: tratar desigualmente os desiguais.[191] Será este resgate o responsável por dar [192]novamente senso à função social do contrato aqui tratada como responsável pela promoção de circulação de riqueza, colaboração mútua e prevenção de riscos e controvérsias.

Esta visão é compartilhada por Blum que acrescenta que "the rules of contract law should aim to encourage commercial interaction that creates the greatest economic value for the parties and the society"[193], que em tradução livre, significa que a regulação contratual deve objetivar o encorajamento da transações comerciais que desenvolvem a economia tanto para as partes como para a sociedade.

Surge daí um novo modelo contratual com um acompanhar mais atento para o desenvolvimento da prestação e uma valorização da informação e confiança. A autonomia de vontade passa a ser "protegida" capaz de diminuir ou até acabar com a disparidade entre as partes.

O contrato, por sua função, é instrumento socialmente útil e por isso há grande interesse público em sua tutela. Formado de uma aceitação que se encaixa perfeitamente à proposta, visto que a moderna concepção de contrato possui sua matriz no consenso e produção de efeitos jurídicos como recepcionados pelo ordenamento, serve para todos os tipos de relações entre sujeitos do direito, inclusive para aquelas objeto deste estudo que são as relações de consumo.

2.1 ASPECTOS HISTÓRICOS DA RELAÇÃO DE CONSUMO

O período pós-Revolução Industrial foi causa de extremo crescimento populacional nas metrópoles e responsável por gerar forte aumento de demanda e oferta de produtos e serviços. A indústria teve de aumentar a produção para conseguir atender o crescimento demográfico e a entrada de novas classes sociais no mercado de consumo.

Com o ideal de aumentar lucros e garantir a capacidade de entrega dos produtos e serviços tal qual a demanda, criou-se a produção em série. Essa chamada

191 ARISTÓTELES. Ética a **Nicômaco**. Trad. Pietro Nasseti. São Paulo: Matrin Claret, 2006.

192 MARQUES, Claudia Lima. **Contratos no código de defesa do consumidor: o novo regime das relações contratuais.** 7 ed. São Paulo: Revista dos Tribunais, 2014.

193 BLUM, Brian A. **Contracts.** New York: Wolters Kluwer, 2013, p. 13.

homogeneização ou "standartização" da produção possibilitou a diminuição de custos e um enorme aumento na oferta e nos lucros, eis que tornou-se possível que um só fornecedor fosse capaz de atender uma grande massa de consumidores.[194]

Em virtude dessa mudança social e do surgimento de diferentes tipos de negócios, o direito contemporâneo têm sofrido transformações que visam corrigir ou atenuar as relações jurídicas com traços de "desigualdade", principalmente a partir da segunda metade do Século XX.

A massificação das relações jurídicas e dos contratos tornou em muitos casos o acordo de vontades mais aparente do que real. A regra passou a ser aquela dos contratos pré-redigidos por apenas um lado contratante, coisa que deixa flagrante o desnível entre os contratantes.[195]

Segundo Bruno Miragem, a desigualdade nas relações jurídicas se apresentam de diversos modos, "seja originária de desproporção da capacidade econômica das partes ou mesmo da ausência de acesso e compreensão das informações sobre os aspectos da relação jurídica" havida entre os contratantes.[196]

Em suma, a desigualdade advém da vulnerabilidade de pelo menos um dos sujeitos contratantes, por este motivo as alterações do direito contemporâneo visam recompor, por meio da intervenção legislativa, a igualdade jurídica ao reconhecer a vulnerabilidade de um sujeito contratante, como, por exemplo, aquela do empregado perante o empregador ou do consumidor perante o fornecedor.

Esta necessidade de intervenção do Estado nas relações de consumo de forma mais enérgica que nas relações civis ou comerciais comuns tem como ponto forte o ano de 1962, nos Estados Unidos da América. Neste ponto aduz Bruno Miragem que:

> As origens da preocupação com os direitos dos consumidores são tradicionalmente indicadas ao conhecido discurso, nos Estados Unidos, do Presidente John Kennedy no Congresso norte-americano, em 1962, que, ao enunciar a necessidade de proteção do consumidor, referiu como direitos básicos o *direito à segurança, o direito à informação, o direito de escolha e o direito a ser ouvido.*[197]

194 NUNES, Rizzato. **Curso de direito do consumidor.** 6 ed. São Paulo: Saraiva, 2011.

195 MARQUES, Claudia Lima. **Contratos no código de defesa do consumidor: o novo regime das relações contratuais.** 7 ed. São Paulo: Revista dos Tribunais, 2014.

196 MIRAGEM, Bruno. **Curso de direito do consumidor.** 5 ed. São Paulo: Revista dos Tribunais, 2014, p. 37.

197 MIRAGEM, Bruno. **Curso de direito do consumidor.** 5 ed. São Paulo: Revista dos Tribunais, 2014, p. 38.

A partir de tal discurso inúmeras leis foram aprovadas nos Estados Unidos ainda nos anos 60, quando a consciência social e cultural na defesa dos consumidores passa a ganhar notoriedade. Nesta mesma época começam a surgir associações de consumidores focadas em fortalecer e facilitar troca de informações, especialmente no que tange a segurança dos produtos colocados no mercado.

Não ficam adstritas a América as iniciais regulamentações de consumo. Em 1965, na Malásia, foi criada a primeira organização de consumidores em países em desenvolvimento. Já em 1968 é editada no Japão lei de fundamental proteção aos consumidores.[198]

Acompanhando as alterações advindas dos Estados Unidos, em 1972, realizou-se em Estocolmo a Conferência Mundial do Consumidor, seguida por deliberação Comissão das Nações Unidas que trouxe os direitos básicos do consumidor (mesmos do discurso do Presidente norte-americano John Kennedy), e a Resolução (543) da Assembleia Consultiva da Comunidade Europeia que deu origem a Carta Europeia de Proteção ao Consumidor, um ano depois.[199]

Com o surgimento de vários posicionamentos de entidades supra-estatais ou mesmo transnacionais acerca do tema, em 1984 a Espanha regulamentou o artigo 51 de sua Constituição de 1978 instituindo que os poderes públicos deveriam garantir a defesa dos consumidores. Em 1985, a Organização das Nações Unidas (ONU), por meio da resolução 39/248, estabeleceu a necessidade de proteção dos consumidores e regulou extensamente a matéria visando garantir alguns objetivos como a proteção frente a riscos de saúde e segurança, acesso a informação, e liberdade de constituir grupos ou outras organizações de consumidores.[200]

Inevitável constatar, portanto, que o direito contratual passa durante os últimos setenta anos por profunda renovação, em especial no campo das relações jurídicas formadas por declarações de vontade incapazes de representar o exercício da autonomia de vontade porque uma das partes é fortemente influenciada pelo por poder de outra, por necessidade própria ou até da propaganda.

São inúmeras as legislações criadas com o intuito de reequilibrar a autonomia de vontade. No Brasil, já a Constituição Federal de 1934 trazia proteções à economia popular, mas será a Constituição Federal de 1988 aquela que traz alguns

---

198 TEIXEIRA, Odelmir Bilhalva e DAL PONT, Lucia. **Aspectos principiológicos do código de defesa do consumidor: legislação e jurisprudência.** Campinas: Russel Editores, 2009.

199 MIRAGEM, Bruno. **Curso de direito do consumidor**. 5 ed. São Paulo: Revista dos Tribunais, 2014.

200 MIRAGEM, Bruno. **Curso de direito do consumidor**. 5 ed. São Paulo: Revista dos Tribunais, 2014.

princípios que passam a regular de forma ampla e aberta a relação de consumo. Contudo, a primeira normativa contemporânea e voltada exclusivamente para as relações de consumo no país deu-se com o Código de Defesa do Consumidor, editado em 11 de setembro de 1990.

O Código de Defesa do Consumidor cumpriu determinação constitucional específica (artigo 48, do Ato das Disposições Constitucionais Transitórias), "representa o mais importante e amplo grupo de normas cogentes, editado com o fim de disciplinar as relações contratuais entre fornecedor e consumidor"[201] e estabelece, além de normas de ordem pública princípios específicos que devem ser observados nas relações consumeristas.

A seguir, estudar-se-á os princípios constitucionais e legais relacionados com os contratos de consumo que servirão como norteadores deste estudo e de seu resultado.

2.2 O CÓDIGO DE DEFESA DO CONSUMIDOR E OS PRINCÍPIOS DO DIREITO DO CONSUMIDOR

O poder constituinte brasileiro responsável pela Constituição Federal de 1988, não apenas garantiu os direitos do consumidor como princípio fundamental, mas também determinou que o legislador infraconstitucional formalizasse um microssistema de direitos e deveres voltado especificamente às relações de consumo.

A ordem constitucional está prevista no art. 48 no ato das disposições constitucionais transitórias da Constituição Federal de 1988, que determinou que o Congresso Nacional elaborasse o Código de Defesa do Consumidor em 120 dias da promulgação da Carta Magna.

No entanto, antes mesmo da promulgação da aludida Constituição, informam Ada Pellegrini Grinover e Antônio Herman de Vasconcellos e Benjamin que já havia estabelecida uma comissão com o objetivo de apresentar um Anteprojeto de Código de Defesa do Consumidor pelo Conselho Nacional de Defesa do Consumidor. O trabalho fora apresentado à Comissão Mista destinada a elaboração do projeto do Código do Consumidor, foram realizadas audiências públicas com representantes de variados membros da sociedade. Com alguns ajustes e

201 MARQUES, Claudia Lima. **Contratos no código de defesa do consumidor: o novo regime das relações contratuais.** 7 ed. São Paulo: Revista dos Tribunais, 2014.

vetos, foi o Código de Defesa do Consumidor promulgado em 11 de setembro de 1990, por Fernando Collor.[202]

A Lei 8.078/90 (Código de Defesa do Consumidor) foi a responsável por criar um microssistema para as relações de consumo. Trata-se de norma especial que por meio da hermenêutica jurídica será aplicada em detrimento de norma geral, ainda que posterior. É por este motivo que aplica-se nas relações de consumo o Código de Defesa do Consumidor, e não o Código Civil de 2002, mesmo que este último venha a ser posterior.

Um código para a doutrina jurídica pressupõe uma ideia de sistematização por meio de princípios e regras que visam, em conjunto, organizar o ordenamento jurídico. O sistema criado pelo ente legislativo para as relações de consumo trata-se exatamente disso, um conjunto de princípios e regras que nortearão direitos e responsabilidades contratuais e extracontratuais oriundas de situações que sejam compostas por consumidores e fornecedores ou a eles equiparados.

A estrutura da Lei 8.078/90 é também responsável por dar uma ideia de código à lei, um vez que identifica à quem aplica-se a lei, dispõe sobre princípios e direitos básicos protegidos, traz os aspectos de direito material, processual, administrativo e penal referentes à matéria específica tratada.

É importante destacar que o sistema trazido pela mencionada lei é de ordem pública e de interesse social. Este pressuposto é disposto já no 1º artigo da Lei 8.078/90 e impõe um caráter de observação obrigatória da norma, ainda que as partes pretendam afastá-la. É o conceito de lei cogente, que não permite que as partes exerçam de forma totalmente ampla sua autonomia de vontade. Serve o Código de Defesa do Consumidor, portanto, como um norteador das relações de consumo de obrigatória observação.

Como já mencionado acima, trata-se o Código de Defesa do Consumidor de norma que cria um microssistema. Sendo um sistema "uma organização de normas que leva em conta sua estrutura ou a matéria normada"[203], um microssistema será esta organização em caráter específico para determinado tema, no caso, para as relações jurídicas de consumo.

---

202 GRINOVER, Ada Pellegrini *et al.* **Código brasileiro de defesa do consumidor: comentado pelos autores do anteprojeto.** v. 1.Rio de Janeiro: Forense, 2011.

203 FERRAZ JR., Tércio Sampaio. **Introdução ao estudo do direito:** técnica, decisão, dominação. 8 ed. São Paulo: Atlas, 2015.

Para a organização das relações de consumo, talvez por estar ciente das constantes e rápidas transformações sociais, optou o legislador por criar uma norma principiológica, aberta, baseada em conceitos legais indeterminados adaptáveis às circunstâncias dos casos concretos.

Segundo Rogério Donnini, "princípio, do latim *principium*, significa ponto de partida, início e fundamento de um processo qualquer [...] o significado da palavra é polissêmico e não há na doutrina [...] uma noção exata para sua aplicação.[204]

Na lição de Robert Alexy, princípios são normas que prescrevem conduta ao estabelecer uma variada gama de possibilidades jurídicas e fáticas existentes.[205] São indispensáveis ao ordenamento jurídico, portanto, porque possuem uma função orientadora, de ponto de partida, mas, ao mesmo tempo, vinculante, no sentido de ser necessária sua observação.

Assim, tem- se que os princípios são verdadeiros norteadores e alicerces de todo ou determinado sistema jurídico. Tratam-se de enunciados lógicos de grande generalidade que vinculam o entendimento, interpretação e aplicação das normas jurídicas que com eles se conectam.[206]

Os princípios exercem função relevante dentro de um ordenamento jurídico porque orientam os aplicadores do direito quando da interpretação das normas jurídicas em geral. Podem emanar da Constituição Federal ou mesmo de leis infraconstitucionais, no presente estudo tratar-se-á adiante daqueles relacionados ao Direito do Consumidor, sejam princípios constitucionais, que emanam da Constituição Federal de 1988, ou legais, orindos do Código de Defesa do Consumidor.

Segundo Bruno Miragem, o direito de consumidor possui base principiológica altamente importante para a interpretação, compreensão e aplicação de suas normas.[207] Isto é, para uma correta coadunação entre o caso concreto e a fatispécie, necessária será uma integração da norma ao caso com base nas orientações principiológicas da lei, por isso, fundamental a compreensão dos princípios orientados às relações de consumo.

---

204 DONNINI, Rogério. **Responsabilidade civil pós-contratual: no direito civil, no direito do consumidor, no direito do trabalho, no direito ambiental e no direito administrative.** 3 ed. São Paulo: Saraiva, 2011, p. 157.

205 ALEXY, Robert. **Teoria dos direitos fundamentais.** Trad. Virgílio Afonso da Silva. São Paulo: Malheiros, 2008.

206 NUNES, Rizzato. **Curso de direito do consumidor.** 6 ed. São Paulo: Saraiva, 2011.

207 MIRAGEM, Bruno. **Curso de direito do consumidor.** 5 ed. São Paulo: Revista dos Tribunais, 2014.

Acerca dos princípios relacionados às relações de consumo a doutrina vêm constantemente criando um extenso rol. Na presente obra, foco será dado para aqueles que se entende fundamentais, ou seja, que sem os quais não seria possível compreender uma relação de consumo em sua plenitude. São eles: princípio da dignidade da pessoa humana, princípio da isonomia, aqueles atinentes a personalidade, o da vulnerabilidade, da transparência, da boa-fé e da solidariedade.

a) Dignidade da pessoa humana

Disposto no artigo 1º, III da Constituição Federal de 1988, deve funcionar como princípio maior para a interpretação dos direitos e garantias do cidadão. Trata-se de princípio que agrega os direitos e garantias fundamentais do ser humano.

Para Gilmar Mendes, o princípio da dignidade da pessoa humana é assumido como um "referente fundamental das ideias de Justiça e Direito"[208], por isso, pode ser admitido como princípio que precede os demais princípios, ainda que para Robert Alexy não possa lhe ser conferido caráter absoluto.

Segundo Rizzato Nunes, o princípio da dignidade da pessoa humana é o último arcabouço da proteção dos direitos individuais e o primeiro fundamento de todo o sistema constitucional.[209]

Este princípio é responsável por conceder unidade aos direitos e garantias fundamentais afastando a ideia de concepções transpessoalistas de Estado e Nação em detrimento da liberdade individual.[210]

> A dignidade é um valor espiritual e moral inerente à pessoa, que se manifesta singularmente na autodeterminação consciente e responsável da própria vida e que traz consigo a pretensão ao respeito por parte das demais pessoas, constituindo-se um mínimo invulnerável que todo estatuto jurídico deve assegurar, de modo que, somente excepcionalmente, possam ser feitas limitações ao exercícios dos direitos fundamentais, mas sempre sem menosprezar a necessária estima que merecem todas as pessoas enquanto seres humanos.[211]

208 MENDES, Gilmar Ferreira *et al.* **Curso de direito constitucional**. 2 ed. São Paulo: Saraiva, 2008, p. 155.

209 NUNES, Rizzato. **Curso de direito do consumidor**. 6 ed. São Paulo: Saraiva, 2011.

210 MORAES, Alexande de. **Direito constitucional**. 18 ed. São Paulo: Atlas, 2005.

211 MORAES, Alexande de. **Direito constitucional**. 18 ed. São Paulo: Atlas, 2005, p. 16.

Como se pode denotar, a dignidade da pessoa humana é princípio conjugado, abrange todos os aspectos inerentes ao ser humano, emanando deste, outros inúmeros princípios previstos no ordenamento jurídico brasileiro. Para Uadi Bulos, o conteúdo deste princípio é amplo e pujante, envolve desde aspecto espiritual a liberdade de ser, pensar e criar até valores materiais, como a alimentação, moradia, educação, dentre outros.[212]

É o princípio da dignidade da pessoa humana, portanto, alicerce fundamental do ordenamento jurídico brasileiro, motivo pelo qual deve sempre ser observado nas relações jurídicas, seja por meio da livre iniciativa, do sistema normativo, ou, por último, como balizador das decisões judiciais.

b) Isonomia

O princípio da isonomia, também previsto na Constituição Federal de 1988, é aquele que visa suprimir privilégios e atribuir um tratamento igual àqueles seres humanos iguais.

Dispõe a Constituição Federal de 1988 em seu artigo 5º, *caput*:

Todos são iguais perante a lei, sem distinção de qualquer natureza, garantindo-se aos brasileiros e aos estrangeiros residentes no País a inviolabilidade de direitos à vida, à liberdade, à igualdade, à segurança e à propriedade, nos termos seguintes (BRASIL, 1988).

> Este princípio além de ser dirigido ao aplicador, o também é para o legislador, assim, toda norma editada deve observa-lo. Para Alexandre Morais este princípio opera em dois planos, com uma frente ao legislador e ao executivo quando da edição de leis, atos normativos, medidas provisórias; e em outro plano para a autoridade pública intérprete da lei, que deverá trata-la de maneira igualitária, sem distinção de sexo, religião, política, classe ou nível social, etc.[213]

Continua o renomado autor e agora Ministro do Supremo Tribunal Federal que "o que se veda são as diferenciações arbitrárias, as discriminações absurdas, pois o tratamento desigual dos casos desiguais, na medida em que se desigualam, é exigência tradicional do próprio conceito de Justiça".[214]

Por sua vez, didaticamente esclarece Celso Antônio Bandeira de Mello que o princípio da isonomia é voltado tanto para o aplicador da lei como para o próprio

212 BULOS, Uadi Lamêgo. **Curso de direito constitucional.** 7 ed. São Paulo: Saraiva, 2012.

213 MORAES, Alexande de. **Direito constitucional.** 18 ed. São Paulo: Atlas, 2005.

214 MORAES, Alexande de. **Direito constitucional.** 18 ed. São Paulo: Atlas, 2005, p. 31

legislador. Para o autor, em razão deste princípio a lei não deve ser fonte de privilégios ou perseguições, mas meio orientador ou regulador da vida social, por isso, deve tratar de forma equitativa todos os cidadãos.[215]

Em síntese, pode-se afirmar que o princípio da isonomia possui duplo objetivo: propiciar garantia individual e inibir ou fulminar favoritismos legais.

Paralelamente, sustenta John Rawls, que o princípio da isonomia decorre de dois princípios da justiça política:

> a) Toda pessoa tem um direito igual a um sistema planejado adequado de liberdades fundamentais iguais que seja compatível com um sistema similar de liberdades para todos; b) As desigualdades sociais e econômicas devem satisfazer duas condições: a primeira é que devem estar vinculados a posições e cargos abertos a todos, em condições de igualdade equitativa de oportunidades; e a segunda é que devem redundar no maior benefício possível para os membros menos privilegiados da sociedade.[216]

Sobre o tratamento discriminatório ou diferenciado para aqueles em situações diferentes, ensina Celso Antônio Bandeira de Mello que é função do legislador, em razão do princípio da isonomia, procurar "aquilo que é erigido em critério discriminatório e, de outro lado, se há justificativa racional para, à vista do traço desigualador adotado, atribuir o específico tratamento jurídico construído em função da desigualdade afirmada"[217].

Deste princípio, portanto, extrai-se que todos cidadãos devem ser tratados pela lei de forma igual, isonômica, mas em consonância com os critérios albergados pelo ordenamento jurídico. Assim, a máxima de Aristóteles de que o tratamento deve ser igual aos iguais e desigual para os desiguais é que deve imperar.

c) Defesa dos direitos da personalidade

O princípio do direito à intimidade, vida privada, honra e imagem está estabelecido no artigo 5º, X da Constituição Federal de 1988 e integra-se com as relações de consumo a medida que venhas os consumidores a sofrer violações desses direitos fundamentais.

---

215 MELLO, Celso Antônio. **Conteúdo jurídico do princípio da igualdade.** 3 ed. São Paulo: Malheiros, 2005.

216 RAWLS, John. **Uma teoria da justiça.** São Paulo: Martins Fontes, 2000, p. 64.

217 MELLO, Celso Antônio. **Conteúdo jurídico do princípio da igualdade.** 3 ed. São Paulo: Malheiros, 2005, p. 38.

Como este estudo visa elucidar a conexão do dano moral a vícios e defeitos em produtos ou serviços fornecidos, ater-se-á ao direito à honra e à imagem.

Honra é valor social de que goza certo indivíduo, depende da contextualização indivíduo - ambiente por isso possui difícil objetivação. Está interligada aos conceitos de autoridade, prestígio e reputação. A palavra honra advém do latim *honorare* e segundo dicionário etimológico da língua portuguesa significa dignificar, dar crédito a, respeitar.[218]

Ensina Rizzato Nunes que a honra "é um desses conceitos de difícil delimitação semântica, e, colocado abstratamente, também demandará um exame do caso concreto para sua verificação"[219]. Segundo o mesmo autor, honra é algo que uma pessoa possui independentemente do papel social que ela ocupa.

Por sua vez, a imagem é dividida pela doutrina em duas vertentes: imagem-retrato, que pertence exclusivamente ao indivíduo (aspectos físico-mecânicos, fisionômicos e estéticos - traços físicos) e a imagem-atributo, que pertence ao indivíduo em função do papel social por ele exercido. A imagem-atributo seria, segundo Rizzato Nunes, o "conjunto de características que o indivíduo demonstra no exercício do papel social"[220], em suma, é o que o indivíduo (ou pessoa jurídica) representa para a sociedade.

Demonstrados a proteção principiológica os conceitos de imagem e honra, cabe destacar que o mesmo artigo 5º, mas no seu inciso V, da Constituição Federal de 1988 dispõe que é assegurado o direito à indenização por dano material, moral, ou à imagem ao lesado.

Conforme leciona Alexandre Moraes a norma pretende a reparação da ordem jurídica que foi lesada, seja por meio de indenização pecuniária ou mesmo por meio do direito de resposta. A temática do dano moral e sua indenização será tratada no próximo capítulo deste estudo, mas convém já aqui destacar que será cabido quando em razão de ato ilícito foi perturbada a relação psíquica de tranquilidade ou de sentimentos e afetos de uma pessoa, incluso aí sua honra e imagem.[221]

---

218 CUNHA, Antônio Geraldo de. **Dicionário etmológico da língua portuguesa.** 4 ed. Rio de Janeiro: Lexikon, 2010, p. 341.

219 NUNES, Rizzato. **Curso de direito do consumidor.** 6 ed. São Paulo: Saraiva, 2011, p. 88.

220 NUNES, Rizzato. **Curso de direito do consumidor.** 6 ed. São Paulo: Saraiva, 2011, p. 90.

221 MORAES, Alexande de. **Direito constitucional.** 18 ed. São Paulo: Atlas, 2005.

d) Vulnerabilidade do consumidor

O princípio da vulnerabilidade está previsto no art. 4º, I, do Código de Defesa do Consumidor e é considerado um princípio que fundamenta a existência da aplicação do direito do consumidor.[222]

Por fazer presumir que existe uma parte no contrato que se encontra vulnerável à outra é que este princípio torna-se fundamental e seja o responsável por determinar que o direito se ocupe da proteção do consumidor.

Para Nehemias Domingos de Melo, trata-se o princípio da vulnerabilidade de premissa básica e atribui uma presunção legal *jute et de jure*, isto é, que não admite prova em contrário.[223]

Para Arruda Alvim *et al*, o princípio da vulnerabilidade é uma qualidade intrínseca, ingênita, peculiar, imanente e indissolúvel do consumidor, sendo indiferente sua condição social, cultural ou econômica.[224]

A ascendência constitucional deste princípio é a ideia de isonomia, já acima tratada. Advém da pressuposição do desconhecimento técnico, jurídico, fático e informacional.[225]

A vulnerabilidade técnica seria aquela na qual o consumidor não possui tamnho conhecimento especializado como o fornecedor acerca do produto ou serviço objeto do contrato.

A vulnerabilidade jurídica decorre da falta de conhecimento do consumidor acerca dos direitos e deveres provenientes da relação de consumo, por este motivo, nem sempre será atribuída esta vulnerabilidade às pessoas jurídicas ou consumidor profissional.

Aquela fática é ampla e abrange uma generalidade de debilidades do consumidor perante o fornecedor. Uma delas é a disponibilidade econômica, quando o consumidor, diferentemente do fornecedor, terá uma falta de meios para atingir o que precisa, como a realização de laudos técnicos prévios em determinada demanda, etc. Outra vulnerabilidade fática será aquela dos idosos, analfabetos, crianças e doentes, quando sua especial situação os deixa ainda mais suscetível ao dano.

---

222 MIRAGEM, Bruno. **Curso de direito do consumidor**. 5 ed. São Paulo: Revista dos Tribunais, 2014.

223 MELO, Nehemias Domingos. **Dano moral nas relações de consumo: doutrina e jurisprudência**. 2 ed. São Paulo: Saraiva, 2012.

224 ALVIM NETO, José Manoel Arruda *et al.* **Código do consumidor comentado**. 2 ed. São Paulo: Revista dos Tribunais, 1995.

225 MIRAGEM, Bruno. **Curso de direito do consumidor**. 5 ed. São Paulo: Revista dos Tribunais, 2014.

A última espécie de vulnerabilidade até aqui conhecida é informacional. Esta será amenizada pelo princípio da transparência, mas seu reconhecimento é importante passo dado à necessidade de proteção do consumidor em relação à crescente e muitas vezes invasiva publicidade. A lógica desta vulnerabilidade é o fato de que o consumidor não consegue ou possui dificuldades em atestar a veracidade dos dados lhe apresentados, seja numa relação dentro ou fora de estabelecimento comercial, seja no tocante à sobrecarga de informações transmitidas a todo tempo pelos fornecedores.

e) Transparência

O princípio da transparência está expresso no artigo 4º do Código de Defesa do Consumidor e pode ser traduzido na obrigação do fornecedor dar ao consumidor a oportunidade de conhecer os produtos e serviços que lhe são oferecidos.

Ensina Claudia Lima Marques que transparência é clareza e por isso seria a informação sobre temas relevantes da futura relação contratual. Complementa a autora afirmando que

> [...] a transparência deve ser uma nova e necessária característica de toda manifestação pré-contratual do fornecedor no mercado, desde a sua publicidade, vitrines, o seu *marketing* em geral, suas práticas comerciais, aos contratos ou às condições gerais contratuais que pré-redige, às informações que seus prepostos e representantes prestam, etc. (MARQUES, 2014, p. 786).

O princípio da transparência é complementado pelo princípio do dever de informar e é um dos grandes marcos inovadores da Lei 8.078/90, eis que inverte o risco pela incongruência ou falta de informação.

Na Constituição Federal de 1988 o direito de ser informado ou o dever de informar aparece de forma um pouco mais restrita que no âmbito infraconstitucional. Em poucas linhas, a Carta Magna estabelece o dever de informar dos órgãos públicos, ficando a cargo do Código de Defesa do Consumidor a obrigatoriedade de prestação de informações por parte do fornecedor.

O artigo 31 da Lei 8078/90 dispõe que:

> A oferta e apresentação de produtos ou serviços devem assegurar informações corretas, claras, precisas, ostensivas e em língua portuguesa sobre suas características, qualidades, quantidade, composição, preço, garantia, prazos de validade e origem, entre outros dados, bem como sobre os riscos que apresentam à saúde e segurança dos consumidores. (BRASIL, 1990).

Leciona Claudia Lima Marques que o dever de informar disposto no Código de Defesa do Consumidor é reflexo do princípio da transparência – que será tratado adiante. Aduz a autora que o dever do fornecedor informar apresenta-se inicialmente nas informações sobre as características do produto ou serviço, mas estende-se ao conteúdo do bem ou serviço fornecido, forma de utilização, preço e advertências.[226]

Complementa a ilustre professora que:

> [...] o dever de informar passa a ser natural na atividade de fomento ao consumo, na atividade de toda a cadeia de fornecedores, é verdadeiro "ônus" pró-ativo atribuído aos fornecedores, parceiros contratuais ou não do consumidor, superando a *caveat emptor*[227].[228]

Para Bruno Miragem, assim como existe a desigualdade de meios e econômica entre consumidor e fornecedor, existe no mercado a desigualdade informacional, daí a necessidade de equilibrar a relação impondo como princípio ou mesmo direito básico o de informação do consumidor.[229]

Serão pelo princípio da transparência e seu corolário da informação, portanto, aqueles instrumentos hábeis a restabelecer a plena autonomia de vontade. Como já tratado neste estudo, a lógica de que a autonomia de vontade pode ser regulada por si mesma se encontra superada em razão do déficit informacional de uma das partes contratantes (neste caso consumidor), por este motivo, deve o estado intervir de modo a garantir que o ponto de partida contratual não seja capaz de ferir aquele contratante com menor grau de conhecimento do produto ou serviço que está a adquirir.

f) Boa-fé

O termo "boa-fé" advém do latim "*bona fides*" que, por sua vez, é oriundo de um viés religioso porque *fides* era o nome de uma deusa que pregava a confiança. A infração à *fides* transformava o homem em ímprobo, no qual não era interessante confiar para fazer negócios.[230]

---

226 MARQUES, Claudia Lima. **Contratos no código de defesa do consumidor: o novo regime das relações contratuais.** 7 ed. São Paulo: Revista dos Tribunais, 2014.

227 Tradução livre – risco do comprador.

228 MARQUES, Claudia Lima. **Contratos no código de defesa do consumidor: o novo regime das relações contratuais.** 7 ed. São Paulo: Revista dos Tribunais, 2014, p. 840.

229 MIRAGEM, Bruno. **Curso de direito do consumidor**. 5 ed. São Paulo: Revista dos Tribunais, 2014.

230 DONNINI, Rogério. ***Bona fides*: do direito material para o processual.** Disponível em: http://www.revistas.unifacs.br/index.php/redu/article/view/4597/3015. Acesso em 22 de abril de 2017.

A *fides* nasce no direito romano, portanto, para proteger a verdade e fidelidade nos compromissos assumidos. Associada a noção de viver honestamente (*honeste vivere*), a boa-fé é conceito amplo e aberto, mas certamente tem em um de seus significados a necessidade de uma conduta que não culmine por lesar outrem.

Atualmente a boa-fé está prevista tanto no artigo 4º, III, do Código de Defesa do Consumidor como princípio basilar com função de compatibilizar interesses aparentemente contraditórios de fornecedor e consumidor, como no Código Civil de 2002, artigo 422, como cláusula geral dos contratos.

Para sua melhor apreciação, necessário é distinguir a boa-fé subjetiva da objetiva, sempre levando em consideração que o princípio da boa-fé quando voltado para o direito do consumidor abarca aquela objetiva, como abaixo explica-se.

A boa-fé subjetiva trata-se de um estado psicológico que se reconhece a uma pessoa, como, por exemplo, a ausência de conhecimento de determinado fato, ou mesmo a falta de intenção de prejudicar outrem.[231]

Como subjetividade está intrinsecamente ligada ao sujeito, apenas pode-se concluir que a boa-fé subjetiva será aquela inerente ao mesmo, ou seja, da ciência ou não de determinado vício no ato que está a praticar.

Por sua vez, a boa-fé objetiva se constitui num princípio do Direito do Consumidor porque determina que os contratantes devam se comportar com respeito e lealdade com o outro sujeito da relação.

Com propriedade Orlando Gomes dispõe que a boa-fé subjetiva se refere a um estado subjetivo ou psicológico ou indivíduo, enquanto boa-fé objetiva corresponde a uma regra de conduta, um modelo de comportamento social, algo externo em relação ao sujeito.

Até o advento no Código de Defesa do Consumidor imperava no direito brasileiro apenas a ideia e lógica de boa-fé subjetiva. A consagração da boa-fé objetiva foi ocorrer apenas quando promulgado o Direito do Consumidor, que em seus artigos 4, III e 51, IV, dispôs expressamente sobre a necessidade de conduta proba, leal e íntegra dos contraentes.

A lei consumerista, portanto, trata da boa-fé objetiva, não está ligada ao ânimo interior das partes, mas trata de um padrão geral, um modelo de conduta que se espera de todos os integrantes da sociedade, seja ele fornecedor ou consumidor.[232]

---

231 MIRAGEM, Bruno. **Curso de direito do consumidor.** 5 ed. São Paulo: Revista dos Tribunais, 2014.

232 MELO, Nehemias Domingos. **Dano moral nas relações de consumo: doutrina e jurisprudência.** 2 ed. São Paulo: Saraiva, 2012.

Acerca do tema Bruno Miragem leciona que

> A eficácia do princípio da boa-fé objetiva é percebida sob diferentes aspectos. No que se refere ao contrato de consumo, o efeito vinculante do fornecedor em razão da oferta e da publicidade que faz veicular é resultado típico da incidência do princípio da boa-fé, na medida em que protege a legítima expectativa gerada pela informação.[233]

Em outras palavras, no campo das relações de consumo, o princípio da boa-fé impõe que o fornecedor informe e pratique atos condizentes com a produtividade ou êxito da relação havida entre ele e o consumidor. É este princípio que traz o dever de esclarecimento de riscos, aconselhamento pelo profissional especialista, ou mesmo de manutenção do bem comercializado de acordo com o que legitimamente poderia esperar o consumidor.

O princípio da boa-fé é, muito provavelmente, aquele que permeia mais profundamente as relações de consumo. É dele que se emanam inúmeras normas do Código de Defesa do Consumidor, sejam elas princípios, como o da transparência, como regras, como a vedação de práticas abusivas.

Neste sentido, vê-se que o artigo 6º, IV, do Código de Defesa do Consumidor veda incondicionalmente as práticas e cláusulas abusivas. Trata-se de um direito de grande relevância prática eis que procura coibir o comportamento abusivo do fornecedor.

A prática abusiva nada mais é que toda atuação do fornecedor no mercado de consumo que desrespeite padrões de conduta regularmente estabelecidos ou esteja em desacordo com a boa-fé e a confiança dos consumidores.

Destaca-se que a ideia de abusividade tem relação com o abuso do direito, caracterizado pelo excesso de exercício de um direito capaz de causar dano a outrem em virtude de seu uso irregular ou desviante. Tais práticas estão dispostas em rol exemplificativo nos artigos 39, 40, 41 e 42, todos do Código de Defesa do Consumidor,[234] que são, evidentemente, normas que reforçam a necessidade de observância do princípio da boa-fé.

---

233 MIRAGEM, Bruno. **Curso de direito do consumidor**. 5 ed. São Paulo: Revista dos Tribunais, 2014, p. 134.

234 NUNES, Rizzato. **Curso de direito do consumidor**. 6 ed. São Paulo: Saraiva, 2011.

g) Solidariedade e Responsabilidade Solidária

O termo solidariedade deriva da palavra "sólido" que significa "ter consistência".[235] Para o direito, a solidariedade iniciou com grupos de pessoas que procuravam se proteger de infortúnios individuais criando uma espécie de seguro para todos. Advindo a necessidade, aquele indivíduo buscava nos demais, de forma conjunta, uma reparação.

Com o desenvolver do direito percebeu-se que em diversas situações a responsabilidade não fica adstrita a uma pessoa só, mas a uma pluralidade. O Código Civil de 2002 dispõe em seu artigo 264 que haverá solidariedade quando numa mesma obrigação concorrer mais de um credor ou devedor, com direito ou obrigado à dívida toda.

Na solidariedade passiva uma parte (credor) poderá exigir da parte passiva a prestação por inteiro, isto é, ainda que existam dois devedores, poderá o credor optar por cobrar apenas de um. Já a solidariedade ativa será aquela de credores, quando o devedor poderá optar por adimplir sua prestação, na integralidade, para apenas um deles.

A responsabilidade solidária, portanto, é um instrumento jurídico criado para distribuir responsabilidade. O princípio da solidariedade, positivado tanto no campo do Direito do Consumidor, como na Constituição Federal de 1988 (artigos 1º, IV e 170), visa estabelecer uma repartição de riscos/responsabilidade entre os participantes do mercado de consumo.

Para Bruno Miragem, é o princípio da solidariedade um divisor de riscos sociais da cadeia de consumo "uma vez que orienta a adoção de um critério sobre quem deve arcar com os riscos da atividade econômica no mercado de consumo, afastando a regra da culpa para imputação da responsabilidade".[236]

Estabelecido dentro do Código de Defesa do Consumidor em seu artigo 7º, determina como regra a solidariedade para a reparação do consumidor pelos danos causados para todos os partícipes daquela relação de consumo desastrada, por isto, é uma autêntica orientação solidária do direito.

Pode-se dizer, portanto, que este princípio promove a repartição dos riscos sociais entre os fornecedores visando a melhor satisfação dos consumidores vítimas de eventos no mercado de consumo, ressaltando-se, ainda, que a regra é de

---

235 CUNHA, Antônio Geraldo. **Dicionário etimológico da língua portuguesa.** 4 ed. Rio de Janeiro: Lexikon, 2010. p. 605.

236 MIRAGEM, Bruno. **Curso de direito do consumidor.** 5 ed. São Paulo: Revista dos Tribunais, 2014, p. 131.

que a responsabilidade prevista no âmbito consumeirista é a objetiva, que independe de prova.

Vistos os mais relevantes princípios do Direito do Consumidor, a seguir passar-se-á explorar a aplicabilidade da legislação consumerista brasileira, que passa, inexoravelmente, pela definição de fornecedor e consumidor.

2.3 AS TEORIAS DA RELAÇÃO DE CONSUMO (FORNECEDOR X CONSUMIDOR)

Para que fique caracterizada uma relação de consumo, inevitável que a relação jurídica seja formalizada entre um fornecedor e um consumidor. Estando caracterizadas as duas partes, aplicável será a legislação consumerista ao caso.

Desta forma, para que seja possível utilizar a normativa protetiva do consumidor, mister se faz enquadrar as partes na fatispécie de consumidor e fornecedor, respectivamente. Uma das partes não se enquadrando como consumidor de um lado, ou fornecedor doutro, não se estará numa relação de consumo, ocasião em que será aplicada a normativa geral, na maioria dos casos, o Código Civil de 2002.

Diferentemente das relações jurídicas comuns, portanto, para que seja possível verificar se um negócio jurídico é ou não uma relação de consumo, imprescindível que se descubra, primeiramente, se as partes são consumidor e fornecedor. A tarefa parece ser simples, mas verdade é que nem sempre doutrina e jurisprudência têm uma solução única para tal caracterização, como se verá adiante.

2.3.1 O consumidor

Consumidor é palavra derivada do verbo consumir que significa gastar ou correr até a destruição.[237] Embora majoritariamente estendido o termo tanto para pessoas naturais como pessoas jurídicas, ainda é o tema série de debates. O "Consumer Act of the Phillippines (7384/2002), por exemplo, dispõe que é consumidor apenas a pessoa natural que é um comprador, locatário, receptor ou possível comprador locatário ou receptor de produto, serviço ou crédito.[238]

Já na Colômbia, consumidor ou usuário é toda pessoa natural ou jurídica que, como destinatária final, adquire, desfrute ou utilize determinado produto, de qualquer natureza, para satisfação de necessidade própria, familiar, doméstica ou

---

237 CUNHA, Antônio Geraldo. **Dicionário etimológico da língua portuguesa.** 4 ed. Rio de Janeiro: Lexikon, 2010.

238 PHILLIPPINES. **Consumer Act of the Phillippines, 2002.** <disponível em www.wipo.int/wipolex/en/text.jsp?file_id=224742> Acesso em 06 de maio 2017.

mesmo empresarial, desde que não esteja ligada intrinsecamente a sua atividade econômica.[239]

No Brasil, no entanto, a definição jurídica de consumidor é trazida pelo artigo 2º e depois complementada pelos artigos 17 e 29, todos do Código de Defesa do Consumidor. O artigo 2º dispõe o que chama-se de consumidor *standard*, isto é, o consumidor padrão. É a redação do artigo: "consumidor é toda pessoa física ou jurídica que adquire ou utiliza produto ou serviço como destinatário final"[240].

A definição é aparentemente simples em breve análise pode-se concluir que podem ser consumidores tanto pessoas físicas como jurídicas, bem como será consumidor tanto aqueles que adquiram como aqueles que utilizem os produtos ou serviços, sobre isso não há discussão, nem doutrinária, nem jurisprudencial.

O problema reside na expressão "destinatário final". Rizzato Nunes inicia seus ensinamentos sobre o tema afirmando com categoria que "se alguém adquire produto não como destinatário final, mas como intermediário do ciclo de produção, não será considerado consumidor"[241]. No entanto, tal afirmação, como relata o próprio autor, não é suficiente para verificar se uma pessoa é ou não destinatária final do produto.

Para Bruno Miragem, a expressão "destinatário final" admite diferentes interpretações, eis que poderá ser o destinatário fático - aquele que retira o produto ou serviço do mercado de consumo usufruindo de modo definitivo sua utilidade; ou aquele que é o destinatário fático e econômico do produto - que não só retira do mercado, mas também não volta a reempregá-lo.[242]

Sobre este tema existem na doutrina duas fortes teorias, a finalista e a maximalista. Na obra Manual do Direito do Consumidor, Claudia Lima Marques sustenta que:

> Para os finalistas, como eu, a definição de consumidor é o pilar que sustenta a tutela especial, agora concedida aos consumidores. Esta tutela só existe porque o consumidor é parte vulnerável nas relações contratuais de mercado, como afirma o próprio CDC no art. 4º, inciso I. Logo, conviria delimitar claramente quem merece esta tutela e quem não necessita dela, quem é

239 COLOMBIA. Artigo 5, ʃ3, **Estatudo del Consumidor.** Ley 1480 de 2011. Disponível em < www.anato.org/sites/default/files/LEY%201480%20DE%202011.pdf> Acesso em 06 de maio 2017.

240 BRASIL. **Código de defesa do consumidor.** Lei 8.078 de 11/09/90. Brasília: Diário Oficial da União, 1990.

241 NUNES, Rizzato. **Curso de direito do consumidor.** 6 ed. São Paulo: Saraiva, 2011, p. 118.

242 MIRAGEM, Bruno. **Curso de direito do consumidor.** 5 ed. São Paulo: Revista dos Tribunais, 2014.

> consumidor e quem não é. Os finalistas propõem, então, que se interprete a expressão "destinatário final" do art. 2º de maneira restrita, como requerem os princípios básicos do CDC expostos nos arts. 4º e 6º.[243]

Para esta corrente finalista o destinatário final seria aquele que fosse o destinatário não só fático, mas também econômico do bem ou serviço – sendo pessoa física ou jurídica. Em outras palavras, não basta que o consumidor retire o produto ou serviço da cadeia de produção, é necessário que não o tenha adquirido com o intuito de revenda ou uso profissional.

É desta corrente o entendimento da legislação consumerista espanhola, que dispõe no artigo 3 da "Lei general para la defensa de los consumidores y usuários"[244] que consumidores ou usuários são as pessoas físicas que atuem com propósito alheio à sua atividade comercial, empresarial ou ofício de profissional, e as pessoas jurídicas quando atuem sem ânimo de lucro em âmbito alheio à sua atividade comercial ou empresarial.

Por outro lado, há a teoria maximalista que sustenta que as normas do Código de Defesa do Consumidor seriam voltadas para a sociedade de consumo em geral, não apenas para os consumidores não profissionais.[245]

A corrente maximalista entende aplicável o Código de Defesa do Consumidor, portanto, inclusive nos casos em que o adquirente do produto ou serviço o tenha adquirido para incrementar lucros em sua atividade. Mesmo que o produto ou serviço seja utilizado como meio de uma atividade desenvolvida pelo adquirente ou utente do produto ou serviço, aplicável, para esta teria, as benesses da legislação consumerista.

No caso desta teoria, mesmo o insumo para a produção fabril, quando adquirido, enquadraria o fabricante como consumidor daquele que comercializou-o, como, por exemplo, o extrator de celulose para fábricas de papel porque irá transformá-lo e o fabricante de veículos perante o taxista que adquire o veículo para trabalhar. O que impera, enfim, é a retirada do produto ou serviço do mercado, coisa que tornaria consumidor, sempre, o destinatário fático.

---

243 BENJAMIN, Antônio Herman V. *et al.* **Manual de direito do consumidor**. 6 ed. São Paulo: Revista dos Tribunais, 2014, p. 99.

244 ESPAÑA. **Ley general para la defense de los consumidores y usuarios y otras leyes complementarias**, 2007. Disponível em <https://boe.es/buscar/act.php?id=BOE-A-2007-20555. Acesso em 06 de maio 2017.

245 MARQUES, Claudia Lima. **Contratos no código de defesa do consumidor: o novo regime das relações contratuais.** 7 ed. São Paulo: Revista dos Tribunais, 2014.

Ocorre que o problema da visão maximalista é que culmina por transformar o direito do consumidor em direito privado geral, retirando do Código Civil quase todos os contratos comerciais. Para a constituição de uma cadeia produtiva inevitável o consumo de forma intermediária de insumos para sua atividade-fim, seja para produção ou mesmo distribuição.[246]

As duas teorias por algum tempo chocaram-se sem que fosse possível preponderar uma sobre a outra, principalmente porque o Código Civil vigente era ainda aquele de 1916, já completamente obsoleto e incapaz de organizar as modernas relações existentes. A partir da entrada em vigor do Código Civil de 2002, no entanto, começa a surgir uma terceira teoria emanada daquela primeira, chamada por Claudia Lima Marques de "finalismo aprofundado"[247].

A entrada em vigor do Código Civil de 2002 causou perda de força da visão maximalista ao iniciar-se uma tendência da jurisprudência denominada finalismo aprofundado, que para caracterizar o destinatário final do produto ou serviço leva em consideração a vulnerabilidade[248] do agente.

Salienta Bruno Miragem que a interpretação finalista aprofundada apresenta-se a partir de dois critérios: um referente a extensão do conceito de consumidor equiparado como medida excepcional do regime; e outro como requisito essencial para a extensão da categoria de consumidor o reconhecimento da vulnerabilidade.[249]

Sobre o tema já se manifestou o Superior Tribunal de Justiça por meio da Ministra Fátima Nancy Andrighi quando proferiu a seguinte decisão:

> Recurso especial. Conceito de consumidor. Pessoa jurídica. Excepcionalidade. Não constatação na hipótese do autos. Foro de eleição. Exceção de incompetência. Rejeição. – A jurisprudência do STJ tem evoluído no sentido de somente admitir a aplicação do CDC à pessoa jurídica empresária excepcionalmente, quando evidenciada sua vulnerabilidade no

246 BENJAMIN, Antônio Herman V. *et al.* **Manual de direito do consumidor.** 6 ed. São Paulo: Revista dos Tribunais, 2014.

247 MARQUES, Claudia Lima. **Contratos no código de defesa do consumidor: o novo regime das relações contratuais.** 7 ed. São Paulo: Revista dos Tribunais, 2014, p. 305.

248 Vulnerabilidade seria uma situação que pode ser permanente ou provisória, pode ser individual ou coletiva. Ela enfraquece ou fragiliza o sujeito de direitos causando desequilíbrio na relação de consumo.

249 MIRAGEM, Bruno. **Curso de direito do consumidor.** 5 ed. São Paulo: Revista dos Tribunais, 2014.

> caso concreto; ou se por equiparação, nas situações previstas pelos artigos 17 e 29 do CDC [...].[250]

Vê-se, portanto, que ainda que o doutrina divergisse sobre qual a teoria prevista no Código de Defesa do Consumidor, a jurisprudência tratou de definir como regra a concepção de destinatário final como aquela parte da relação que se apresenta como vulnerável perante a outra, e, também, que não utilize o bem ou serviço como insumo para a produção ou comercialização.

Isto quer dizer que não apenas aquela pessoa física/natural que está no final de toda a cadeia será tratada como consumidora pelo Código de Defesa do Consumidor, mas também pessoas jurídicas e, mesmo que não expressamente dispostos, entes despersonalizados, bastando, portanto, que aquele participante da cadeia de consumo seja enquadrado como vulnerável perante a outra parte.

Além deste consumidor vulnerável que participa diretamente da cadeia de consumo, parágrafo único do art. 2º do Código de Defesa do Consumidor estendeu sua proteção à coletividade, garantindo a proteção de interesses que não são, necessariamente, de um único contratante, mas de um certo número de pessoas que tenham intervido nas relações de consumo.

Prescreve mencionado artigo que mesmo que tais consumidores sejam indeterminados, a coletividade de pessoas que participou ou participa da relação e consumo enquadra-se como consumidora, por isso recebe a proteção trazida pelo microssistema de consumo.

Exemplo desta situação é o caso de caixas de leite contaminadas com produtos nocivos à saúde humana. Pela disposição normativa, desnecessário é que se aguarde a aquisição ou mesmo o consumo por parte de consumidores certos e diretos, pois a mera exposição do produto nocivo já é o bastante para que se faça incidir as regras consumeristas.

Para Vidal Serrano Nunes Júnior e Yolanda Alves Pinto Serrano, a consequência jurídica disto é a possibilidade de defesa dos direitos por meio dos instrumentos de tutela coletiva[251], diminuindo-se o risco de dano ao consumidor.

Paralelamente, o artigo 17 da mesma do Código de Defesa do Consumidor traz a lógica de responsabilidade civil extracontratual ao dispor que as vítimas do evento (fato odo produto ou serviço) equiparam-se ao consumidor porque

250 BRASIL, **Superior Tribunal de Justiça.** Recurso especial n. 684.613/SP, rel. Min. Fátima Nancy Andrighi, 2005.

251 NUNES JÚNIOR, Vidal Serrano e SERRANO, Yolanda Alves Pinto. **Código de defesa do consumidor interpretado: doutrina e jurisprudência.** 2 ed. São Paulo: Saraiva, 2005.

foram atingidas pelo evento danoso, e, por último, ratifica o artigo 29 da já mencionada lei que são consumidores todas as pessoas que estão expostas às práticas comerciais.

Para Eduardo Gabriel Saad, a equiparação prevista no artigo 17 faz com que o manto protetor da legislação consumerista alcance também aquele que mesmo sem participar da relação de consumo, tenha sofrido quaisquer danos causados pelo produto problemático.[252] É o caso, por exemplo, da casa destruída em razão de ter um avião caído por problemas em sua manutenção. Em que pese não tenha o proprietário da casa relação de consumo com a companhia aérea, fica ele equiparado ao consumidor por se tratar de um vício ou até defeito na prestação do serviço.

Por sua vez, o artigo 29 dispõe que pelo fato de existir uma prática comercial, todo o mercado de consumo está a ela exposto e, por isso, todos estes que foram expostos a tal prática serão considerados consumidores. Neste sentido, dispõe Rizzato Nunes que, "se um fornecedor faz publicidade enganosa e se ninguém jamais reclama concretamente contra ela, ainda assim isso não significa que o anúncio não é enganoso, nem que não se possa - por exemplo, o Ministério Público - ir contra ele"[253].

Em suma, não apenas aquele participante direto da relação de consumo será considerado consumidor pelo ordenamento jurídico brasileiro. O véu protetivo da norma é ampliado para proteger aqueles lesados por vícios ou defeitos no produto, àqueles expostos às práticas comerciais, e, também, à coletividade que tenha intervido em qualquer relação de consumo.

2.3.2 O fornecedor

Uma vez configurado que há um suposto consumidor, resta diagnosticar se há noutro lado um fornecedor. Apenas assim estará configurada a relação de consumo.

Fornecedor advém da palavra fornir, que significa tornar nutrido, abastecido, provido.[254] Fornecer, portanto, é realizar determinado ato capaz de satisfazer outra pessoa.

---

252 SAAD, Eduardo Gabriel. **Comentários ao código de defesa do consumidor. Lei n. 8.078 11.9.90.** Rev e amp. 5 ed. São Paulo: LTr, 2002.

253 NUNES, Rizzato. **Curso de direito do consumidor.** 6 ed. São Paulo: Saraiva, 2011, p. 130.

254 CUNHA, Antônio Geraldo. **Dicionário etimológico da língua portuguesa.** 4 ed. Rio de Janeiro: Lexikon, 2010.

A legislação espanhola utiliza os seguintes termos: produtor, que é classificado pela lei de forma bastante ampla como fabricante de bem, prestador de serviço ou seu intermediário, importador do bem ou serviço para a União Europeia, além de qualquer pessoa que se apresente como tal ao indicar o bem, seja no envase (embalagem) ou qualquer outro elemento que proteja o produto ou sua apresentação, marca ou sinal identificador; e provedor, que é o empresário que abastece ou distribui produtos no mercado a qualquer título.[255]

O conceito de fornecedor no Brasil está previsto no Código de Defesa do Consumidor em seu artigo 3º, caput como:

> [...] toda pessoa física ou jurídica, pública ou privada, nacional ou estrangeira, bem como os entes despersonalizados, que desenvolvem atividade de produção, montagem, criação, construção, transformação, importação, exportação, distribuição ou comercialização de produtos ou prestação de serviços.[256]

Possível denotar que o legislador brasileiro buscou ampliar ao máximo aqueles sujeitos que podem se enquadrar numa situação de fornecedor. Percebe-se que há um zelo em não deixar margem para interpretação legislativa capaz de afastar a aplicação do Código de Defesa do Consumidor para determinadas situações.

Neste sentido, ensina Rizzato Nunes que não há exclusão de nenhum tipo de pessoa jurídica porque é a Lei 8.078/90 genérica e busca atingir qualquer modelo. Contudo, o termo "atividade" utilizado na norma merece uma interpretação em sentido tradicional, ou seja, a atividade exercida deve ser regular, ou, ao menos, com interesse comercial.[257]

Sobre este tema, sustenta Bruno Miragem que será a natureza econômica da atividade que fundamentará o enquadramento ou não no conceito de fornecedor os consequentes deveres jurídicos regulados pelo Código de Defesa do Consumidor.[258]

---

255 ESPAÑA. **Ley general para la defense de los consumidores y usuarios y otras leyes complementarias**, 2007. Disponível em <https://boe.es/buscar/act.php?id=BOE-A-2007-20555. Acesso em 06 de maio 2017.

256 BRASIL. Código de defesa do consumidor. Lei 8.078 de 11/09/90. Brasília: Diário Oficial da União, 1990.

257 NUNES, Rizzato. **Curso de direito do consumidor**. 6 ed. São Paulo: Saraiva, 2011.

258 MIRAGEM, Bruno. **Curso de direito do consumidor**. 5 ed. São Paulo: Revista dos Tribunais, 2014.

Fica evidente na regra a não taxatividade do rol elencado pelo legislador, a dubiedade, entretanto, persiste em relação ao termo "atividade". Caso estendido tal termo a qualquer simples e singela prática de comercialização, por exemplo, uma compra e venda entre particulares no qual o vendedor não exerce tal papel com intuito comercial ou com habitualidade, seria regida pelo Código de Defesa do Consumidor.

Esclarece a doutrina, entretanto, que "a expressão 'atividades, no *caput* do art. 3º, parece indicar a exigência de alguma reiteração ou habitualidade [...]"[259]. A interpretação de tal expressão fica mais clara quando verificado que se é a lógica e o fundamento da norma consumerista o reequilíbrio das forças participantes do negócio jurídico, certamente não precisava nem pretendia o legislador intervir em situações nas quais não há desequilíbrio contratual, como ocorre na compra e venda entre dois particulares que não exercem a função com habitualidade nem com intuito comercial.

Alguns temas também já foram objeto de discussão mas hoje estão consolidados, como a desnecessidade de remuneração pela coisa ou serviço[260] prestado para a caracterização do fornecedor, ou mesmo configuração dos agentes bancários como fornecedores das relações havidas entre eles e seus clientes/consumidores, situação esta já objeto de súmula pelo Superior Tribunal de Justiça.

2.4 OBJETO DA RELAÇÃO DE CONSUMO

Identificado os participantes da relação de consumo, necessário será existir um objeto para que a mesma possa existir. Não haverá negócio jurídico consumerista sem que tenha, entre fornecedor e consumidor, um objeto contratado.

Para o atual microssistema de consumo brasileiro, o objeto da relação consumerista será um produto ou um serviço.

A Colômbia adotou para o produto uma abrangência também para o serviço, quando de forma simples caracteriza o produto da relação de consumo como "todo bien o servicio".[261] Mesma linha adotou o sistema filipino, que dispõe no

---

259 BENJAMIN, Antônio Herman V. *et al.* **Manual de direito do consumidor**. 6 ed. São Paulo: Revista dos Tribunais, 2014, p. 120.

260 Sobre o tema já há julgado no Superior Tribunal de Justiça (REsp1.186.616/MG) que indica que ainda que o serviço tenha sido prestado de forma gratuita, o termo "remuneração" contido no art. 3º, ʃ2º do CDC deve ser interpretado de forma ampla, de moto a incluir o ganho indireto do fornecedor.

261 COLOMBIA. Artigo 5, ʃ8, **Estatudo del Consumidor**. Ley 1480 de 2011. Disponível em < www.anato.org/sites/default/files/LEY%201480%20DE%202011.pdf> Acesso em 06 de maio 2017.

seu artigo 4, "q" que "consumer products ans services" são os bens, serviços e créditos, débitos e obrigações que são utilizados pelo consumidor, sua família, casa, ou mesmo agricultura, incluindo, mas não se limitando, comida, remédios, cosméticos e outros dispositivos.[262]

Recentemente a Inglaterra, com o Consumer Rigths Act de 2015 encampou como objeto das relações de consumo além dos bens e serviços, o "digital content", caracterizado por aquela legislação como dados produzidos e fornecidos de forma digital.[263]

No Brasil, embora no mesmo artigo (3º), o conceito de produto e serviços estão separados. Está definido no ∫1º do mencionado artigo como "todo bem móvel ou imóvel, material ou imaterial"[264]. A ideia do legislador, como se pode denotar, foi de trazer um conceito bastante amplo e aberto para produto, eis que pode-se entender que incluso está neste conceito as relações formalizadas exclusivamente por meio eletrônico.

Por sua vez, o serviço está disposto no artigo 3º, ∫2º da Lei supramencionada como "qualquer atividade fornecida no mercado de consumo, mediante remuneração, inclusive as de natureza bancária, financeira, de crédito e securitária, salvo as decorrentes das relações de caráter trabalhista"[265]. Isto é, ao contrário de produto, serviço será uma atividade colocada no mercado de consumo que tenha uma contrapartida de remuneração.

Para Antônio Herman Benjamin, o termo "mediante remuneração" indicado no artigo de lei supra citado deve ser interpretado de forma ampla, quando será configurada a remuneração ainda que de forma indireta.[266]

Neste sentido, restará enquadrado como serviço remunerado aqueles que aparentam gratuidade, mas que tenham por escopo facilitar a comercialização de um produto ou outro serviço, buscar a atenção do consumidor, ou mesmo a colheita de dados[267] do consumidor.

---

262 PHILLIPPINES. **Consumer Act of the Phillippines, 2002.** <disponível em www.wipo.int/wipolex/en/text.jsp?file_id=224742> Acesso em 06 de maio 2017.

263 ENGLAND. **Consumer Rights Act 2015.** Disponível em < http://www.legislation.gov.uk/ukpga/2015/15/section/2/enacted> Acesso em 06 de maio 2017.

264 BRASIL. **Código de defesa do consumidor.** Lei 8.078 de 11/09/90. Brasília: Diário Oficial da União, 1990.

265 BRASIL. **Código de defesa do consumidor.** Lei 8.078 de 11/09/90. Brasília: Diário Oficial da União, 1990.

266 BENJAMIN, Antônio Herman V. *et al.* **Manual de direito do consumidor.** 6 ed. São Paulo: Revista dos Tribunais, 2014.

267 Pode-se observar que na sociedade de informação que atravessamos os dados do consumidor são extremamente valiosos. Não são poucas as empresas que os comercializam, por isso, a

Ao analisar a legislação brasileira, pode-se verificar que tomou cuidado o legislado em incluir como serviço regulado pela legislação consumerista aqueles de natureza bancária, financeira, de crédito e securitária.

Em outros países, como as Filipinas, esta preocupação está também inserida quando da conceituação do fornecedor, por isso nos primeiros anos de vigência do Código de Defesa do Consumidor brasileiro foram intensas as discussões quanto a aplicabilidade da lei às instituições financeira e securitárias. O tema, contudo, foi superado quando da edição da Súmula 297 do Superior Tribunal de Justiça, que sedimentou o entendimento de que "O Código de Defesa do Consumidor é aplicável às instituições financeiras".[268]

Por último, importa destacar que estão excluídas da regulação consumerista as atividades de caráter trabalhista, pois são regidas por lei especial em razão de seu caráter de subordinação e habitualidade.[269]

Assim, além de ser necessário estarem as partes enquadradas como consumidora e fornecedora reciprocamente, para que se esteja diante de uma relação de consumo e, consequentemente, das proteções trazidas pela legislação consumerista, deverá necessariamente existir um objeto desta relação, que poderá ser um produto ou serviço. Verificada a relação de consumo, será tal negócio jurídico regrado pelo Código de Defesa do Consumidor com todos os deveres e direitos que impõe tanto ao fornecedor como ao consumidor.

Adiante dar-se-á início ao estudo da responsabilidade objetiva trazida com regra pela Lei 8.078/90, bem como seus efeitos em eventuais problemas (vício ou defeito) que o objeto da relação possa vir a apresentar.

2.5 DO SISTEMA DE PREVENÇÃO E REPARAÇÃO DO CÓDIGO DE DEFESA DO CONSUMIDOR

Sabe-se que uma das principais características da atividade econômica é o risco. A relação entre sucesso e fracasso em geral é medida pelo cálculo do risco e o valor cobrado pelo mesmo por parte do empresário, no caso das relação de consumo, pelo fornecedor.

---

prestação de serviços em troca de fornecimento de informações é entendida como um serviço remunerado, eis que é a informação coisa quiçá até mais valiosa que a moeda em si.

268 BRASIL. Superior Tribunal de Justiça. **Súmula n. 297.** < Disponível em https://ww2.stj.jus.br/docs_internet/revista/eletronica/stj-revista-sumulas-2011_23_capSumula297.pdf> Acesso em 06 de maio 2017.

269 NUNES JÚNIOR, Vidal Serrano e SERRANO, Yolanda Alves Pinto. **Código de defesa do consumidor interpretado: doutrina e jurisprudência.** 2 ed. São Paulo: Saraiva, 2005.

Não se olvida que as variáveis a serem analisadas pelo empresário são inúmeras e não se pretende neste estudo especificar ponto a ponto como se medir o risco do negócio, o que se sabe é que o elemento risco certamente está intrínseco a atividade desenvolvida. Neste ponto, relevante o ensinamento de Rizzato Nunes quando aduz que "descobrir o ponto de equilíbrio de quanto risco vale a pena correr a um menor custo possível, para aferir a maximização do benefício, é uma das chaves do negócio"[270].

Ocorre que para diminuir ao máximo os custos do produto ou serviço a ser colocado no mercado o empreendedor deixa de respeitar princípios básicos do consumidor (adequação, segurança, durabilidade e proteção à saúde), coisa que, aliada à produção em série e massificação dos contratos, pode acarretar forte descompasso entre interesses dos consumidores e fornecedores, isto porque, como anteriormente destacado, o fornecedor ou a cadeia deles possui em regra maior carga de informação e força financeira que o hipossuficiente ou vulnerável consumidor.

Com tal dificuldade, e dentro de um contexto no qual a produção em série em regra não é negligente, imprudente, nem imperita, o consumidor jamais conseguiria comprovar a culpa do fornecedor. Isto culminaria por transferir o risco do negócio do fornecedor para o consumidor ante a dificuldade em comprovar a culpa para se conseguir o ressarcimento por prejuízos lhe causados pelo produto ou serviço comercializado.

A passagem da responsabilidade subjetiva para aquela objetiva será tratada de forma mais aprofundada no próximo capítulo, no entanto, relevante é já deixar claro que talvez o elemento mais importante da legislação consumerista brasileira é a obrigatoriedade de reparação do dano independente da configuração de culpa.

É dentro deste contexto que o Código de Defesa do Consumidor buscou com sua sistemática de responsabilização "presumida" garantir o ressarcimento pelos prejuízos eventualmente sofridos pelo consumidor.[271]

A diferença do poder econômico e a falta de informação seriam capazes de diminuir a possibilidade de que o consumidor conseguisse comprovar que o fornecedor agiu culposamente ao fabricar ou comercializar um produto ou fornecer um serviço. Por esta razão, um dos benefícios concedidos pelo legislador para equiparar as forças, é desnecessidade de comprovar-se a culpa do fornecedor. Surge, assim, a mudança do sistema de responsabilidade civil subjetiva previsto na legislação comum para o de responsabilidade civil objetiva.

270 NUNES, Rizzato. **Curso de direito do consumidor**. 6 ed. São Paulo: Saraiva, 2011, p. 213.

271 NUNES, Rizzato. **Curso de direito do consumidor**. 6 ed. São Paulo: Saraiva, 2011.

Em outras palavras, o que o legislador fez foi determinar que havendo problema no produto ou serviço a responsabilidade passaria a ser diretamente do fornecedor, independentemente de prova produzida pelo consumidor, mantendo o risco do negócio integralmente com o fornecedor.

Acerca desta temática, excelente estudo foi realizado por Antônio Herman Benjamin quando desenvolvida sua "teoria da qualidade" na qual fica imposto um dever de qualidade ao fornecedor que se descumprido gera responsabilidade contratual ou extracontratual.[272] Segundo este teoria, duas seriam as órbitas se proteção do consumidor: incolumidade físico-psíquica e incolumidade econômica, a primeira afeta o corpo do consumidor, a segunda seu bolso.

Ainda que não seja necessária a prova da culpa, verdade que continua necessário demonstrar o nexo causal. Neste sentido leciona Eduardo Gabriel Saad quando informa que não quer o Código de Defesa do Consumidor que o consumidor prove a culpa do fornecedor, mas deve este provar o nexo de causalidade entre o dano alegado e o produto adquirido ou serviço prestado.[273]

Fato é que uma vez demonstrado o nexo do dano com o produto ou serviço, entrará em cena o sistema de responsabilidade civil adotado pela legislação consumerista representado pelo vício e defeito, ou mais precisamente, fato do produto, como as duas modalidades de responsabilidade civil decorrentes da relação de consumo.

2.5.1 Vício do produto ou serviço

Não obstante o Código de Defesa do Consumidor trata em suas disposições primeiro do fato do produto ou serviço e após do vício, para uma melhor compreensão do tema e até em virtude do escopo deste estudo, abordar-se-á primeiro a noção de vício, e, posteriormente, aquela de fato do produto ou serviço.

Vício é uma imperfeição grave que pode atingir tanto um produto quanto um serviço comercializado. A origem histórica do vício com relevância para o direito inicia-se no direito romano quando nos contratos que importavam transferência da coisa era possível reaver a coisa quando constatado um descompasso entre o declarado e o formalmente ajustado (vício redibitório - de *redihbere*).[274]

---

272 BENJAMIN, Antônio Herman V. *et al.* **Manual de direito do consumidor.** 6 ed. São Paulo: Revista dos Tribunais, 2014.

273 SAAD, Eduardo Gabriel. **Comentários ao código de defesa do consumidor. Lei n. 8.078 11.9.90.** Rev e amp. 5 ed. São Paulo: LTr, 2002.

274 MIRAGEM, Bruno. **Curso de direito do consumidor.** 5 ed. São Paulo: Revista dos Tribunais, 2014.

Com as modernas codificações, a regulação moderna do vício redibitório começou a ser tratada nos contratos de compra e venda e atualmente estende-se a todos os contratos bilaterais que importem em transferência de coisa que se mostra, posteriormente, imprópria ao uso a que se destina ou lhe diminua o valor.

Atualmente a legislação civil brasileira dispõe que além de haver uma impossibilidade de destinação da coisa para seu fim ou uma diminuição de seu valor, que o mesmo seja prévio ao contrato e que não seja possível percebê-lo quando da tradição da coisa.[275]

Embora tenha o vício nas relações de consumo sido inspirado naquele vício redibitório da relações civis, deve-se esclarecer que não possuem o mesmo significado nem produzem as mesmas consequências. O conceito de vício do produto no Código de Defesa do Consumidor abrange mais situações que aqueles do Código Civil de 2002, pois não se limita ao vício oculto.[276]

Por exemplo, enquanto o vício redibitório aplica-se apenas às coisas, o vício no direito de consumo é atribuído tanto aos produtos como aos serviços; no vício redibitório há necessidade de prova, enquanto naquele de consumo há responsabilidade objetiva; o vício redibitório da legislação civil é norma não cogente, já naquela de consumo é cogente (de ordem pública), além de outras diferenças não menos importantes.

No Brasil, o vício do produto ou na prestação de serviços está disposto no artigo 18 e seguintes da Lei 8.978/90 e ocorre quando são desrespeitadas as características que se esperam quanto à qualidade e quantidade do produto adquirido, ou do serviço contratado pelo consumidor.[277]

São considerados vícios para a legislação brasileira características de qualidade ou quantidade que tornem os produtos ou serviços impróprios ou inadequados ao consumo a que se destinam ou que lhes diminuam o valor.

A norma brasileira não traz um conceito para qualidade nem quantidade de forma expressa. Contudo, sendo a qualidade a propriedade ou natureza de algo, pode-se concluir que em se tratando de produto ou serviço será ela a condição de que este produto ou serviço cumpre com suas características inerentes e por aquelas atribuídas pelas informações prestadas sobre o mesmo. Já quantidade será

---

275 GOMES, Orlando. **Contratos.** 26 ed. Rio de Janeiro: Forense, 2008.

276 BENJAMIN, Antônio Herman V. *et al.* **Manual de direito do consumidor.** 6 ed. São Paulo: Revista dos Tribunais, 2014.

277 BRASIL. **Código de defesa do consumidor.** Lei 8.078 de 11/09/90. Brasília: Diário Oficial da União, 1990.

atribuída à produtos ou serviços em relação à sua medida, isto é, se fornecidos de acordo com o que contratado ou informado.

Desta forma, pode-se afirmar que no direito brasileiro além de serem considerados vícios a inobservância das características ou a medida fornecida de acordo com o que pactuado, também será considerado vício as disparidades havidas entre as indicações constantes entre o produto ou serviço e o recipiente, embalagem, rotulagem, oferta ou mensagem publicitária.[278]

Para Ada Pellegrini Grinover, no direito brasileiro o vício pode decorrer de diminuição da qualidade ou quantidade. O primeiro está disposto no artigo 18 do Código de Defesa do Consumidor e tem como exemplos um problema no sistema de freio, no sistema de refrigeração, vencimento do prazo de validade, falsificação, avariação, desobediência de normas técnicas regulamentares de fabricação, dentre outros. Já o segundo, possui disciplina no artigo 19 do Código de Defesa do Consumidor, e trata basicamente da disparidade do conteúdo líquido dos produtos colocados no mercado de consumo, ou seja, informação prestada e real conteúdo fornecido.[279]

O vício de qualidade do produto ou serviço irá decorrer da ausência, no objeto da relação de consumo, das características ou propriedades que legitimamente poderia se esperar do mesmo, já o de quantidade refere-se a uma imprecisão em relação a quantidade apresentada, informada ou publicada e o que de efetivamente entregue.[280]

Há, no entanto, uma terceira possibilidade de vício, que é aquele de informação. Estes são originados do dever de informação e ocorrem quando existe uma disparidade na informação prestada e a qualidade apresentada pelo produto ou serviço objeto da relação de consumo.[281]

Segundo Rizatto Nunes, o vício pode ser de fácil constatação ou oculto. O primeiro é aquele que aparece no singelo uso e consumo do produto ou serviço. Já o segundo aquele que somente aparece após algum tempo de uso, e, por ser de difícil acesso ao consumidor, não podem ser detectados na utilização ordinária.[282]

---

278 NUNES, Rizzato. **Curso de direito do consumidor.** 6 ed. São Paulo: Saraiva, 2011.

279 GRINOVER, Ada Pellegrini *et al.* **Código brasileiro de defesa do consumidor: comentado pelos autores do anteprojeto.** v. 1.Rio de Janeiro: Forense, 2011.

280 MIRAGEM, Bruno. **Curso de direito do consumidor.** 5 ed. São Paulo: Revista dos Tribunais, 2014.

281 BRASIL. **Código de defesa do consumidor.** Lei 8.078 de 11/09/90. Brasília: Diário Oficial da União, 1990.

282 NUNES, Rizzato. **Curso de direito do consumidor.** 6 ed. São Paulo: Saraiva, 2011.

O vício de fácil constatação, também chamado de vício aparente conduz exatamente à ideia de facilidade em verificar-se a existência do vício. Sua diferenciação para aquele oculto não é a aplicabilidade da legislação consumerista, mas sim o marco para a contagem do início do prazo decadencial.[283]

Vale ressaltar que o Código de Defesa Consumidor reserva ainda um artigo especial - artigo 20 e seus parágrafos - para os vícios de serviço, que assim como ocorre com produtos, podem ter incorreções quanto à sua qualidade e quantidade, bem como à disparidade entre indicações constantes na oferta ou mensagem publicitária.[284]

Ainda dentro do contexto de produto com vício, é importante salientar que fornecedores podem oferecer e comercializar produtos levemente viciados, desde que obedecidas determinadas regras como o abatimento do preço. Neste sentido lecionam os autores do anteprojeto do Código de Defesa do Consumidor:

> Tenha-se presente, contudo, que fornecedores não estão proibidos de ofertar e colocar no mercado de consumo - com abatimento de preço naturalmente - produtos levemente viciados, desde que forneçam informações corretas, claras e precisas sobre os aludidos vícios.[285]

A questão do fornecimento deste tipo de produtos ou serviços é não vedar integralmente a comercialização de tais produtos, até porque pode um consumidor se interessar por eles, desde que contenha um custo menor que aquele perfeito. Veja-se que como a lógica da proteção ao consumidor é equipar o ponto de partida para a consecução do negócio jurídico, não há óbice em fornecer um produto ou serviço com qualidade inferior àquela comum, desde que prestados as informações e realizado um abatimento no valor do mesmo.

O produto ou serviço viciado, portanto, são aqueles que afetam apenas o produto fornecido ou serviço prestado, não representando risco à integridade física do consumidor.

283 BENJAMIN, Antônio Herman V. *et al.* **Manual de direito do consumidor**. 6 ed. São Paulo: Revista dos Tribunais, 2014.

284 BRASIL. **Código de defesa do consumidor**. Lei 8.078 de 11/09/90. Brasília: Diário Oficial da União, 1990.

285 GRINOVER, Ada Pellegrini *et al.* **Código brasileiro de defesa do consumidor: comentado pelos autores do anteprojeto**. v. 1.Rio de Janeiro: Forense, 2011, p. 223.

Este tema também é tratado por outras legislações consumeristas, como a espanhola, que atribui responsabilidade ao vendedor obrigando este a reparar, substituir ou diminuir o preço do produto se o mesmo não estiver de acordo com o que contratado.[286]

Segundo Bruno Miragem, "a responsabilidade pelo vício do produto ou do serviço decorre da violação de um dever de adequação"[287], isto é, da inutilidade do objeto do contrato de consumo em relação ao que poderia o consumidor dele legitimamente esperar.

Quando há um vício no objeto da relação de consumo está-se diante de um problema de inadequação do mesmo e frustrada fica a expectativa do consumidor, que poderá exercer seu direito subjetivo de substituição ou devolução do produto, ou abatimento do preço, contra o fornecedor, assunto estes que serão tratados no próximo capítulo.

Pode-se observar que a redação legislativa, quando dispõe que está-se diante de vício quando o produto ou serviço é impróprio para a utilização ou consumo, ou tenha o seu próprio valor diminuído em razão da qualidade ou quantidade, limita impropriedade do produto ou serviço comercializado a ele mesmo, isto é, não alcança, o vício, a esfera do consumidor.

Neste sentido, tem-se que é considerado vício aquilo que acarreta a redução do valor do produto/serviço ou impossibilita o consumidor de usufruir deste produto/serviço de acordo com as suas legítimas expectativas.

Corrobora tal entendimento Rizzato Nunes, quando aduz que não faz a lei, no vício, menção ao dano ocorrido ao consumidor. Logo, a responsabilidade do fornecedor no caso de vício se restringe tão e somente à própria prestação ou ao próprio produto, em outras palavras, quando o problema no produto ou serviço não ultrapassa o produto ou serviço, estará configurado o vício.[288]

A responsabilidade pelo vício no produto ou serviço decorre, portanto, da violação a um dever de adequação, seja ela de qualidade ou de quantidade.

---

286 ESPAÑA. **Ley general para la defense de los consumidores y usuarios y otras leyes complementarias**, 2007. Disponível em <https://boe.es/buscar/act.php?id=BOE-A-2007-20555. Acesso em 06 de maio 2017.

287 MIRAGEM, Bruno. **Curso de direito do consumidor.** 5 ed. São Paulo: Revista dos Tribunais, 2014, p. 599.

288 NUNES, Rizzato. **Curso de direito do consumidor.** 6 ed. São Paulo: Saraiva, 2011.

2.5.2 Fato do produto ou serviço

Fato, do latim *factum*, é um acontecimento, episódio, evento.[289] Fato do produto ou serviço, portanto, é um evento causado pelo produto ou serviço.

Para Bruno Miragem, a responsabilidade pelo fato do produto e do serviço tem sua origem e desenvolvimento no século XX, inicialmente no direito norte-americano, e, mais recentemente, no direito europeu.[290]

Já em março de 1916 o Tribunal de Apelações de Nova Iorque decidiu o caso *Donald C. McPherson vc. Buick Motor Co.* no qual o teria sido vendido um automóvel para um consumidor com problema numa roda que veio a quebrar causando um acidente, que por sua vez causou danos ao consumidor. Ocorre que a roda não teria sido fabricada pela *Buick Motor Co.* e por isto esta sustentava sua ilegitimidade passiva. Ocorre que ficou constatado que o problema na roda poderia ter sido detectado pela fabricante do veículo, coisa que não foi feita. Assim, foi esta condenada não pela fraude na venda de veículo defeituoso, mas na negligência.[291]

Já no direito britânico, decidiu a Câmara dos Lordes em 1932 o emblemático caso de *Donoghue v Stevenson* no qual a discussão era acerca da responsabilidade da fabricante de cerveja por ter o consumidor encontrado uma lesma em decomposição quando bebia uma cerveja num *coffee shop*, quando a demanda foi procedente e teve a cervejaria de indenizar a consumidora.[292]

Em ambos casos a lógica é uma responsabilização independente do vínculo direto entre fornecedor e consumidor. Nos Estados Unidos, foi a *Buick Motor Co* condenada a indenizar um consumidor por uma prática que não foi diretamente sua, mesma situação da *Stevenson*, que teve de indenizar a Sra. *Donoghue* mesmo que este tivesse adquirido a cerveja de um outro estabelecimento, não diretamente da fabricante.

Por tais decisões eliminou-se a necessidade de uma relação jurídica entre fabricante e consumidor (vítima), e, consequentemente, criou-se a obrigação de cuidado ou precaução dos fabricantes em relação a seus produtos. É por tal

---

289 MUNIZ, Elisabete Lins e CASTRO, Hermínia Maria Totti de. **Dicionário Barsa de língua portuguesa**. São Paulo: Barsa Planeta, 2005, p. 441.

290 MIRAGEM, Bruno. **Curso de direito do consumidor**. 5 ed. São Paulo: Revista dos Tribunais, 2014.

291 NEW YORK. Court of appels. **217 NY 382: Macpherson v Buick Motor Co.** 1916. Disponível em https://www.nycourts.gov/reporter/archives/macpherson_buick.htm. Acesso em 13 de maio de 2017.

292 SCOTISH COUNCIL OF LAW REPORTING. **Donoghue v Stevenson**. 1932. Disponível em http://www.scottishlawreports.org.uk/resources/dvs/donoghue-v-stevenson-report.html. Acesso em 13 de maio de 2017.

fundamento que a legislação brasileira dispõe que todo fabricante, produtor, construtor, importador, independente de culpa, responde por danos causados aos consumidores por seus produtos ou serviços comercializados.

Em que pese o título da seção disposta no artigo 12 do Código de Defesa do Consumidor seja "fato do produto ou serviço", percebe-se que o que pretende regular é o "defeito" do mesmo.[293]

Defeito, na língua portuguesa, pode ser traduzido por falha ou imperfeição. Há até dicionários que colocam a palavra defeito como sinônimo de vício.[294] No entanto, vê-se que a legislação brasileira reserva a palavra defeito apenas para as situações nas quais há um evento causado pelo produto ou serviço que tenha alcançado a esfera pessoal do consumidor, como a integridade física ou psíquica.

Para, Rizzato Nunes "há vício sem defeito, mas não há defeito sem vício. O vício é uma característica inerente, intrínseca do produto ou serviço em si". (NUNES, 2011, p. 226). O autor continua a lição afirmando que:

> O defeito é o vício acrescido de um problema extra, alguma coisa extrínseca ao produto ou serviço, que causa um dano maior que simplesmente o mau funcionamento, o não funcionamento, a quantidade errada, a perda do valor pago – já que o produto ou serviço não cumpriram o fim a qual se destinavam. O defeito causa, além desse dano do vício, outro ou outros danos ao patrimônio jurídico material e/ou moral e/ou estético e/ou à imagem do consumidor.[295]

Pode-se dizer, portanto, que o defeito pressupõe um vício, que, por sua vez, estende-se além do bem adquirido ou serviço contratado, causando lesão não apenas por problemas de qualidade, quantidade ou informação, mas também ao patrimônio jurídico material e moral do consumidor.

O conceito de defeito do produto e do serviço encontra-se no §1º do artigo 12 e artigo 14 do Código de Defesa do Consumidor[296] donde se pode concluir que será defeituoso o produto que não ofereça a segurança necessária ao consumidor.

---

293 BRASIL. **Código de defesa do consumidor**. Lei 8.078 de 11/09/90. Brasília: Diário Oficial da União, 1990.

294 MUNIZ, Elisabete Lins e CASTRO, Hermínia Maria Totti de. **Dicionário Barsa de língua portuguesa**. São Paulo: Barsa Planeta, 2005, p. 285 e 441.

295 NUNES, Rizzato. **Curso de direito do consumidor**. 6 ed. São Paulo: Saraiva, 2011, p. 226.

296 Art. 12 O fabricante, o produtor, o construtor, nacional ou estrangeiro respondem, independentemente da existência de culpa, pela reparação dos danos causados aos consumidores por defeitos decorrentes de projeto, fabricação, construção, montagem, fórmula, manipulação,

Para Eduardo Saad, defeito no produto ou serviço é aquele que quebra a relação de segurança, dividindo-se em duas espécies: que causa dano à saúde ou à vida do consumidor; e o que causa dano à seu patrimônio.[297]

No mesmo sentido, Bruno Miragem destaca que a responsabilidade pelo defeito ou fato do produto advém da violação de um dever de segurança que se pode legitimamente esperar do produto ou serviço. Para o autor, tal proteção abarca tanto os interesses patrimoniais, que é o produto ou serviço adquirido, como aqueles extrapatrimoniais que possam ser apreciados economicamente.[298]

Não há necessidade, contudo, que o dano patrimonial ou extrapatrimonial seja efetivamente causado, basta que o risco à segurança seja presente, ou seja, adquirido um refrigerante que contenha um corpo estranho em seu interior será o fabricante responsável pelo defeito, ainda que não tenha ingerido o mesmo, pois neste caso ficou o consumidor exposto a um dano que seria capaz de ferir sua integridade física. [299]

É, portanto, o defeito ou fato do produto, um acidente de consumo que ostenta natureza grave em razão da potencialidade de risco à integridade do consumidor e/ou de terceiros. Esta potencialidade de danos é o cerne para reparações, visto que o Código de Defesa do Consumidor disciplina em seu artigo 8º que os

---

apresentação ou acondicionamento de seus produtos, bem como por informações insuficientes ou inadequadas sobre sua utilização e riscos.

§ 1° O produto é defeituoso quando não oferece a segurança que dele legitimamente se espera, levando-se em consideração as circunstâncias relevantes, entre as quais:

I - sua apresentação;

II - o uso e os riscos que razoavelmente dele se esperam;

III - a época em que foi colocado em circulação

[...]

Art. 14, O fornecedor de serviços responde, independentemente da existência de culpa, pela reparação dos danos causados aos consumidores por defeitos relativos à prestação dos serviços, bem como por informações insuficientes ou inadequadas sobre sua fruição e riscos.

§ 1° O serviço é defeituoso quando não fornece a segurança que o consumidor dele pode esperar, levando-se em consideração as circunstâncias relevantes, entre as quais:

I - o modo de seu fornecimento;

II - o resultado e os riscos que razoavelmente dele se esperam;

III - a época em que foi fornecido.

297 SAAD, Eduardo Gabriel. **Comentários ao código de defesa do consumidor. Lei n. 8.078 11.9.90.** Rev e amp. 5 ed. São Paulo: LTr, 2002.

298 MIRAGEM, Bruno. **Curso de direito do consumidor**. 5 ed. São Paulo: Revista dos Tribunais, 2014.

299 Vide BRASIL. Superior Tribunal de Justiça. REsp 1.424.304/SP, Rel. Min. Nancy Andrighi, 3a Turma, 2014.

produtos ou serviços não poderão acarretar riscos à saúde ou à segurança dos consumidores.[300]

Na legislação estrangeira também há tal proteção, nas Filipinas[301], por exemplo, o artigo 10 dispõe acerca da responsabilidade por produtos que causem ou possam causar danos. Outros países, como Itália[302], Espanha[303] e Colômbia[304] irão tratar acerca da segurança que o produto ou serviço devam conter quando postos em circulação.

Assim, possível afirmar que estar-se-á diante de um defeito no produto ou serviço prestado não apenas quando há um evento causado, mas também a mera exposição à tal evento. Neste sentido, lecionam os autores do anteprojeto do Código de Defesa do Consumidor que:

> [...] o defeito que suscita o dano não é o defeito estético, mas o defeito substancial relacionado com a segurança que dele legitimamente se espera, levando-se em consideração aspectos extrínsecos, como a apresentação do produto, e intrínsecos, relacionado com a utilização e a época em que foi colocado em circulação.[305]

Note-se que para a caracterização de fato do produto (defeito), o legislador brasileiro não se importou em colocar se o produto ou serviço estaria apto para o fim ao qual seria destinado, mas tão somente à segurança que dele legitimamente se espera.

O defeito vai além do produto ou serviço ao atingir o patrimônio jurídico do consumidor em seu aspecto maior, seja moral, material ou estético, sempre em razão da ausência de segurança que possa legitimamente se esperar. Neste sentido leciona Bruno Miragem:

---

300 BRASIL. **Código de defesa do consumidor**. Lei 8.078 de 11/09/90. Brasília: Diário Oficial da União, 1990.

301 PHILLIPPINES. **Consumer Act of the Phillippines, 2002.** <disponível em www.wipo.int/wipolex/en/text.jsp?file_id=224742> Acesso em 06 de maio 2017.

302 ITALIA. **Codice del consumo**, 2005. Disponível em <http://www.codicedelconsumo.it>. Acesso em 13 de maio de 2017.

303 ESPAÑA. **Ley general para la defense de los consumidores y usuarios y otras leyes complementarias**, 2007. Disponível em <https://boe.es/buscar/act.php?id=BOE-A-2007-20555. Acesso em 06 de maio 2017.

304 COLOMBIA. **Estatudo del Consumidor**. Ley 1480 de 2011. Disponível em < www.anato.org/sites/default/files/LEY%201480%20DE%202011.pdf> Acesso em 06 de maio 2017.

305 GRINOVER, Ada Pellegrini *et al.* **Código brasileiro de defesa do consumidor: comentado pelos autores do anteprojeto.** v. 1.Rio de Janeiro: Forense, 2011, p. 201.

> [...] a responsabilidade civil pelo fato do produto ou serviço consiste no efeito de imputação ao fornecedor, de sua responsabilização em razão dos danos causados em razão de defeito na concepção produção, comercialização ou fornecimento do produto ou serviço, determinando seu dever de indenizar pela violação do dever geral de segurança inerente a sua atuação no mercado de consumo.[306]

Hodiernamente, tanto jurisprudência[307] como doutrina têm apontado três modalidades de defeito: o de concepção, o de produção, e o de informação[308], sendo o primeiro aquele no qual há problemas de criação, como problema no projeto, formulação ou mesmo design dos produtos; o segundo aquele que envolve problemas de fabricação, construção, montagem manipulação, dentre outro; e o terceiro aquele que envolve a apresentação, informação insuficiente ou inadequada.

No seção II, onde estão previstas as situações de fato do produto são também tratadas as excludentes de responsabilidade, este tema, entretanto, será tratado no capítulo a seguir.

Em suma, para concluir o tema do defeito ou fato do produto ou serviço, tem-se que para a legislação brasileira estar-se-á diante deste instituto quando o produto ou serviço causar ou puder causar um dano que não fique restrito ao mesmo, mas extrapole-o.

2.5.3 A diferenciação entre vício e defeito

Verificado que para o direito brasileiro há um vício quando há imperfeição de adequação e um defeito ou fato do produto ou serviço quando há imperfeição na segurança do mesmo que atinge ou pode atingir a esfera do consumidor, resta trazer suas diferenciações porque fundamental para o resultado final deste estudo.

Em primeiro lugar, relevante destacar que nem em todos os países é feita tal diferenciação. Na Espanha e na Colômbia, por exemplo, os temas de qualidade, quantidade e segurança nos produtos ou serviços são trazidos de forma conjunta, sendo a forma de responsabilização do fornecedor ou sua cadeia a mesma.

---

306 MIRAGEM, Bruno. **Curso de direito do consumidor**. 5 ed. São Paulo: Revista dos Tribunais, 2014.

307 Vide BRASIL. Superior Tribunal de Justiça. Recurso Especial 1358615/SP. Relator: Min. Luis Felipe Salomão, 2013.

308 Que envolve a apresentação, informação insuficiente ou inadequada, publicidade, etc.

Na Colômbia, o artigo 6º da legislação consumerista aduz que todo produtor deve assegurar a idoneidade e segurança, assim como a qualidade, dos bens e serviços que coloca no mercado.[309]

Mesma situação ocorrerá no Código de Consumo Italiano, que em seu artigo 5º estabelece como obrigação geral aos fornecedores o dever de segurança, composição e qualidade dos produtos e serviços.[310]

Já na Espanha, a lei geral de defesa do consumidor em seu artigo 128 e seguintes dispõe sobre a responsabilidade por danos causados pelo produto ao consumidor, enquanto o artigo 118 e seguintes trata dos direitos de reparação, substituição, diminuição do preço ou resolução do contrato.[311]

O México, por sua vez, dispõe no artigo 7º da Ley Federal de Protección al Consumidor acerca problemas de preço, tarifa, garantias, quantidade, qualidade, medidas, interesses, encargos, prazos, datas, entre outras, já no artigo 10 a proibição do fornecedor contra bens ou serviços que atentem contra a liberdade, segurança ou integridade do consumidor.[312]

A solução, contudo, para todas estas normas será isonômica: responsabilidade solidária da cadeia de fornecedores, coisa que diverge no Brasil. A diferenciação dos institutos e a consequência gerada por um ou outra é questão crucial para o desenvolvimento deste estudo, por isso necessário desenvolve-la para afastar interpretações diversas da legislação brasileira que causam verdadeiras distorções nas decisões dos tribunais.

Para efeito prático, no Brasil, existindo uma mesma imperfeição, pode-se estar diante de um fato do produto ou de um vício, dependendo de se há ou não risco ou dano à segurança ou integridade física do consumidor. Grande exemplo é trazido por Rizzato Nunes: quando dois consumidores adquirem dois veículos de igual marca e modelo, ambos com problema no freio. O primeiro ao sair da concessionária, percebe o problema logo no primeiro quarteirão, porém como tinha tempo e espaço, consegue encostar o veículo e pará-lo, sem sofrer qualquer dano.

---

309 COLOMBIA. Artigo 6, **Estatudo del Consumidor.** Ley 1480 de 2011. Disponível em < www.anato.org/sites/default/files/LEY%201480%20DE%202011.pdf> Acesso em 06 de maio 2017.

310 ITALIA. Articolo 5. **Codice del consumo,** 2005. Disponível em <http://www.codicedelconsumo.it>. Acesso em 13 de maio de 2017.

311 ESPAÑA. **Ley general para la defense de los consumidores y usuarios y otras leyes complementarias,** 2007. Disponível em <https://boe.es/buscar/act.php?id=BOE-A-2007-20555. Acesso em 06 de maio 2017.

312 MEXICO. Articulo 7 e 10. **Ley Federal de protección al consumidor,** 1992. Disponível em < http://www.profeco.gob.mx/juridico/pdf/l_lfpc_ultimo_CamDip.pdf> Acesso em 13 de maio de 2017.

O segundo sai da concessionária e apenas percebe o problema quando se depara com um sinal fechado, não consegue parar, e acaba se chocando com outros veículos e lesionando sua mão.[313]

No caso acima, tem-se que no primeiro veículo é constatado o vício, já o segundo, o defeito. A diferenciação se dá em razão existir uma lesão que ultrapasse ou não o produto ou serviço.

É interessante ressaltar que há uma parte da doutrina[314] que aduz que pode ocorrer vício ou defeito de adequação e vício ou defeito de segurança. A nomenclatura, no entanto, não é capaz de alterar o resultado. Uma vez configurado o problema de adequação, aplica-se a hipótese do artigo 18 e seguintes, configurado imperfeição quanto à segurança, aplica-se a situação do artigo 12 e seguintes, todos do Código de Defesa do Consumidor.

Neste sentido, configurada uma imperfeição na segurança, que é o risco exposto ou até causado ao consumidor, diante de um defeito se estará. Caso não haja risco à segurança mas apenas imperfeição qualitativa, quantitativa ou informacional, diante de um vício se estará.

Em relação à exposição ao risco é tênue a diferença. Caso este seja grave a ponto de que qualquer exposição possa causar o dano, entende-se que a sistemática aplicável é aquela do fato do produto. No entanto, ainda que o vício possa ser relativo a item de segurança, com potencial ofensa à integridade física ou psicológica do consumidor, mas não gere realmente o dano, a questão atualmente no país vem sendo analisada sob a ótica do artigo 18 do Código de Defesa do Consumidor.[315]

O balizador da diferença entre vício e defeito é, portanto, a extrapolação da esfera do produto ou serviço à segurança em relação a sua apresentação ou usos e riscos que razoavelmente poder-se-ia esperar do mesmo. Neste sentido Bruno Miragem sustenta que:

> O defeito, como pressuposto de responsabilidade pelo fato do produto ou do serviço, é uma falha do atendimento do dever de segurança imputado

313 NUNES, Rizzato. **Curso de direito do consumidor**. 6 ed. São Paulo: Saraiva, 2011.

314 GRINOVER, Ada Pellegrini *et al.* **Código brasileiro de defesa do consumidor: comentado pelos autores do anteprojeto**. v. 1.Rio de Janeiro: Forense, 2011.

315 Vide BRASIL. Superior Tribunal de Justiça. REsp 567333/RN. Rel. Min. Raúl Araújo, 2013. Ementa: Embora o defeito no sistema de freio de um automóvel configure defeito de segurança, com potencial para acarretar dano ao consumidor, isto é, acidente de consumo, conforme previsto no art. 12 do Código, quando inexistir alegação de tal dano ao consumidor, ter-se-á a responsabilidade do fornecedor por mero vício do produto, por inadequação deste, de acordo com o art. 18 do CDC, e não por fato do produto

> aos fornecedores de produtos ou serviços no mercado de consumo. Difere dos vícios, que representam a falha a um dever de adequação, que se dá quando o produto ou o serviço não servem à finalidade que legitimamente deles são esperados, pelo comprometimento da sua qualidade ou quantidade. [316]

Assim, tem-se que um mesmo produto ou serviço quando apresentar algum problema, pode este permanecer apenas em relação ao produto ou serviço, quando será interpretado como vício, ou pode este problema ultrapassar a barreira do produto e atingir a esfera patrimonial ou mesmo extrapatrimonial (dano físico ou moral) do consumidor, quando será interpretado como defeito.

Com propriedade aduz Ada Pellegrini Grinover que "a insegurança é um vício de qualidade que se agrega ao produto ou serviço como um novo elemento de desvalia"[317].

O mesmo raciocínio é trazido por Sergio Cavalieri Filho quando dispõe que tanto vício como fato do produto "decorrem de um defeito do produto ou serviço, só que no *fato do produto* ou do serviço o defeito é tão grave que prova um acidente que atinge o consumidor, causando-lhe dano material ou moral"[318].

Veja-se, portanto, que não se trata de mero uso de denominações que se equivalem. Há diferença, por opção do legislador brasileiro, entre vício (adequação) e defeito (segurança). Não pode o intérprete da norma quando constatado um evento que tenha ultrapassado uma situação de quantidade, qualidade ou informação do próprio produto aduzir que se está diante de um vício, pois a fatispécie é de defeito, ou fato do produto.

Além de diferenças conceituais, segundo o Código de Defesa do Consumidor, vício e defeito possuem consequências diversas, por isso a relevância deste estudo.

Primeiramente, em relação às consequência do vício, tem-se que o consumidor estará amparado nos parágrafos do artigo 18 e nos artigos 19 e 20 do Código de Defesa do Consumidor, que disciplinam acerca das sanções para a reparação nos casos concretos.

As sanções para o vício ocorrem, segundo determinação do artigo 18, em caso de não saneamento do mesmo no prazo de trinta dias. Caso não sanado, poderá o

316 MIRAGEM, Bruno. **Curso de direito do consumidor.** 5 ed. São Paulo: Revista dos Tribunais, 2014, p. 537.

317 GRINOVER, Ada Pellegrini *et al.* **Código brasileiro de defesa do consumidor: comentado pelos autores do anteprojeto.** v. 1.Rio de Janeiro: Forense, 2011, p. 192.

318 CAVALIERI FILHO, Sergio. **Programa de responsabilidade civil.** 12 ed. São Paulo: Atlas, 2015, p. 590.

consumidor exigir alternativamente e à sua escolha: a substituição do produto, a restituição dos valores pagos, ou abatimento proporcional do preço.[319]

Havendo vício de quantidade do produto, sendo o conteúdo líquido inferior às indicações constantes do recipiente, da embalagem, rotulagem ou mensagem publicitária, pode o consumidor exigir alternativamente e à sua escolha: o abatimento proporcional do preço, a complementação do peso ou medida, substituição do produto por outro, ou restituição da quantia paga.[320]

Como é possível verificar, apenas se o vício não for sanado no prazo estabelecido pelo Código de Defesa do Consumidor, ou seja, 30 dias após o recebimento de produto com vício, o fornecedor concorrerá com eventuais ônus. Isto significa dizer que o legislador outorgou um prazo para que o fornecedor atenda ao consumidor antes de ser obrigado às sanções legais (substituição, restituição ou abatimento).

Antes do prazo estabelecido de trinta dias se o vício for sanado, o consumidor nada pode exigir – exceto se houver diminuição do valor do produto em decorrência do reparo[321], trata-se este prazo de um direito do fornecedor.

Tal prazo é exclusivo da sistemática do vício, não deve ser observado em caso de defeito. A lógica é simples, ocorrendo um evento que cause dano ao consumidor, desnecessário aguardar-se o prazo de trinta dias para que se possa fazer pleito, mesmo raciocínio cabe para o risco grave, seria um desarrazoado exigir que o consumidor aguardasse um prazo para que tal risco fosse cessado.

Acerca do prazo estabelecido quanto ao vício, em que pese a doutrina brasileira não se manifeste criticamente, importa destacar que o caráter objetivo e generalizador da norma é louvável porque facilita sua aplicação, mas há certamente discrepâncias entre um produto e outro. É diferente e mais dificultoso reparar um veículo importado que um botão numa camisa, mas o prazo atribuído pelo legislador é o mesmo, seja visto em prol do fornecedor, seja do consumidor. Não é razoável que um consumidor aguarde trinta dias para que lhe seja reparado um botão numa camisa, mas talvez também não seja razoável para o fornecedor reparar um veículo importado, com seu emaranhado de peças, em prazo inferior àquele legal. A regra, no entanto, é geral.

---

319 BRASIL. **Código de defesa do consumidor**. Lei 8.078 de 11/09/90. Brasília: Diário Oficial da União, 1990.

320 BRASIL. **Código de defesa do consumidor**. Lei 8.078 de 11/09/90. Brasília: Diário Oficial da União, 1990.

321 Como já ficou evidenciado no §3º do art. 18 do Código de Defesa do Consumidor.

Outro ponto divergente entre as consequências do vício e do defeito é quanto a responsabilidade por perdas e danos. Enquanto o dever indenizatório previsto nos artigos 18, II e 20, II da aqui tratada lei refere-se a inexecução contratual, aquele referente ao defeito não decorre, necessariamente, de um inadimplemento contratual, devendo ser analisado para cada caso concreto.[322]

Segundo Rizzato Nunes a responsabilidade por perdas e danos disposta na seção do vício de produto ou serviço somente nasceria após se constatar a impossibilidade ou a desistência do saneamento do vício. Ou seja, se o vício puder ser resolvido, não pode o consumidor fazer o pleito indenizatório"[323].

Em relação ao defeito, a legislação consumeirista em seu artigo 12 reporta como sanção apenas reparação dos danos causados[324]. Assim, para cada caso concreto deverá ser apurado o dano sofrido pelo consumidor, que pode abranger além do produto, o abalo moral, perda patrimonial/material, agressão estética ou à imagem.

A afirmação do autor decorre do fato de que possui o fornecedor o prazo de trinta dias para sanar o vício. Este sendo sanado, o negócio será mantido, por isso descaberia um pleito indenizatório. Já se no prazo legal o vício não for solucionado e feita a opção pelo desfazimento do negócio pelo consumidor, certamente terá o fornecedor que arcar com as perdas e danos excedentes, como, por exemplo, despesas contratuais ou de transporte.

Em relação a continuidade ou retorno do vício, silente é a lei acerca do tema. Assim, caso deixado um produto para reparo numa primeira oportunidade e tenha o fornecedor utilizado quinze dias para repara-lo, retornando o produto em virtude do mesmo problema, restariam, em tese, mais quinze dias para solucionar o problema. Não é a jurisprudência firme em tal entendimento, há decisões que entendem que o prazo iniciaria desde a primeira reclamação, cessando apenas com a solução definitiva do problema. [325] Por outro lado, caso o vício, ainda que no mesmo produto, seja diverso, um novo prazo de trinta dias será iniciado.

Para o presente estudo, no entanto, centralizar-se-á na diferença jurídica acerca da responsabilidade do fornecedor enquanto comerciante.

322 GRINOVER, Ada Pellegrini *et al.* **Código brasileiro de defesa do consumidor: comentado pelos autores do anteprojeto.** v. 1.Rio de Janeiro: Forense, 2011.

323 NUNES, Rizzato. **Curso de direito do consumidor.** 6 ed. São Paulo: Saraiva, 2011.

324 BRASIL. **Código de defesa do consumidor.** Lei 8.078 de 11/09/90. Brasília: Diário Oficial da União, 1990.

325 Sobre este tema já teve o Superior Tribunal de Justiça, no AgRg no AREsp 403831/SE, de relatoria do Min. Sidnei Benetti se pronunciar, mas decidiu por não analisar o tema por supostamente ensejar em reanalise do conjuto fático-probatório.

É importante sedimentar que no Código de Defesa do Consumidor a responsabilidade pelo dano é objetiva, e, portanto, prescinde de análise de culpa, sendo esta talvez a grande inovação do microssistema quando da edição da lei.

Para os autores do anteprojeto do Código de Defesa do Consumidor, a legislação consumerista acolhe propositalmente os postulados da responsabilidade objetiva por desconsiderar, no plano probatório, quaisquer investigações relacionadas com a conduta do fornecedor.[326]

A opção visa assegurar o ressarcimento de danos aos consumidores, mesmo que com sacrifício de um pressuposto convencional de apenas responsabilizar um indivíduo em caso de identificação de conduta ao menos culposa.

A razão para tal opção considera duas razões fundamentais: a ideia de que certas atividades do homem criam um risco especial para outros homens, e a ideia de que determinados direitos devem implicar em ressarcimento pelos danos causados.[327]

Ocorre que apesar de que em ambos os casos (vício e defeito) a responsabilidade do fornecedor seja objetiva, há um elemento entre as duas que causa uma aguda diferença, a solidariedade ou subsidiariedade de responsabilidades entre fornecedor e comerciante.

Consoante se denota nos resultados previstos da fatispécie de vício e defeito, possível perceber que caso identificado o vício de qualidade, quantidade ou informação, a responsabilidade entre toda a cadeia de fornecedores será solidária, isto é respondem todos aqueles que fizeram parte de produção, distribuição e comercialização de forma conjunta. Por outro lado, verificado que se trata de situação relacionada a segurança esperada do produto ou serviço, a responsabilidade será primeiramente do fabricante, produtor, construtor, importador, e apenas em caráter subsidiário, do comerciante.

Felizmente esta diferenciação já foi reconhecida pelo Superior Tribunal de Justiça no REsp 1176323/SP, em 2015, quando o Ministro Ricardo Villas Bôas Cueva que entendeu estar-se diante de fato do produto quando imperfeição do produto ou serviço for grave o suficiente a ponto de repercutir no patrimônio material ou moral do consumidor.[328]

---

326 GRINOVER, Ada Pellegrini *et al.* **Código brasileiro de defesa do consumidor: comentado pelos autores do anteprojeto.** v. 1.Rio de Janeiro: Forense, 2011.

327 GRINOVER, Ada Pellegrini *et al.* **Código brasileiro de defesa do consumidor: comentado pelos autores do anteprojeto.** v. 1.Rio de Janeiro: Forense, 2011.

328 BRASIL, Superior Tribunal de Justiça. Recurso especial n. 1.176.323/SP, rel. Min. Ricardo Villas Bôas Cueva, 2005. Ementa: RECURSO ESPECIAL. AÇÃO DE INDENIZAÇÃO POR

Embora os Tribunais Estaduais tenham proferido decisões considerando tal diferenciação[329], pode-se verificar que os institutos são muitas vezes confundidos,

---

DANOS MATERIAIS E MORAIS. CÓDIGO DE DEFESA DO CONSUMIDOR - CDC. SÚMULAS NºS 7/STJ E 282/STF. PRODUTO DEFEITUOSO. FATO DO PRODUTO. PRAZO PRESCRICIONAL.
1. Trata-se de ação de indenização por danos morais e materiais proposta por consumidor contra o fabricante e o comerciante de revestimentos cerâmicos após o surgimento de defeito do produto.
2. O vício do produto é aquele que afeta apenas a sua funcionalidade ou a do serviço, sujeitando-se ao prazo decadencial do art. 26 do Código de Defesa do Consumidor - CDC. Quando esse vício for grave a ponto de repercutir sobre o patrimônio material ou moral do consumidor, a hipótese será de responsabilidade pelo fato do produto, observando-se, assim, o prazo prescricional quinquenal do art. 27 do referido diploma legal.
3. A eclosão tardia do vício do revestimento, quando já se encontrava devidamente instalado na residência do consumidor, determina a existência de danos materiais indenizáveis e relacionados com a necessidade de, no mínimo, contratar serviços destinados à substituição do produto defeituoso. Desse modo, a hipótese é de fato do produto, sujeito ao prazo prescricional de 5 (cinco) anos.
4. No caso, embora a fabricante tenha reconhecido o defeito surgido em julho de 2000, 9 (nove) meses após a aquisição do produto, o consumidor, insatisfeito com a proposta de indenização que lhe foi apresentada, ajuizou ação de reparação de danos morais e materiais em 22/3/2002, quando ainda não superado o prazo prescricional.
5. Recursos especiais parcialmente conhecidos e não providos.
(REsp 1176323/SP, Rel. Ministro RICARDO VILLAS BÔAS CUEVA, TERCEIRA TURMA, julgado em 03/03/2015, DJe 16/03/2015)

329 No sentido da responsabilidade solidária pelo vício: DIREITO CIVIL - OBRIGAÇÕES - RESCISÃO DE CONTRATO - AQUISIÇÃO DE MICROCOMPUTADOR - VÍCIO - DEFEITO NA PLACA-MÃE - PROCEDÊNCIA EM 1º GRAU - INSURGÊNCIA - PRELIMINAR DE ILEGITIMIDADE PASSIVA AD CAUSAM - VÍCIO DE PRODUTO - RESPONSABILIDADE SUBSIDIÁRIA DO COMERCIANTE - TESE INACOLHIDA - SOLIDARIEDADE ENTRE FORNECEDOR E COMERCIANTE - EXEGESE DO ART. 18 DO CDC - EXCLUDENTE DE RESPONSABILIDADE - CULPA EXCLUSIVA DE TERCEIRO - AUSÊNCIA DE COMPROVAÇÃO - ÔNUS DO RÉU - RESPONSABILIDADE MANTIDA - RECLAMO IMPROVIDO - SENTENÇA CONFIRMADA. Têm legitimidade ad causam para figurar no pólo passivo da demanda tanto o fornecedor quanto o comerciante, pelos vícios de produtos e serviços. Inexistindo prova que demonstre a culpa exclusiva de terceiro para ocorrência dos vícios no produto, persiste a obrigação do comerciante em reparar os vícios do produto. (SANTA CATARINA. Tribunal de Justiça do Estado de Santa Catarina. Apelação Cível n. 2007.015538-2. Relator: Des. Monteiro Rocha, 2008).
Já no sentido da responsabilidade subsidiária quando do defeito: APELAÇÕES CÍVEIS. CREME DE ARROZ DESTINADO À COMPLEMENTAÇÃO DA ALIMENTAÇÃO INFANTIL, CONTAMINADO COM INSETOS VIVOS, LARVAS E FRAGMENTOS DE INSETOS. BEBÊ DE APENAS UM ANO E QUATRO MESES QUE, APÓS CONSUMIR O ALIMENTO, É ACOMETIDO DE INFECÇÃO GASTROINTESTINAL GRAVE E PROGRESSIVA, VINDO A SOFRER DE DESNUTRIÇÃO E DESIDRATAÇÃO, ENFRENTANDO SITUAÇÃO DE IMINÊNCIA DE MORTE. PRESCRIÇÃO DE ANTIBIÓTICO AGRESSIVO, QUE ACARRETA PERDA DA AUDIÇÃO. SENTENÇA QUE CONDENA SOLIDARIAMENTE FABRICANTE E COMERCIANTE DO PRODUTO AO RESSARCIMENTO DOS DANOS MATERIAIS E

principalmente quando está-se diante de fato do produto mas atribui-se ao caso as consequências do vício, ou seja, com responsabilidade solidária entre fabricante e comerciante[330].

O que se conclui é que embora exista clara diferenciação entre o fato ou defeito e o vício do produto ou serviço na legislação brasileira, não há pacificidade e segurança jurídica quanto à observação de tal diferenciação quando a norma é interpretada pelo Poder Judiciário.

MORAIS À VÍTIMA DIRETA DO EVENTO E A SEUS PAIS, ALÉM DE PENSÃO MENSAL ÀQUELA, ATÉ OS SEUS SESSENTA ANOS, POR SUA EVIDENTE DIMINUIÇÃO DA CAPACIDADE DE TRABALHO. RECURSOS CONHECIDOS, SENDO O DA PRIMEIRA RÉ DESPROVIDO, O DA SEGUNDA RÉ PROVIDO E PARCIALMENTE PROVIDO O ADESIVO. 1. **A responsabilidade do comerciante pelo fato do produto é subsidiária sendo, in casu, descabida, a teor do art. 13 do CDC.** [...]. (SANTA CATARINA. Tribunal de Justiça do Estado de Santa Catarina. Apelação Cível n. 2010.082042-7. Relator: Des. Ronei Danielli, 2011), e também: RIO GRANDE DO SUL. Tribunal de Justiça do Estado do Rio Grande do Sul. Apelação Cível 70014332050. Relator: Des. Jorge Alberto Schreiner Pestana, 2007.

330 AÇÃO REDIBITÓRIA C.C. INDENIZAÇÃO POR DANOS MORAIS. Compra e venda de motocicleta zero quilômetro que apresentou vícios logo nos primeiros seis (6) meses de uso regular. Defeitos que permaneceram no bem, mesmo após diversos reparos pela Concessionária «Autorizada». Conserto da motocicleta pela fabricante após o decurso do prazo de trinta (30) dias, previsto no artigo 18 do Código de Defesa do Consumidor. Ajuizamento contra a Fabricante e a Vendedora. SENTENÇA de procedência para (i) declarar rescindido o contrato de compra e venda da motocicleta; (ii) condenar as rés, de forma solidária, a devolver para a autora a quantia de R$ 38.900,00, com correção monetária a contar do desembolso e juros de mora a contar da citação, cabendo à autora a devolução do bem às rés; (iii) condenar a corré J. Toledo a pagar para a autora indenização moral de R$ 8.800,00, com correção monetária a contar da sentença e juros de mora a contar da citação. APELAÇÃO só da fabricante corré, que visa à reforma da sentença para a improcedência, pugnando subsidiariamente pela redução da indenização moral arbitrada. REJEIÇÃO. Relação jurídica havida entre as partes com natureza de consumo, que impõe a aplicação das normas do CDC. Surgimento de diversos vícios na motocicleta "zero quilômetro", poucos meses após a aquisição. Demora no conserto do veículo que durou mais de seis (6) meses, ultrapassando muito o prazo de trinta (30) dias previsto no artigo 18 do CDC para reparação no tocante. Responsabilidade civil solidária das Fornecedoras bem configurada. Inteligência dos artigos 3º, 6º, inciso VIII, 7º, parágrafo único, 12, 14, 18, "caput", 19, "caput", e 34, todos da Lei nº 8.078/90. Dano moral indenizável bem caracterizado, ante as idas e vindas da consumidora à Oficina sem o efetivo reparo dos vícios, com privação da regular utilização do bem pela autora, que padeceu bem mais que meros aborrecimentos do cotidiano ao longo de meses seguidos. Indenização bem arbitrada, ante as circunstâncias do caso concreto e os princípios da razoabilidade e da proporcionalidade. Sentença mantida. RECURSO NÃO PROVIDO.*
SÃO PAULO. Tribunal de Justi;ca do Estado de São Paulo. Apelação Cïvel 4000142-91.2013.8.26.0482. Relator(a): Daise Fajardo Nogueira Jacot; Comarca: Presidente Prudente; Órgão julgador: 27ª Câmara de Direito Privado; Data do julgamento: 11/04/2017; Data de registro: 27/04/2017.

Vê-se que ao redor do mundo as legislações todas trabalham num sentido legislativo não apenas de proteger o consumidor, mas também de compelir os fornecedores a garantir um grau mínimo de segurança nos produtos ou serviços que põe no mercado. Não obstante, das legislações pesquisadas e dispostas neste estudo, o Brasil apresenta uma peculiaridade, a diferenciação de tratamento ao comerciante quando da ocorrência de um defeito ou vício. Uma hora este é responsabilizado juntamente com o restante da cadeia, outra fica como responsável subsidiário.

Num contexto da massificação da economia no qual o poderio econômico, técnico e informacional polariza-se naqueles que produzem ou importam a grande maioria dos bens e serviços disponíveis no mercado de consumo, que, em contrapartida, precisam de comerciantes na ponta final da cadeia para atender aquele final consumidor, pode-se verificar que a diferenciação trazida pela legislação brasileira pode ser de grande relevância, até mesmo para a sobrevivência destes últimos pontos da cadeia de fornecimento.

Diagnosticado os pontos mais relevantes da relação de consumo para este estudo, adiante passar-se-á ao capítulo final, responsável por esmiuçar as consequências da responsabilidade civil no campo das relações de consumo, especialmente quando ao tratamento diferenciado para as situações de fato do produto ou serviço, relacionado a legítima expectativa de segurança; e de vício do produto ou serviço, quando se verifica uma impropriedade de adequação.

Capítulo 3

A RESPONSABILIDADE DO COMERCIANTE PELO DANO MORAL NAS RELAÇÕES DE CONSUMO

3.1 EVOLUÇÃO DA RESPONSABILIDADE CIVIL

Sendo o ser humano um ser social por sua própria natureza, o desenvolvimento de regras de como proceder ou normas de conduta é inevitável. "A vida em sociedade, sendo condição natural do homem, necessita de organização, regulamentação, ordem nas relações entre as pessoas"[331].

Sabe-se que atualmente a responsabilidade civil é fundamentada em três elementos principais: dano, culpa e relação entre o ato culposo praticado e o dano. Nem sempre, contudo foi assim.

Na sociedade primitiva uma situação que causasse dano provocava imediatamente uma reação instintiva do ofendido ou lesado. A lógica era de simples vingança privada quando a reparação do mal era feita com novo mal, com a justiça feita com as próprias mãos.[332]

---

331 MONTEIRO, Washington de Barros. **Curso de direito civil: direito das obrigações: 2a. parte.** São Paulo: Saraiva, 2007, p. 499.

332 LIMA, Alvino. **Culpa e risco.** 2 ed. São Paulo: Editora Revista dos Tribunais, 1999.

Não fosse imediata a reação, seria posterior, situação que passou ser possível após o início da regulação do poder público, como, por exemplo, no Código de Hamurabi e na Lei das XII Tábuas, com penas de "olho por olho, dente por dente", hoje identificadas como penas de talião.[333]

Leciona Nehemias Melo que a responsabilidade civil é um mecanismo de defesa de agressões desenvolvido pela civilização para defender-se dela mesma. Salienta o autor que nos primórdios da civilização o homem se defendia das agressões sofridas com suas próprias forças prevalecendo o sentimento de vingança e justiça com as próprias mãos. O primeiro passo evolutivo da "vingança com as próprias mãos" ocorreu com o Código de Hamurabi por volta do século XXIII a.C. que começou a dar a possibilidade de reparação de dano à custa de pagamento de valor em pecúnia como forma alternativa de punição ao ofensor.[334]

O tema começa a tomar contornos na antiguidade clássica quando já no Século III a.C., Epicuro, com suas máximas principais, sustentava que o justo da natureza seria "o símbolo do interesse que há em não nos prejudicarmos nem sermos prejudicados mutuamente"[335]. Segundo o filósofo grego, a justiça seria a aplicação da regra ou esquema mental de não prejudicar ninguém para também não ser prejudicado.

Para Alvino Lima, será no direito romano o início da passagem da vingança privada para o domínio jurídico. O desenvolver da intervenção do poder público traz inicialmente possibilidade de composição voluntária do dano, quando poderia o lesado transigir com o ofensor com soma de dinheiro ou entrega de objetos deste àquele.[336]

A voluntariedade da composição entre lesado e ofensor num período subsequente passa a ser obrigatória. Neste ponto abole-se a reação por meio de vingança privada que passa a ser substituída por um *quantum* pecuniário fixado pelo poder público, seja para os cofres públicos, quando o dano era contra à ordem ou coisa pública, seja para a vítima, quando o delito era privado.[337] A superação da retaliação por meio de vingança privada irá evitar situações em que se chegava a um duplo dano, o daquele primeiramente ofendido, e o do próprio ofensor, depois de punido.

---

333 PALMA, Rodrigo Feitas. **História do direito.** 5 ed. São Paulo: Saraiva, 2015.

334 MELO, Nehemias Domingos de. **Lições de direito civil: obrigações e responsabilidade civil.** v. 2. São Paulo: Atlas, 2014.

335 EPICURO. **Máximas principais.** São Paulo: Loyola, 2010, p. 49.

336 LIMA, Alvino. **Culpa e risco.** 2 ed. São Paulo: Editora Revista dos Tribunais, 1999.

337 LIMA, Alvino. **Culpa e risco.** 2 ed. São Paulo: Editora Revista dos Tribunais, 1999.

Notável o desenvolvimento da responsabilidade civil ocorrerá no direito romano com a *Lex Aquilia*, quando passa a ser possível a reparação de dano não decorrente de um contrato prévio. Segundo Washington de Barros Monteiro, será a Lei Aquília que irá introduzir no direito "os primeiros alicerces da reparação civil em bases mais lógicas e racionais"[338].

A Lei Aquília, será a responsável por esboçar um princípio geral regulador da reparação do dano, sendo dela, as raízes para a noção de culpa[339].[340] Era composta por três capítulos, sendo o mais importante aquele que tratava do *damnun injuria datum* (prejuízo causado a bem alheio), que consistia na destruição ou deterioração de coisa alheia sem que houvesse escusa legal.[341] Sustenta Maria Helena Diniz que o *damun injuria datum* será a resposta do direito romano por um prejuízo causado a bem alheio que empobreça o lesado, mesmo sem enriquecer o lesante.[342]

Ainda no direito romano este tipo de responsabilidade civil ampliou-se à situações de lesão ao homem livre, às coisas móveis, documentos, dentre outros. Passou a não mais ser necessário o estrago físico ou material para que houvesse um dever de ressarcimento pecuniário pelo ofensor à vítima.[343]

Por esta razão, pode-se afirmar que a *Lex Aquilia* é que irá estabelecer a base da responsabilidade civil extracontratual, pois criou uma forma pecuniária de indenização de prejuízos ou danos sofridos ao estabelece-lhes um valor indenizatório.

Após a celebrada lei romana será possível perceber que na Idade Média serão estruturadas as ideias de dolo e culpa.

Já na Idade Moderna o direito francês, com o Código Civil Napoleônico de 1804, será aquele que irá fixar a regra geral de que o culpado deve indenizar sua vítima.

---

338 MONTEIRO, Washington de Barros. **Curso de direito civil: direito das obrigações: 2a. parte.** São Paulo: Saraiva, 2007, p. 501.

339 Sobre a culpa e a *Lex Aquila* pode-se encontrar autores que sustentam que apenas com culpa haveria delito, como Ihering; e outros que têm opinião oposta, como Emilio Betti, que entendem que a culpa não era elemento constitutivo do delito da lei. Fato é que ambas as doutrinas entendem que a culpa possui suas mais íntimas raízes nesta revolucionária lei.

340 GONÇALVES, Carlos Roberto. **Responsabilidade civil.** 15 ed. São Paulo: Saraiva, 2014.

341 LIMA, Alvino. **Culpa e risco.** 2 ed. São Paulo: Editora Revista dos Tribunais, 1999.

342 DINIZ, Maria Helena. **Curso de direito civil brasileiro: responsabilidade civil.** v. 7. 28 ed. São Paulo: Saraiva, 2014.

343 LIMA, Alvino. **Culpa e risco.** 2 ed. São Paulo: Editora Revista dos Tribunais, 1999.

Prescreve o art. 1.382[344] do Código Civil Francês um preceito genérico de que responsabilidade civil segundo o qual todos aqueles que causem dano a outrem com culpa, tem o dever de reparação.[345]

Neste sentido, clara explanação faz Georges Ripert quando aduz que o legislador "reprimiu primeiro certas faltas; depois, desistindo de atingir por uma discriminação precisa das faltas a regra moral que se impõe, visto tratar-se de dar uma direção justa às ações humanas, tomou partido de ditar uma regra geral de conduta"[346].

Doutrinariamente, contudo, a noção generalizada de responsabilidade civil irá iniciar um pouco antes do Código Napoleônico. Os jusracionalistas Hugo Grotius e Samuel Puffendorf propõem que o dano causado de modo culposo tornaria obrigatória a reparação. Jean Domat segue a mesma linha de raciocínio e leciona que qualquer que seja a natureza do dano, haverá o dever de reparação proporcionalmente à culpa.[347]

O tema da culpa será tratado mais adiante, mas para uma breve noção trazida por Roberto de Ruggiero, é que será culpa qualquer comportamento injusto, seja positivo ou negativo, deliberado ou negligente.[348]

Vê-se, portanto, que o desenvolver da responsabilidade civil demonstra de forma clara que a intenção da sociedade como um todo é a diminuição de danos. Se primitivamente procurava-se reparar um dano com outro, numa situação em que imperava apenas a prevenção do dano, pois, se uma vez causado, sofreria o ofensor dano de mesmas características; no direito romano haverá com a *Lex Aquilia* uma diminuição drástica dos danos porque se evitará, tanto quanto possível, o cometimento de danos reversos, isto é, um dano causado apenas para reparar um antecedente.

O direito romano, no entanto, apesar de precursor da indenização pecuniária quando da ocorrência do dano, especificava e limitava as hipóteses em que seria possível uma reparação de danos, coisa que será superada apenas no Século XIX com o Código Civil Francês.

---

344 Tout fait quel- conque de l'homme, qui cause à autrui un dommage, oblige celui par la faute duquel il est arrivé, à le réparer.

345 FRANCE. **FRENCH CIVIL CODE OF 1804.** Disponível em< http://files.libertyfund.org/files/2353/CivilCode_1566_Bk.pdf> Acesso em 27 de maio de 2017.

346 RIPERT, Georges. **A regra moral nas obrigações civis.** Campinas: Bookseller, 2002, p. 205.

347 MIRAGEM, Bruno. **Direito civil: responsabilidade civil.** São Paulo: Saraiva, 2015.

348 RUGGIERO, Roberto de. **Instituições de direito civil: direito das obrigações e direito hereditário.** v. III. 1 ed. Campinas: Bookseller, 1999.

Como visto, o Código Civil Francês de 1804 trouxe uma ideia de responsabilização generalizada para casos de danos causados com culpa. Mas não limitou-se o desenvolvimento da responsabilidade civil a generalizar suas hipóteses de cabimento, seu fundamento também evoluiu.

Para Sergio Cavalieri Filho, com a Revolução Industrial a capacidade do ser humano foi exponencialmente aumentada. A produção manual, artesanal, mecânica passa a ser realizada em massa, em grandes quantidades. O processo de distribuição cinde produção e comercialização, pois o fabricante não mais vende ao consumidor final, mas passa a ter um intermediário.[349] Tudo isso inevitavelmente transforma a sociedade e faz com que os institutos do direito até então utilizados não atendam mais os anseios sociais.

Por este motivo, leciona Maria Helena Diniz que a razão de alguém ser obrigado a reparar um dano sofre modificações porque com as grandes alterações sociais passou a ser necessária a responsabilização sem existência de culpa ou como consequência do risco assumido.[350]

A responsabilidade em razão do risco "criado" é aquela que obriga a reparação de danos causados mesmo sem culpa, eis que decorrente de uma atividade exercida por determinado interesse ou autoridade.[351]

Este novo passo da responsabilidade civil é consequência do desenvolvimento científico e tecnológico, que tornou difícil, na prática, a identificação da existência da culpa em diversas situações causadoras de dano.

Neste sentido, Guido Alpa e Mario Bessone são categóricos ao afirmar que o princípio da responsabilidade civil por culpa mostra-se insuficiente para as novas exigências econômicas e sociais ocasionadas pelo desenvolvimento tecnológico.[352]

A tendência, como se vê, é propiciar diminuição de danos e aumentar as hipóteses de reparação, pois a responsabilidade civil apenas com a culpa mostrou-se insuficiente para cobrir todas as novas interações sociais. O entendimento passa a ser aquele de que todo risco deve ser garantido, independente de prova da culpa.

Trata-se da teoria do risco, pela qual se entende que o exercício da atividade que oferece algum perigo ou representa algum risco, por si só, é fundamento para

---

349 CAVALIERI FILHO, Sergio. **Programa de responsabilidade civil.** 12 ed. São Paulo: Atlas, 2015.

350 DINIZ, Maria Helena. **Curso de direito civil brasileiro: responsabilidade civil**. v. 7. 28 ed. São Paulo: Saraiva, 2014.

351 SAVATIER, René. **Traité de la responsabilité civile en droit français: civil, administrative, professionnel, procedural.** 12 ed. Paris: Librairie Générale de Droit et de Jurisprudence, 1951.

352 ALPA, Guido e BESSONE, Mario. **La responsabilità del produttore.** 4 ed. Milano: Dott A. Giuffré Editore, 1999.

a responsabilidade civil, quando o agente assume que terá de ressarcir danos que venha a causar em terceiros em razão de sua atividade.[353]

Acerca do risco, dispõe Geneviève Viney que o desenvolvimento da responsabilidade civil passa pela noção de solidariedade, que guia para a direção de que alguns riscos não devem ser deixados a cargo exclusivos do indivíduo, mas coletivizados a fim de que possam ser melhor absorvidos pela coletividade.[354]

Vale ressaltar que não ficou adstrita a evolução à generalização da responsabilidade e à inexigência de culpa, a extensão de incidência também sofreu avanço. Sustenta Maria Helena Diniz que aumentou-se "o número de pessoas responsáveis pelos danos, de beneficiários da indenização e de fatos que ensejam a responsabilidade civil"[355].

Sobre a extensão da incidência traz importante lição Francesco Galgano quando aduz que a obrigação de ressarcir o dano incumbe àquele que comete o fato, mas desta regra existem numerosas e importantes exceções, como a responsabilidade do patrão, do comitente, tutores, curadores, proprietário de veículos, dentre outras.[356]

Nesta linha de raciocínio, dispõe René Savatier que a responsabilidade por ato de outrem decorre de um compromisso contratual que trará uma presunção de culpa, como ocorre com o comitente, prepostos, empregados, dentre outros.[357]

Este incremento deu-se de inúmeras formas, seja atribuindo responsabilidade para determinados entes mesmo que o dano seja causado por terceiro, como ocorre com empresas transportadoras, com a necessidade de indenizar toda uma família quando há atropelamento de chefe de família, dentre outras inúmeras situações.

A evolução da responsabilidade civil mostra que há um movimento no qual substitui-se a ideia de responsabilidade por aquela de reparação, e a de culpa por aquela do risco.

---

353 GONÇALVES, Carlos Roberto. **Responsabilidade civil.** 15 ed. São Paulo: Saraiva, 2014.

354 VINEY, Geneviève. **Introduction à la responsabilitè.** 3 ed. Paris: Librairie Générale de Droit et de Jurisprudence, 2008.

355 DINIZ, Maria Helena. **Curso de direito civil brasileiro: responsabilidade civil.** v. 7. 28 ed. São Paulo: Saraiva, 2014, p. 30.

356 GALGANO, Francesco. **Diritto private: con atlante di diritto comparato.** 9 ed. Milano: Casa Editrice Dott. Antonio milani, 1996.

357 SAVATIER, René. **Traité de la responsabilité civile en droit français: civil, administrative, professionnel, procedural.** 12 ed. Paris: Librairie Générale de Droit et de Jurisprudence, 1951.

A lógica passa ser que todo dano deve ser reparado, mas necessidade de reparo não fica mais adstrita a ideia de culpa.[358]

Em outras palavras, ainda que não por completo, o caminho trilhado pelo direito é de atribuir àquele que pratica uma atividade potencialmente lesiva o dever de reparar o lesado, no entanto, não há um afastamento completo da responsabilidade civil originada da culpa do agente.

A dinâmica da responsabilidade civil lhe retira a possibilidade de uma teoria permanente, mas certo é que a sujeição do causador do dano à reparação da lesão é sentimento social e humano, portanto, é parte fundamental do direito.

3.2 NOÇÃO DE RESPONSABILIDADE CIVIL

O objetivo principal de um sistema jurídico é orientar e organizar as atividades humanas. Desde o *Corpus Iuris Civilis*, no Digesto 1.1.10.1 de Ulpiano[359], já existe a noção de *honeste vivere, alterum non laedere, suum, cuique tribuere*, isto é, viver honestamente, não lesar a outrem, e dar a cada um o que lhe pertence.

Responsabilidade pressupõe um responsável, que é aquele que responde. Responder, do latim *respondere*, é palavra formada pelo prefixo "re" de novamente, atrás, e "spondere" que é traduzido como prometer, colocar fé. A junção do prefixo com o radical constrói uma espécie de intercambio de promessas.[360]

A ideia de cumprir o que prometido ou de comportar-se sem causar dano não é nova. Em regra geral é a responsabilidade mecanismo de resposta ou reação a uma violação da lei ou contrato, possui função de freio, inibidor capaz de conter ameaças ou efeitos danosos surgidos pelas relações sociais.

Uma vez não cumprida promessa ou praticado ato que cause lesão à terceiro, haverá um responsável. Para Arnoldo Wald responsável será aquele "que, em virtude de norma legal ou por ter violado determinado padrão comportamental, vê-se exposto às consequências, podendo ser compelido a restabelecer a situação anterior, ou seja, restaurar o *statu quo ante*".[361]

Neste sentido acolhe-se lição de Bruno Miragem, que a origem da responsabilidade jurídica é a violação de dever jurídico, sendo que o que muda de ser

---

358 TERRÉ, François *e al.* **Droit Civil: les obligations.** 6 ed. Paris: Éditions Dalloz, 1996.

359 DIGEST OF JUSTINIAN. Disponível em http://www.thelatinlibrary.com/justinian/digest1.shtml. Acesso em 28 de maio de 2017.

360 Dizzionario etimologico online, 2017. Disponível em <http://www.etimo.it/?term=contratto&find=Cerca> Acesso em 06 de maio 2017.

361 WALD, Arnoldo. **Direito civil: responsabilidade civil.** 2 ed. São Paulo: Saraiva, 2012, p. 29.

uma responsabilidade civil ou criminal é espécie de sanção, o grau de reprovação social, a natureza da norma jurídica violada e sua consequência.[362] Na responsabilidade civil a sanção será patrimonial e não necessariamente adstrita ao ofensor, já naquela penal está-se diante de sanção pessoal e intransferível.

Para Maria Helena Diniz, a responsabilidade jurídica contempla a responsabilidade civil e a criminal, enquanto esta advém de uma perturbação social, aquela é oriunda de um dano privado.[363]

No que tange a responsabilidade jurídica, tem-se que não trata-se de um conceito isolado, mas sim de uma categoria advinda de outros conceitos como dever e obrigação.

Obrigação, segundo Orlando Gomes "é um vínculo jurídico em virtude do qual uma pessoa fica adstrita a satisfazer uma prestação em proveito de outra"[364]. Trata-se de um vínculo jurídico entre duas partes no qual uma delas deverá satisfazer uma prestação patrimonial de interesse de outra, que, por sua vez, poderá exigi-la.

Da obrigação nasce o dever jurídico que nada mais é que necessária observância de comportamento imposta pela ordem jurídica àqueles que se obrigaram ou praticaram ato ilícito. Quando violado o dever, surge a responsabilidade.

Esta linha de raciocínio é seguida por Sergio Cavalieri Filho, que aduz que a violação de um dever jurídico irá configurar um ato ilícito, e, causando dano a outrem, irá gerar um novo dever jurídico, que será o de reparar o dano. Sintetiza o autor dispondo que há um dever jurídico originário e outro sucessivo, em exemplo, o originário será o dever de respeitar a integridade física do ser humano, o sucessivo quando, uma vez desrespeitado o originário, surgirá o dever de reparação.[365]

A responsabilidade, contudo, não necessariamente será sempre oriunda do dever. Apesar de decorrer de um dever de dar, fazer ou não fazer, também surgirá responsabilidade, como na hipótese de danos causados por atos lícitos sob justificativa do ordenamento jurídico, como, por exemplo, destruição de coisa alheia a fim de remover perigo iminente.

---

362 MIRAGEM, Bruno. **Direito civil: responsabilidade civil.** São Paulo: Saraiva, 2015.

363 DINIZ, Maria Helena. **Curso de direito civil brasileiro: responsabilidade civil.** v. 7. 28 ed. São Paulo: Saraiva, 2014.

364 GOMES, Orlando. **Obrigações.** 17 ed. Rio de Janeiro: Forense, 2007.

365 CAVALIERI FILHO, Sergio. **Programa de responsabilidade civil.** 12 ed. São Paulo: Atlas, 2015.

Assim, destaca Arnoldo Wald que é a responsabilidade "uma obrigação de assumir as consequências jurídicas de um ato ou fato, consequências essas que podem variar [...] de acordo com os interesses lesados"[366].

Por sua vez Washington de Barros Monteiro irá sustentar que havendo uma ação lesiva que cause dano, surgirá um direito do ofendido à reparação. Para o autor, sendo o dever que obriga uma pessoa a fazer ou não fazer algo geralmente absoluto, toda vítima de dano poderá pleitear a reparação correspondente à violação.[367]

Já Sergio Cavalieri Filho sustenta que "responsabilidade civil é um dever jurídico sucessivo que surge para recompor o dano decorrente da violação de um dever jurídico originário"[368].

No direito anglo-saxão a responsabilidade civil é tratada pela "*tort law*", sendo lá conceituada como uma complexa máquina trabalhando para diminuir as perdas humanas, para manter mais similar ou menos desigual a relação entre duas partes.[369]

De todos os conceitos expostos o que se observa de comum é que a responsabilidade civil é a consequência de algo. A partir da infração de uma norma ou do desrespeito de uma promessa é que surgirá a responsabilidade civil, assim, diferentemente das obrigações, que podem ser pactuadas para trazer direitos e deveres às partes, a responsabilidade civil decorrerá de um acontecimento, de um ato praticado ou não praticado pelo sujeito.

Note-se que o Código Civil Brasileiro de 2002 também traz a distinção entre obrigação e responsabilidade em seu artigo 389, quando dispõe que se não cumprida determinada obrigação, responderá o devedor por perdas e danos.[370]

Sintetiza com propriedade Arnoldo Wald que:

> a responsabilidade civil é definida como a situação de quem sofre as consequências da violação de uma norma, ou como a obrigação que incumbe a alguém de reparar o prejuízo causado a outrem, pela sua atuação ou

366 WALD, Arnoldo. **Direito civil: responsabilidade civil.** 2 ed. São Paulo: Saraiva, 2012, p. 31.

367 MONTEIRO, Washington de Barros. **Curso de direito civil: direito das obrigações: 2a. parte.** São Paulo: Saraiva, 2007.

368 CAVALIERI FILHO, Sergio. **Programa de responsabilidade civil.** 12 ed. São Paulo: Atlas, 2015, p. 16.

369 KIONKA, Edward J. **Torts: in a nutshell.** 6 ed. St. Paul: West Publishing Co., 2015.

370 BRASIL. Lei 10.406, de 10 de janeiro de 2002. Disponível em http://www.planalto.gov.br/ccivil_03/leis/2002/L10406.htm. Acesso em 28 de maio de 2017.

> em virtude de danos provocados por pessoas ou coisas dele dependentes. Trata-se, pois, de um mecanismo jurídico para sancionar violações prejudiciais de interesses alheios.[371]

Observa-se que a responsabilidade civil não é um dever original, mas uma consequência de atos praticados ou não praticados por um agente em desacordo com a norma. Trata-se de uma situação encontrada pelo direito que torna-o de observância obrigatória, talvez, por isso, seja um de seus principais institutos.

Em suma, tem a responsabilidade civil um conceito dinâmico, mas de uma forma ampla e genérica pode-se afirmar que é uma resposta para comportamentos contrários a elementos eleitos pelo direito como passíveis de proteção, ou seja, um novo dever jurídico surgido de ato ilícito ou contrário a um dever jurídico original.

Tendo em vista que possui a responsabilidade civil um conceito dinâmico em constante evolução, e, observado que para a conclusão do presente estudo faz-se fundamental a compreensão de sua razão de existir, passar-se-á adiante ao estudo de suas funções.

3.3 FUNÇÕES DA RESPONSABILIDADE CIVIL

A função de alguma coisa é razão pela qual esta coisa existe. Como visto, a responsabilidade civil sofreu ao longo dos anos constante evolução para chegar à sua noção atual, no entanto seu fundamento principal sempre permaneceu similar, qual seja, permitir a reparação e inibir a causação de um dano.

A função da responsabilidade civil pode ser obtida com o seguinte questionamento: para que serve a responsabilidade civil dentro do ordenamento jurídico?

A resposta pode ser vaga: trata-se de um sentimento comum de justiça, quando o causador de dano deve ser compelido a repará-lo. Contudo, quando afirma-se que o direito serve para organizar e direcionar a sociedade, esta resposta simples torna-se incompleta.

Sabe-se que o dano causado por ato ilícito é responsável por romper o equilíbrio jurídico-econômico que existia entre agente(s) causador(es) e sua(s) vítima(s). A lógica da responsabilidade civil invariavelmente passará pela necessidade de recolocar o prejudicado no estado anterior que se encontrava, ou seja, indene, totalmente reparado.

---

371 WALD, Arnoldo. **Direito civil: responsabilidade civil**. 2 ed. São Paulo: Saraiva, 2012, p. 34.

Esta função da reparação do dano da responsabilidade civil é aquela tida como primordial, no entanto, para Arnoldo Wald, a responsabilidade civil tal como se encontra hoje positivada na legislação brasileira possui quatro funções: ressarcitória do dano; compensatória da lesão; punitiva do ofensor; e desmotivacional ou reeducativa da conduta lesiva.[372]

Mesma lição é dada por Guido Alpa quando dispõe que quatro são as funções da responsabilidade civil: aquela de reagir ao ato ilícito danoso com escopo de ressarcir os sujeitos atingidos pelo dano; aquela de fazer retornar o *status quo ante* no qual encontrava-se a vítima antes do prejuízo sofrido; a função de reafirmar o poder sancionatório ou punitivo do Estado; e a função de impedir que uma pessoa cause dano voluntariamente a terceiros.[373]

O ressarcimento do dano será a recomposição ao *status quo ante*, já exposto acima. A compensação da lesão decorre da lógica que nem sempre é possível fazer retornar uma situação anterior, como no caso de um dano à personalidade, por exemplo. O instituto da compensação é verificado quando está-se diante de uma situação na qual sabe-se que não será possível reparar integralmente o dano sofrido, no entanto, de alguma forma, procura o direito diminuí-lo ou compensá-lo.

Em outras palavras, enquanto a função ressarcitória ou reparatória é aquela que visa reconstituir o patrimônio do lesado à situação anterior, aquela compensatória visa compensar via vantagem econômica, (conforto ou possibilidade de fruição de algo benéfico), uma impossibilidade de recomposição ao estado anterior à lesão.[374]

O caráter punitivo da responsabilidade civil advém do ideal comum de justiça. Aquele que causou o dano deve ser compelido a repará-lo. Se houve um ato ilícito praticado, deve este que o praticou, gerando dano à vítima, ser o sujeito que irá repará-lo ou compensá-lo.

A função desmotivacional ou preventiva é a intenção de inibir novos danos. Se sabe o ofensor que terá um dever jurídico sucessivo de reparação ou compensação se descumprido aquele originário, certamente tomará mais cuidado para não causar o dano. Este certamente é um dos escopos teóricos da responsabilidade civil.

A noção de desmotivação da conduta lesiva é oriunda do princípio do direito romano do *neminem laedere* e deve ser encarada como a mais importante para a

372 WALD, Arnoldo. **Direito civil: responsabilidade civil.** 2 ed. São Paulo: Saraiva, 2012.

373 ALPA, Guido. **Trattato di diritto civile: la responsabilità civile.** Milano: Giufrré Editore, 1999.

374 MIRAGEM, Bruno. **Direito civil: responsabilidade civil.** São Paulo: Saraiva, 2015.

sociedade como um todo. Em que pese as demais funções sejam imprescindíveis para não deixar aquele lesado sem amparo, verdade é que as funções reparatória, compensatória ou punitiva não são capazes, por si só, de coibir novos danos.

No Brasil, contudo, esta função da responsabilidade civil raramente aparece. Choca-se quase que incessantemente com o que os tribunais entendem como o princípio do não enriquecimento sem causa.

Segundo Rogério Donnini, a ideia de justiça cujo símbolo no Egito, Grécia e Roma antiga é uma balança, integra uma imagem de equitativo, equilíbrio, igualdade. Esta noção é obtida por meio de uma medida, mensuração, por este motivo, a responsabilidade civil deverá buscar a reparação integral. [375]

No entanto, nem sempre será possível extrair-se uma exata medida entre dano e reparação, como pode-se vislumbrar com os danos extrapatrimoniais, por exemplo. Para reparar estes danos que não se consegue facilmente atribuir uma proporção, adotou-se uma posição ideológica de um arbitramento de reparação que não causasse o chamado enriquecimento sem causa.

Sinteticamente, a vedação ao enriquecimento sem causa possui origem no Direito Romano quando a jurisprudência passou a reconhecer a possibilidade de se reaver o que foi obtido por outrem sem causa jurídica para tanto, ou seja, injustamente.[376] No direito brasileiro, trata-se de um ato no qual, quando uma pessoa, injustificadamente, obtém proveito e enriquece às custas de outrem, ficará obrigada a restituir o que indevidamente recebido.

Ocorre que nesta lógica, sustenta Rogerio Donnini que

> [...] o propósito deste instituto não se vincula ao arbitramento da indenização por dano moral ou à imagem [...] porque inegável a existência de causa, que nada mais é que o prejuízo verificado ao ofendido, dentro da esfera de seu patrimônio ideal. [...] Se porventura um valor atinente a uma dada indenização for desproporcional, injusto, exagerado, fixado sem qualquer critério, mesmo assim inexistirá enriquecimento sem causa, mas uma soma

375 DONNINI, Rogério. **Responsabilidade civil na pós-modernidade: felicidade, proteção, enriquecimento com causa e tempo perdido.** Porto Alegre: Sergio Antonio Frabris Editor, 2015.

376 DONNINI, Rogério. **Responsabilidade civil na pós-modernidade: felicidade, proteção, enriquecimento com causa e tempo perdido.** Porto Alegre: Sergio Antonio Frabris Editor, 2015.

instituída sem razoabilidade, iníqua, desigual, e, portanto, injustificável e passível de reforma, alteração.[377]

A argumentação do autor parece válida e lógica. De fato o instituto da proibição do enriquecimento sem causa, corriqueiramente utilizado pelos tribunais, não é aquele mais adequado para limitar-se um *quantum* indenizatório.

Assim, vê-se que deveria ser a desmotivação a principal função da responsabilidade civil, pois trata da inibição de novos danos, não assumirá posição de destaque enquanto utilizado um limitador inadequado de reparação.

Esta lógica de raciocínio é empregada por Guido Alpa, quando leciona que resulta claro que a função de impedir novos danos decorre de fatores econômicos que o agente deve considerar para valorar a vantagem ou desvantagem de sua operação. Trata-se de função que transforma a responsabilidade civil num custo da atividade danosa, que induz o agente a considerar a consequência que irá derivar da atividade executada.[378]

Confirma este posicionamento se realizada uma análise econômica do direito por meio da teoria dos jogos, que estuda as situações em que quem toma uma decisão está ciente de que possui um adversário inteligente. Por esta teoria, pode-se constatar que em razão de determinada situação, haverá um comportamento padrão, uma tendência social, que geralmente tende a um comportamento egoísta de exploração da situação de outro.[379]

Se os componentes de uma sociedade percebem que estão diante de outros igualmente inteligentes, constatar-se-á uma tendência de que o comportamento individual seja aquele que mais pode trazer proveito para um sujeito até o limite suportado pelo outro.

Para o direito, limite será o dever jurídico. Assim, caso o dever jurídico seja maior, a tendência é um comportamento menos proveitoso, se for menor, a lógica é inversa, quando o sujeito irá se aproveitar mais de outrem. Considerando que o dever jurídico é oriundo da responsabilidade civil, caso seja ela limitada inadequadamente pela proibição do enriquecimento sem causa, maior será o número de comportamento inadequado, contrário ao direito, ou seja, maiores serão as lesões.

---

377 DONNINI, Rogério. **Responsabilidade civil na pós-modernidade: felicidade, proteção, enriquecimento com causa e tempo perdido**. Porto Alegre: Sergio Antonio Frabris Editor, 2015, p. 90.

378 ALPA, Guido. **Trattato di diritto civile: la responsabilità civile**. Milano: Giufrré Editore, 1999.

379 MACKAAY, Ejan e ROUSSEAU, Stéphane. *Análise econômica do direito*. Trad. Rachel Sztajn. 2 ed. São Paulo: Atlas, 2015.

Esta situação decorre do fato de que os participantes da sociedade são seres inteligentes, se percebem que a infração de determinada norma será mais proveitosa que o dever jurídico lhe atribuído pela infração, certamente continuará adiante.

Como já mencionado acima, a sociedade, diante de uma massificação, passa um momento de ruptura com o modelo social, econômico e político, que não mais moldam-se aos anseios populacionais, por isso, se destaca a necessidade de uma melhor observação da função da responsabilidade civil. Não há dúvidas que uma sociedade sem dano seria aquela a ser perseguida, logo, a função preventiva é aquela que mais contribuirá para o objetivo comum.

A fim de melhor elucidar o funcionamento da responsabilidade dentro do direito brasileiro, passar-se-á adiante às suas dimensões e elementos.

3.4 DIMENSÕES E ELEMENTOS DA RESPONSABILIDADE CIVIL

A responsabilidade civil é o dever jurídico de reparar um dano oriundo de um ato próprio, de pessoa por quem se responde, de fato de coisa ou animal, ou mesmo em razão de imposição legal.

Deste raciocínio é possível extrair os elementos ou pressupostos necessários da responsabilidade civil, sendo eles a ação ou conduta do agente, o dano e o nexo de causalidade. Existindo estes três elementos, pode-se afirmar que passa a existir a responsabilidade civil.[380]

No entanto, poderá a responsabilidade civil ter dimensões diferentes a depender de alguns elementos, como a existência de culpa, dolo, assunção de risco ou opção legislativa de socialização de risco.

A fim de dar continuidade ao estudo, explorar-se-á individualmente cada um dos elementos da responsabilidade civil abaixo.

3.4.1 Conduta antijurídica

O termo "conduta", do latim "*conducere*"[381], significa um comportamento, uma forma de conduzir. Quando se emprega o termo conduta antijurídica, está-se a invocar, portanto, um comportamento contrário ao direito.

380 DINIZ, Maria Helena. **Curso de direito civil brasileiro: responsabilidade civil**. v. 7. 28 ed. São Paulo: Saraiva, 2014.

381 Dizzionario etimologico online, 2017. Disponível em <http://www.etimo.it/?term=contratto&-find=Cerca> Acesso em 06 de maio 2017.

Este comportamento pode ser comissivo ou omissivo, isto é, a prática de um ato ou a inércia. Qualificando-os juridicamente, poderão os comportamentos serem lícitos ou ilícitos.

O comportamento comissivo é uma ação tomada pelo agente. É a prática de ato que não se deveria praticar, o exercício positivo de um ato do qual havia um dever geral de abstenção.

Por outro lado, uma conduta omissiva é a ausência de comportamento, um não fazer, mas que, para o direito, é um meio de exteriorizar vontade. Isto ocorre porque pode o direito impor dever de ação para determinados atos, caso não praticados, haverá violação da norma por um ato não praticado, ou seja, uma omissão voluntária.

Para Sergio Cavalieri Filho,

> a omissão tem relevância jurídica quando o Direito impõe o dever de agir, dever de praticar um ato para impedir determinado resultado, dever este que [...] pode advir de lei, do negócio jurídico, ou de uma conduta anterior do próprio omitente, criando risco para a ocorrência do resultado.[382]

Possível observar que a conduta omissiva de um agente pode ser caracterizada como ilícita não apenas quando contrariar a lei, mas também negócio jurídico ou mesmo um risco criado por conduta anterior.

Em que pese numa primeira vista possa parecer lógico apenas existir dever jurídico de reparar o dano quando se pratique ato ilícito, verdade é que ambos (lícito e ilícito) podem ter como consequência a responsabilidade civil.

O ato ilícito será aquele que contrariar o dever geral previsto no ordenamento jurídico ou não cumprimento de obrigação assumida. Será ilícito o ato quando praticado culposamente em desacordo com norma jurídica que viola direito subjetivo e causa prejuízo a outrem.[383]

Para Alvino Lima "o ato ilícito é um fenômeno complexo, fonte geradora de obrigações, que surge, uma vez reunidos seus elementos constitutivos"[384]. Já Maria

---

382 CAVALIERI FILHO, Sergio. **Programa de responsabilidade civil.** 12 ed. São Paulo: Atlas, 2015, p. 41-42.

383 DINIZ, Maria Helena. **Curso de direito civil brasileiro: responsabilidade civil.** v. 7. 28 ed. São Paulo: Saraiva, 2014.

384 LIMA, Alvino. **Culpa e risco.** 2 ed. São Paulo: Editora Revista dos Tribunais, 1999, p. 53-54.

Helena Diniz sustenta que "para que se configure o ilícito será imprescindível um dano oriundo de atividade culposa"[385].

Ato ilícito é diferente de culpa, no entanto, existe a exigência de culpabilidade para caracterização do ato ilícito, coisa que excluirá do âmbito da responsabilidade civil por ato ilícito os danos causados por atos que não sejam controláveis ou domináveis pela vontade do homem.

Não obstante, poderá a prática de um ato lícito também ensejar em responsabilização civil. Será a lei que irá determinar que, mesmo praticando-se um ato lícito, havendo dano, poderá estar-se diante de uma necessidade de reparação.

Tal situação decorre de atividades que criem um risco especial, como aquelas referente ao direito do consumidor, das relações de trabalho, do exercício de atividades perigosas, dentre outras. Nestes casos, entendeu o legislador que a ideia de culpa não seria suficiente para solucionar todas as complexidades das interações humanas, por isso, optou por distribuir o dever jurídico com base no risco da prática de determinadas atividades.

A ideia, portanto, é de antijuricidade do ato. Um ato antijurídico é contrário ao direito, mas não necessariamente ilícito.

Sustenta Bruno Miragem que a antijuridicidade decorre da violação de disposição legal ou de preceito do ordenamento jurídico, ultrapassa a simples violação de preceito normativo ao abranger, também, responsabilidade de indenizar prejuízos que decorram da prática de atos lícitos.[386]

Os pressupostos para a configuração da antijuridicidade são apenas o agente e um ordenamento jurídico que atribua a determinado ato uma responsabilidade. A conduta antijurídica não necessariamente será censurável ou imputável, mas apenas um ato jurídico que, por uma valoração do legislador, compreenda responsabilidade.

Tanto os ato lícitos como os atos ilícitos, para ensejarem responsabilidade civil, não precisam, necessariamente, terem sido praticados pelo próprio agente. A responsabilidade pela conduta, assim como pode decorrer de ato próprio, poderá ser oriunda de ato de terceiro que esteja sob a responsabilidade do agente, ou, ainda, de danos causados por coisas que estejam sob a guarda do agente.

---

385 DINIZ, Maria Helena. **Curso de direito civil brasileiro: responsabilidade civil.** v. 7. 28 ed. São Paulo: Saraiva, 2014, p. 57.

386 MIRAGEM, Bruno. **Direito civil: responsabilidade civil.** São Paulo: Saraiva, 2015.

A responsabilidade por ato próprio é a mais comum e é justificada pela ideia central da responsabilidade civil: reparação de dano. A ideia é que se alguém, por seu próprio ato, infringe dever legal ou social prejudicando terceiro, ficará obrigado a repará-lo.[387]

A responsabilidade civil resultante de ato de terceiro decorre, no Brasil, dos artigos 932, 933, 936, 937 e 938 do Código Civil de 2002. Assim, responsáveis serão os pais pelos filhos menores que estiverem sob sua autoridade; os tutores e curadores pelos tutelados e curatelados; o empregador ou comitente por seus empregados, serviçais ou prepostos no exercício de seu trabalho; os donos de hotéis, hospedarias, casas ou estabelecimentos onde se albergue onerosamente, pelos seus hóspedes, moradores ou educandos; e aqueles que tenham participado no resultado do crime. A mesma lógica aplicar-se ao dono da coisa, do animal, ou habitante de edifício, quando uma destas coisas/animais vier a causar dano a outrem.[388]

Segundo Carlos Roberto Gonçalves, a responsabilidade por fato de terceiro ou pelo fato das coisas ou animais decorre da necessidade de desbordar da pessoa causadora do dano e alcançar agente que esteja à ela ligado por uma relação jurídica para que se consiga obter uma reparação.[389]

A responsabilidade civil, então, não decorrerá sempre de ato próprio e ilícito. Poderá, como visto, advir de ato danoso proveniente de animal, coisa ou mesmo de outra pessoa (terceiro) que esteja sob espécie de guarda, vigilância ou cuidado. Além disso, será possível configurar-se a responsabilidade civil por atos lícitos, desde que expressamente prevista tal possibilidade no ordenamento jurídico.

Por este motivo, para que esteja caracterizada a responsabilidade civil, basta uma conduta antijurídica que cause ou seja capaz de causar dano a outrem. Uma vez verificado o conceito de conduta, resta, adiante, explorar o dano.

---

387 OLIVEIRA, Celso Marcelo de. **Teoria geral da responsabilidade civil e de consumo.** São Paulo: IOB Thompson, 2005.

388 BRASIL. Lei 10.406, de 10 de janeiro de 2002. Disponível em http://www.planalto.gov.br/ccivil_03/leis/2002/L10406.htm. Acesso em 28 de maio de 2017.

389 GONÇALVES, Carlos Roberto. **Responsabilidade civil.** 15 ed. São Paulo: Saraiva, 2014.

3.4.2 Dano

Apenas haverá responsabilidade de reparação se houver dano. Dano, do latim *damnun*, é uma perda, desvantagem.[390] Numa concepção jurídica, dano é a lesão a qualquer bem ou direito juridicamente tutelado.

O dano, empregado em sentido amplo, será a lesão a qualquer bem jurídico, seja qual for sua natureza.[391] No mesmo sentido, Celso Marcelo de Oliveira descreve o dano como "qualquer ofensa a direito ou interesse; é a lesão de bens jurídicos do indivíduo"[392].

Noção mais completa é trazida por A. von Tuhr, que dispõe que as lesões inferidas a bens jurídicos da personalidade não são consideradas dano enquanto não afetem o patrimônio. Para que seja o dano configurado, necessário será um prejuízo ao patrimônio causado contra a vontade, ou ao menos sem a vontade, da pessoa interessada.[393]

A ideia de dano trazida por A. von Tuhr parece mais completa por excluir da ideia de dano situações de lesão que não necessariamente importem em dano, casos que no Brasil atribui-se o nome de "mero aborrecimento".

Outro destaque deve ser dado para os casos em que o prejuízo do patrimônio dá-se por vontade do próprio titular do bem ou direito, como ocorre, por exemplo, com os negócios jurídicos gratuitos, que não são capazes de gerar, por si só, dano.

Para que reste caracterizado e torne-se indenizável, precisa o dano ser certo, mas admite-se que seja atual ou futuro.

A certeza é a efetiva ocorrência do dano, sua real existência, não uma mera hipótese.[394] Para tanto, necessário será que seja evidenciado pelo lesado o acontecimento, exceto nas hipóteses de dano presumido, como ocorre com o descumprimento de um contrato.

---

390 Dizzionario etimologico online, 2017. Disponível em <http://www.etimo.it/?term=contratto&find=Cerca> Acesso em 06 de maio 2017.

391 CAVALIERI FILHO, Sergio. **Programa de responsabilidade civil.** 12 ed. São Paulo: Atlas, 2015.

392 OLIVEIRA, Celso Marcelo de. **Teoria geral da responsabilidade civil e de consumo**. São Paulo: IOB Thompson, 2005, p. 190.

393 TUHR, A. Von. **Tratado de las obligaciones.** Granada: Editorial Comares S.L., 2007.

394 DINIZ, Maria Helena. **Curso de direito civil brasileiro: responsabilidade civil.** v. 7. 28 ed. São Paulo: Saraiva, 2014.

Já a atual é aquele dano que existe concretamente no momento do exercício da pretensão indenizatória, ao contrário do futuro, que é o dano que ainda não existe, mas certamente ocorrerá.[395] Como há certeza da ocorrência, não há porque afastar-se a indenização de dano futuro, como ocorre, por exemplo, quando há um acidente de trânsito e a vítima perde um braço, perdendo sua capacidade laborativa futura.[396]

Uma vez configurado dano certo, atual ou futuro, decorrente de conduta antijurídica, passará a existir o dever de indenizar, que nada mais é que tornar indene, sem dano, ou seja, restaurar a vítima ao estado anterior ao dano causado.

O dano pode ser patrimonial ou não patrimonial. O primeiro, também chamado de dano material, é aquele que alcança o conjunto de relações jurídicas apreciáveis economicamente da vítima. Já o segundo será aquele que atinge bens que não possuem um valor propriamente econômico, em que pese possa ser traduzida em valores pecuniários para fins de indenização.

Sobre este tema, leciona Edward Kionka que a maioria dos danos não patrimoniais são capazes de ser traduzidos em dinheiro.[397] Por sua vez, Bruno Miragem irá dispor que o danos não patrimoniais ou extrapatrimoniais serão aqueles que decorrem de lesão contra atributos da personalidade.[398]

Em que pese seja indiscutível que os danos extrapatrimoniais sejam indenizáveis, ou traduzidos em pecúnia, como leciona o autor norte-americano, verdade é que a lógica de reparação desses danos não será tecnicamente a indenização, mas a compensação pelo infortúnio sofrido.

Diagnosticado o dano, para determinar o *quantum* de reparação realizou a doutrina a subdivisão destes. Assim, dano patrimonial e não patrimonial tornaram-se gêneros dos quais dano emergente, lucro cessante, perda da chance, dano moral, dano estético, dentre outros, são espécies.

---

395 MIRAGEM, Bruno. **Direito civil: responsabilidade civil.** São Paulo: Saraiva, 2015

396 DINIZ, Maria Helena. **Curso de direito civil brasileiro: responsabilidade civil.** v. 7. 28 ed. São Paulo: Saraiva, 2014.

397 KIONKA, Edward J. **Torts: in a nutshell.** 6 ed. St. Paul: West Publishing Co., 2015.

398 MIRAGEM, Bruno. **Direito civil: responsabilidade civil.** São Paulo: Saraiva, 2015.

3.4.2.1 Danos patrimoniais

Como mencionado acima, os danos patrimoniais são aqueles que se fazem sentir na esfera econômica da vítima. Dentre as espécies de dano patrimonial tem-se:

a) Dano emergente

Dano emergente é aquele economicamente apreciável efetivamente ocorrido no momento exato do ilícito ou no descumprimento de determinada obrigação.

Para A. von Tuhr, trata-se de uma perda consistente de uma efetiva diminuição patrimonial.[399] Sergio Cavalieri Filho sustenta que o dano emergente não enseja maiores dificuldades de mensuração, pois, em regra, será o desfalque patrimonial da vítima.[400]

Interessante destacar que o dano emergente pode ser presumido, quando desnecessária ser a produção de prova do dano, como ocorre, por exemplo, em negócios jurídicos quando uma parte deixa de cumprir com a obrigação que lhe incumbia. Neste caso. Por outro lado, caso não decorra de presunção, caberá ao postulante demonstrar o dano efetivamente sofrido para que seja possível perceber a indenização.

Trata-se o dano emergente, portanto, da diferença do valor do patrimônio da vítima antes e depois do ato antijurídico praticado pelo agente ofensor.

b) Lucro cessante

Trata-se da perda de um ganho futuro que era legitimamente esperada pela vítima. Mezeaud e Mezeaud distinguem o dano material emergente daquele que acarreta lucro cessante com a ideia de prejuízo atual e prejuízo certo futuro.[401]

Sustenta Bruno Miragem que os lucros cessantes "consistem na vantagem econômica a qual a vítima deveria obter no curso normal de sua atividade, mas que, em razão da conduta antijurídica do agente, restou impedida"[402].

O ato antijurídico pode não produzir apenas efeitos imediatos ao patrimônio da vítima, mas persistirem estes para um momento posterior àquele do evento danoso.

---

399 TUHR, A. Von. **Tratado de las obligaciones**. Granada: Editorial Comares S.L., 2007.

400 CAVALIERI FILHO, Sergio. **Programa de responsabilidade civil.** 12 ed. São Paulo: Atlas, 2015

401 MAZEAUD, Henri e MAZEAUD, Leon. **Traité théorique et pratique de la responsabilité civile, delictualle et contractuelle.** 4 ed. Paris: Librarie du Recueil Sirey, 1947.

402 MIRAGEM, Bruno. **Direito civil: responsabilidade civil.** São Paulo: Saraiva, 2015, p. 170.

Para Maria Helena Diniz, trata-se o lucro cessante de uma privação de ganho ao lesado em razão de ato antijurídico praticado. Para que seja computado na indenização não pode ser mera possibilidade, mas uma probabilidade objetiva.[403]

O lucro cessante não decorrerá de presunção, como pode ocorrer com aquele emergente. Para sua fixação, necessário será fundamentar-se em fatos pretéritos concretos, como a remuneração que obtinha o trabalhador que não mais poderá laborar em razão do ato antijurídico cometido.

Em suma, assim como é o dano emergente a diferença do patrimônio da vítima antes e depois do ato antijurídico praticado, o lucro cessante será a diferença entre o patrimônio jurídico que teria a vítima em eventos futuros caso não tivesse sido atingido por tal conduta.

c) **Perda da chance**

A perda da chance é instituto de origem francesa[404] atualmente desenvolvida no Brasil. Corresponde a frustração de uma chance de se obter uma vantagem futura ou evitar lesão, por uma conduta antijurídica praticada.[405]

A elementar diferença entre o lucro cessante e perda da chance é que o primeiro trata-se de uma certeza, o segundo, de mera probabilidade.

Na perda da chance o evento futuro é aleatório, poderia ou não vir a ocorrer, mas, em decorrência da conduta antijurídica, certamente não mais ocorrerá. A ideia de tornar indenizável a perda da chance não decorre de uma situação futura certa, e sim da perda da oportunidade de obter-se uma situação futura melhor.

Neste sentido, leciona Sergio Cavalieri Filho que para gerar o dever de indenizar por perda da chance, necessário é que se trate de uma situação "séria e real, que proporcione ao lesado efetivas condições pessoais de concorrer à situação futura esperada"[406].

Mesmo raciocínio é exposto por Maria Helena Diniz, que leciona que "a perda da chance é um dano real indenizável se for possível calcular o grau de probabilidade de sua concretização ou cessação do prejuízo"[407].

---

403 DINIZ, Maria Helena. **Curso de direito civil brasileiro: responsabilidade civil.** v. 7. 28 ed. São Paulo: Saraiva, 2014.

404 Henri e Leon Mezeaud já na década de 1940 questionavam a possibilidade ou não de reparação civil por perda da chance, seja ela de realizar um ganho ou evitar uma perda.

405 MIRAGEM, Bruno. **Direito civil: responsabilidade civil.** São Paulo: Saraiva, 2015.

406 CAVALIERI FILHO, Sergio. **Programa de responsabilidade civil.** 12 ed. São Paulo: Atlas, 2015, p. 108.

407 DINIZ, Maria Helena. **Curso de direito civil brasileiro: responsabilidade civil.** v. 7. 28 ed. São Paulo: Saraiva, 2014, p. 87.

A indenização por perda da chance deverá corresponder, diferentemente da certeza de prejuízo referente ao dano emergente e lucro cessante, a expectativa ou probabilidade que possuía a vítima, não, evidentemente, a concretização daquela expectativa ou probabilidade.

3.4.2.2 Danos não patrimoniais

Ao contrário daqueles patrimoniais, os danos não patrimoniais ou extrapatrimoniais não serão reparados, mas compensados. Não se pode quantificar exatamente a extensão do dano, porém haverá uma espécie de mitigação do dano sofrido por meio de uma indenização pecuniária.

Os danos não patrimoniais são aqueles oriundos de conduta antijurídica contra a personalidade da vítima. Os direitos de personalidade são prerrogativas individuais inerentes à pessoa humana reconhecidos pela doutrina e ordenamento jurídico.

Segundo Mezeaud e Mezeaud, danos não patrimoniais, ou imateriais, incorporais, invisíveis ou não econômicos, distinguem-se daqueles patrimoniais em razão da destinação do dano pois não atingem o patrimônio da vítima, causando apenas uma dor moral.[408]

Assim como aqueles economicamente apreciáveis (como o crédito ou a propriedade) os direitos de personalidade também são merecedores de proteção perpétua e permanente, como o direito à vida, à liberdade, ao nome, ao próprio corpo, à imagem e à honra, dentre outros.

Reconhecidos como categoria do direito subjetivo por reflexo das Declarações dos Direitos do Homem (1789)[409], no Brasil sua evolução ocorreu mais fortemente com a promulgação da CF/88, que em seu art. 5º, X dispõe que:

> São invioláveis a intimidade, a vida privada, a honra e a imagem das pessoas, assegurado o direito a indenização pelo dano material ou moral decorrente de sua violação.[410]

---

408 MAZEAUD, Henri e MAZEAUD, Leon. **Traité théorique et pratique de la responsabilité civile, delictualle et contractuelle.** 4 ed. Paris: Librarie du Recueil Sirey, 1947.

409 Declaração dos Direitos do Homem, 1789. Disponível em http://www.direitoshumanos.usp.br/index.php/Documentos-anteriores-à-criação-da-Sociedade-das-Nações-até-1919/declaracao-de-direitos-do-homem-e-do-cidadao-1789.html. Acesso em 04 de junho de 2017.

410 BRASIL. **Constituição da República Federativa do Brasil de 1988.** Disponível em http://www.planalto.gov.br/ccivil_03/constituicao/constituicao.htm. Acesso em 04 de junho de 2017.

Pode-se afirmar que os direitos de personalidade são aqueles que têm por objeto os bens e valores essenciais intrínsecos da pessoa, tanto no aspecto físico, como no moral e no intelectual.

Infringido algum desses direitos, haverá um dano não patrimonial, cuja espécies são variadas, como dano ao corpo (corpóreo), dano estético, dano moral, à privacidade, intimidade, imagem, dentre outros.

Para que fique caracterizado um dano como extrapatrimonial, observar-se-á a natureza do interesse lesado e a extrapatrimonialidade do bem jurídico afetado.[411] A proteção, como já mencionado, irá diferir daqueles patrimoniais. Enquanto os patrimoniais serão reparados, aqueles extrapatrimoniais serão compensados, ou seja, um de fato colocará o lesado na posição anterior à lesão, outro apenas amenizará a lesão sofrida, mas não irá recompor a parte ao *status quo ante*. Ambos, contudo, podem ser prevenidos.

O objeto deste estudo não é explorar cada um dos danos extrapatrimoniais, a ideia central é apenas trazer as semelhanças e diferenças entre ambos para que se possa, ao final, verificar se as consequências em relação a responsabilidade dos fornecedores serão diferentes ou não.

Assim, tratar-se-á acerca dos danos extrapatrimoniais no decorrer deste estudo quando abordado especificamente o dano moral e sua reparabilidade.

3.4.3 Nexo de causalidade

Inexistirá responsabilidade civil se não houver relação entre o dano e a ação ou omissão que o provocou. O nexo causal ou nexo de causalidade é analisar se a conduta do agente deu ou não causa para o resultado.

A verificação do nexo causal não possui relação com a culpabilidade do agente. Pode haver o nexo e não a culpa. Como dispõe Sergio Cavalieri Filho, "a relação causal, portanto, não se confunde com a culpabilidade"[412].

O nexo de causalidade será imputado ao dano por norma, que determinará a obrigação de ressarcir o sujeito que com seu comportamento provocou o dano, ou ao sujeito que por sua particular situação jurídica que se encontra, deve assumir o dano, ou, ainda, ao sujeito que participou da criação das condições motivadoras do dano.[413]

411 MIRAGEM, Bruno. **Direito civil: responsabilidade civil.** São Paulo: Saraiva, 2015.

412 CAVALIERI FILHO, Sergio. **Programa de responsabilidade civil.** 12 ed. São Paulo: Atlas, 2015, p. 66.

413 ALPA, Guido. **Trattato di diritto civile: la responsabilità civile.** Milano: Giufrré Editore, 1999.

Como se pode observar, não de uma estrita conduta que cause diretamente o dano provirá o nexo de causalidade. Também haverá nexo se encontrar-se o sujeito numa relação que determina a lei que deve responder pelo dano, como o caso dos pais, tutores, curadores, dentre outros; e, ainda, se o agente contribuiu ou criou a possibilidade de dano, como ocorre, por exemplo, com o fabricante de produtos.

Enfim, é o nexo de causalidade "um vínculo lógico entre determinada conduta antijurídica do agente e o dano experimentado pela vítima, a ser investigado no plano dos fatos"[414]. Trata-se de elemento fundamental para a responsabilidade civil porque será o liame entre a conduta e o dano, mormente quando a ideia de culpa mostra-se quase que totalmente ultrapassada no direito moderno.

Dentre as funções do nexo de causalidade, possível observar algumas fundamentais, como a correlação entre dano e responsável e a seleção da área do dano indenizável.[415]

Em que pese pareça simples, nem sempre será fácil identificar se um ato praticado por determinado agente está verdadeiramente ligado ao dano causado na vítima. É que nem sempre uma só é a causa do dano, também nem toda causa ou ato praticado possui a mesma relevância para o a ocorrência do dano.

Para dirimir tal dificuldade, duas são as principais teorias[416] do nexo de causalidade: a teoria da equivalência dos antecedentes e a teoria da causalidade adequada.

A primeira, também chamada de teoria *sine qua non*, é aquela que atribui para todas as causas ou condições a mesma relevância, sem distinção de ter sido uma ou outra condição mais ou menos adequada ou mais ou menos eficaz. Para esta teoria "causa é a ação ou omissão sem a qual o resultado não teria ocorrido, sem distinção da maior ou menor relevância que cada uma teve"[417]. Em que se pese seja aplicada no campo do direito penal, esta teoria é criticada porque emana uma

---

414 MIRAGEM, Bruno. **Direito civil: responsabilidade civil.** São Paulo: Saraiva, 2015, p. 219.

415 ALPA, Guido. **Trattato di diritto civile: la responsabilità civile.** Milano: Giufrré Editore, 1999.

416 Guido Alpa elenca outras teorias, como aquela da previsibilidade, que é aquela que sustanta que não basta ter causado e querido o evento, mas também o haver previsto o desenvolvimento causal; aquela do propósito da norma violada, que considera os pressupostos da disposição violada e o âmbitode consequências atribuíveis a conduta violada; e a teoria do conhecimento do fato, que idaga se a criação do dano foi disponibilizada pelo agente.

417 CAVALIERI FILHO, Sergio. **Programa de responsabilidade civil.** 12 ed. São Paulo: Atlas, 2015, p. 68.

regressão interminável do nexo causal, ou seja, havendo um acidente de trânsito, responsável seria não só o condutor, mas o vendedor do veículo, fabricante, fornecedor da matéria-prima, extrator da matéria-prima, ou seja, um rol infindável de responsáveis, coisa que ensejaria numa enorme insegurança jurídica.

A segunda teoria, a causa do nexo causal seria o antecedente necessário e adequado à produção do resultado danoso. Neste caso, se várias foram as causas para o dano, apenas aquela mais adequada à produção do evento seria considerada como sua causa.[418]

A ideia da teoria da causa adequada é que no amontoado de fatos concatenados apenas aquele relevante que normalmente produzem o evento danoso é que teriam o nexo com o dano.[419] Assim, deve ser reputada como causa somente a circunstância idônea o suficiente para determinar o evento. Esta teoria é aquela acolhida pelo direito civil brasileiro.[420]

Ocorre que para encontrar-se a causa mais adequada para estabelecer o nexo pode não ser simples, para tanto, dispõe Guido Alpa que facilitará a situação se forem observados alguns critérios, como a definição da condição relevante; a qualificação do evento como causa; definição do evento e do fato; distinguir se está diante de uma responsabilidade com culpa, quando deve se observar se o comportamento foi negligente, ou se a responsabilidade decorre do risco, quando se deve observar se o fato é suficiente para haver a condição de criação de risco a ponto de ser responsável pelo dano. Realizada esta tarefa, deve-se fazer a contraprova com a resposta do seguinte questionamento: Se o fato não ocorresse, se aquele comportamento não houvesse ocorrido, o dano seria criado igualmente?

O esforço é interpretativo. Deve haver uma valoração de probabilidade, excluindo-se os fatos antecedentes menos relevantes daqueles que necessariamente vieram a produzir o dano.[421]

Em síntese, a teoria da causa mais adequada é aquela que irá verificar caso a caso se a prática de terminado ato foi suficiente e relevante para o desencadeamento do dano, ou seja, se há um liame idôneo entre a conduta do agente e o dano sofrido pela vítima.

---

418 CAVALIERI FILHO, Sergio. **Programa de responsabilidade civil.** 12 ed. São Paulo: Atlas, 2015.

419 ALPA, Guido. **Trattato di diritto civile: la responsabilità civile.** Milano: Giufrré Editore, 1999.

420 CAVALIERI FILHO, Sergio. **Programa de responsabilidade civil.** 12 ed. São Paulo: Atlas, 2015.

421 MIRAGEM, Bruno. **Direito civil: responsabilidade civil.** São Paulo: Saraiva, 2015.

Não basta, no entanto, que seja praticado um ato ilícito e exista um dano, imprescindível que exista uma conexão entre ambos. Esta conexão, segundo Maria Helena Diniz, poderá ser afastada em caso de culpa exclusiva da vítima, culpa concorrente da vítima, culpa comum, culpa de terceiro ou caso fortuito e força maior.[422]

A culpa exclusiva da vítima irá afastar qualquer responsabilidade do causador do dano porque a conduta do agente foi mero instrumento para o dano, como é o caso do suicida que joga-se em frente à veículo em trânsito. A culpa concorrente é aquela em que tanto agente causador como vítima contribuem com atos independentes para a ocorrência do dano, não é capaz de afastar integralmente a responsabilidade do agente, mas diminui a quantificação do dano.

A culpa comum ocorre quando vítima e ofensor causam culpa e conjuntamente o dano, neste caso as responsabilidades se neutralizam, compensando-se.

A diferença desta para aquela concorrente é que naquela os atos são independentes, nesta são conjuntos. Exemplo de culpa concorrente é de veículo com velocidade superior àquela máxima permitida colidir com pedestre caminhando no meio da estrada de forma imprudente. Já o exemplo de culpa comum é quando piloto e copiloto estão num avião e tomam em conjunto a decisão de continuar viagem mesmo sabendo que podem vir a sofrer uma queda.

Segundo A. von Tuhr, tanto a culpa comum como a concorrente ocorrem quando a conduta do prejudicado contribua para a origem do dano. Em que pese a culpabilidade do próprio prejudicado, tendo em vista o interesse social de evitar danos, não se isentará de responsabilidade o agente causador, apenas irá atenuar-se proporcionalmente sua responsabilidade em razão do ato praticado e sua relação com o dano.[423]

As outras excludentes do nexo de causalidade são culpa de terceiro, que é quando um terceiro que nem o agente provocado em juízo ou a vítima tenham provocado o dano, mas exclusivamente um terceiro. E, por último, o dano proveniente de força maior ou caso fortuito, que trata-se de situações que quebram o nexo de causalidade porque impossível seria evitar o acontecimento, ou seja, o ser humano não seria capaz, por suas própria forças ou atos, evitar que o dano ocorresse.

---

422 DINIZ, Maria Helena. **Curso de direito civil brasileiro: responsabilidade civil.** v. 7. 28 ed. São Paulo: Saraiva, 2014.

423 TUHR, A. Von. **Tratado de las obligaciones.** Granada: Editorial Comares S.L., 2007,

Sobre o caso fortuito e força maior, leciona René Savatier que na responsabilidade civil fundada apenas na culpa, confundem-se o caso fortuito e força maior com a ausência de culpa, contudo, quando se trata de uma situação contratual, nem sempre assim será. Exemplo trazido pelo autor é que a lei francesa não exclui a culpa do transportador por acidentes, eis que tratam-se de situações de risco do próprio negócio.[424]

Em outras palavras, observa-se que a ocorrência de caso fortuito ou força maior em regra irá afastar a responsabilidade do agente, no entanto, em alguns casos, não será suficiente por uma razão de risco da atividade do agente ou mesmo por determinação legal.

Um exemplo é o artigo 246 do Código Civil de 2002, que na obrigação de dar coisa incerta o devedor não pode, antes da escolha ou concentração do débito, alegar perda ou deterioração da coisa por caso fortuito ou força maior.[425]

A situação acima decorre da lei, mas outros casos decorrerão da atividade, para a qual a doutrina e jurisprudência irão atribuir responsabilidade civil mesmo na ocorrência de caso fortuito ou força maior se a atividade exercida contiver riscos próprios, como nas relações de consumo ou no caso citado por René Savatier do contrato de transporte, que também ocorre no Brasil.

Este mesmo raciocínio é trazido por Sergio Cavalieri Filho quando dispõe que haverá fortuito interno quando há um fato imprevisível e inevitável que esteja ligado aos riscos do empreendimento de modo que seja impossível exercer a atividade sem assumi-los.[426]

3.4.4 Dolo e culpa

Verificada que para a configuração da responsabilidade civil necessário será a prática de ato antijurídico, do dano e do nexo causal, resta averiguar os elementos do dolo, da culpa e do risco.

Sabe-se que o ordenamento jurídico é responsável por restringir e disciplinar a conduta do homem com o escopo de proteger direitos alheios, por este motivo, nenhum homem pode agir apenas como lhe aprouver, sua vontade não é ilimitada ou irrestrita.

---

424 SAVATIER, René. **Traité de la responsabilité civile en droit français: civil, administrative, professionnel, procedural.** 12 ed. Paris: Librairie Générale de Droit et de Jurisprudence, 1951.

425 BRASIL. Lei 10.406, de 10 de janeiro de 2002. Disponível em http://www.planalto.gov.br/ccivil_03/leis/2002/L10406.htm. Acesso em 28 de maio de 2017.

426 CAVALIERI FILHO, Sergio. **Programa de responsabilidade civil.** 12 ed. São Paulo: Atlas, 2015.

A noção de culpa e dolo está intimamente ligada à vontade do sujeito, mas, diferentemente dos elementos trazidos acima, atualmente estes institutos não são imprescindíveis para configurar uma necessidade de reparação.

A doutrina em geral utiliza apenas o termo culpa para designar tanto a culpa em si como o dolo.[427]

Segundo Sérgio Cavalieri Filho, existe a culpa *lato sensu*, que é aquela que indica o elemento subjetivo da conduta humana como um fato contrário ao dever jurídico emanado de um ato interno de vontade, tencional (limitada à conduta) ou intencional (vontade dirigida para fim determinado); e a culpa *stricto sensu*, que é a apenas a vontade tencional.[428]

Em outras palavras, há casos em que a vontade é dirigida a um fim determinado, à ocorrência de determinado evento, já outros em que a vontade limita-se a conduta, sem que exista uma intenção real de que um resultado ocorra, na primeira hipótese está-se diante de um dolo, que é parte da culpa *lato sensu*, na segunda de culpa *stricto sensu*, compreendida apenas pela culpa em si.

Segundo Bruno Miragem, a noção de dolo é ampla, mas pode ser caracterizada como "a vontade do agente dirigida à realização do dano. O agente, voluntariamente, por ação ou omissão , comporta-se tendo por propósito a realização do dano"[429].

Dolo é causar dano consciente e intencionalmente a outrem[430], trata-se de uma ação ou omissão na qual se anteveja um resultado danoso.

Por outro lado, será culpa quando a ação ou omissão ocasionar um dano não querido, imprevisto. A culpa é erro de conduta, elemento do ato ilícito, uma conduta lesiva injustificada.

Para Roberto de Ruggiero, quando o elemento de má-intenção característico do comportamento doloso faltar ao ato humano producente do dano, sem que falte no agente o elemento da vontade, estar-se-á diante da culpa.[431]

---

427 A noção é oriunda da antiga ideia de delitos e quase delitos. Os primeiros seriam aqueles nos quais o autor do dano possuía a vontade de causaro dano; já os segundos decorreriam da negligência ou imprudência determinante para a ocorrência do dano.

428 CAVALIERI FILHO, Sergio. **Programa de responsabilidade civil.** 12 ed. São Paulo: Atlas, 2015.

429 MIRAGEM, Bruno. **Direito civil: responsabilidade civil.** São Paulo: Saraiva, 2015, p. 262.

430 ALPA, Guido. **Trattato di diritto civile: la responsabilità civile.** Milano: Giufrré Editore, 1999.

431 RUGGIERO, Roberto de. **Instituições de direito civil: direito das obrigações e direito hereditário.** v. III. 1 ed. Campinas: Bookseller, 1999.

Mazeaud e Mazeaud dispõem que existe a culpa *in concreto* e aquela *in abstracto*. A primeira seria aquela na qual se deve observar a consciência do autor do dano, a segunda é aquela que observa a conduta do agente em relação a conduta que teria o homem médio, prudente, diligente. Posicionam-se os autores que é *in abstracto* que deve prevalecer.[432]

Na culpa *in abstracto*, chamada por Alvino Lima de "culpa objetiva", não se observa as condições psicológicas do agente nem seu estado de consciência.[433] A ideia, segundo Mazeaud e Mazeaud, é comparar a conduta do autor do dano com uma conduta tipo abstrata.[434]

A teoria da culpa objetiva tal qual imaginada pelos irmãos Mazeaud é criticada por Alvino Lima porque não abarca a imputabilidade moral como elemento da culpa.[435] Neste sentido, pode-se dizer que René Savatier irá dar uma passo adiante ao dispor que culpa é a inexecução de um dever que o agente tinha conhecimento e deveria observar. A culpa comporta, portanto, dois elementos: objetivo, que é o dever violado, e o subjetivo, que é a imputabilidade do agente.[436]

A imputabilidade é o conjunto de condições pessoais que colocam o agente num patamar de possiblidade de responder por sua conduta. Uma pessoa imputável é aquela que podia e devia ter agido de outro modo, por isso, atribui-se a ela a responsabilidade por seu ato.

Como de pode observar, há um acréscimo à teoria formulada pelos irmãos Mazeaud do elemento imputabilidade, sem, contudo, que se retorne à culpa *in concreto*, isto é, não se trata de observar o estado de ânimo ou psicológico do agente causador do dano, mas de determinar se poderia ele agir de forma diversa, conforme o homem médio, o *bonus pater famílias*.

Mesma conclusão é a de Guido Alpa, quando dispõe que a doutrina moderna acolhe a teoria mista da culpa, tanto no sentido objetivo, porque exprime uma conduta violadora da regra objetiva, como no sentido subjetivo, porque deve o agente observar as normas.

---

432 MAZEAUD, Henri e MAZEAUD, Leon. **Traité théorique et pratique de la responsabilité civile, delictualle et contractuelle.** 4 ed. Paris: Librarie du Recueil Sirey, 1947.

433 LIMA, Alvino. **Culpa e risco.** 2 ed. São Paulo: Editora Revista dos Tribunais, 1999.

434 MAZEAUD, Henri e MAZEAUD, Leon. **Traité théorique et pratique de la responsabilité civile, delictualle et contractuelle.** 4 ed. Paris: Librarie du Recueil Sirey, 1947.

435 LIMA, Alvino. **Culpa e risco.** 2 ed. São Paulo: Editora Revista dos Tribunais, 1999.

436 SAVATIER, René. **Traité de la responsabilité civile en droit français: civil, administrative, professionnel, procedural.** 12 ed. Paris: Librairie Générale de Droit et de Jurisprudence, 1951.

Nas palavras de Alvino Lima, "é um erro de conduta, moralmente imputável ao agente e que não seria cometido por uma pessoa avisada, em iguais circunstâncias de fato"[437].

Guido Alpa sustenta que a culpa pode ser observada em sua concepção subjetiva, como imperícia, negligência ou imprudência; ou objetiva, por meio de uma violação da norma.[438]

A imperícia decorre da violação de um dever de conhecimento específico do agente. É o caso do médico que erra na interpretação de um exame realizado, neste caso, deveria ele ter o conhecimento para analisa-lo, fazendo-o de forma errada, configurada a imperícia.

A negligência é uma falta de cuidado por conduta omissiva. A negligência restará caracterizada quando o homem médio pudesse realizar uma conduta com mais cuidado, zelo, para evitar um dano, porém permaneceu inerte. Trata-se da exigência de um cuidado mínimo que devem ter as pessoas quando realizam seus atos.

Por último, a imprudência será a falta de cuidado numa conduta positiva. É imprudente a pessoa que pratica um ato que pode vir a causar um dano a outrem.

Imperícia, negligência ou imprudência são situações que acarretam na existência da culpa. Além dessas formas de caracterização, haverá culpa quando o agente praticar ato que desrespeite norma, seja ela decorrente de lei ou de contrato.

Caso a culpa decorra de um dever contratual violado, será chamada de culpa contratual, caso decorra de uma violação da lei, será chamada de culpa extracontratual, ou aquiliana.[439]

Relevante lembrar que já houve no direito civil brasileiro as hipóteses de culpa *in elegendo*, *in vigilando* e *in custodiando*. A primeira decorrida de uma culpa presumida do patrão ou comitente perante atos de seus prepostos, a segunda dos pais perante seus filhos, e a terceira dos cuidados que se deveria ter com os objetos ou animais possuídos. Estas modalidades de culpa presumida, contudo, foram alteradas para condutas antijurídicas, já dispostas acima no item 3.4.1.

Por último, importa destacar que a culpa pode ser grave, leve ou levíssima. A primeira ocorre quando há muita discrepância entre a prática do ato e aquela que se esperava de um homem médio; a segunda decorrerá de uma situação na qual

---

437 LIMA, Alvino. **Culpa e risco.** 2 ed. São Paulo: Editora Revista dos Tribunais, 1999, p. 69.

438 ALPA, Guido. **Trattato di diritto civile: la responsabilità civile.** Milano: Giufrré Editore, 1999.

439 CAVALIERI FILHO, Sergio. **Programa de responsabilidade civil.** 12 ed. São Paulo: Atlas, 2015.

seria possível evitar o dano se houvesse uma atenção ordinária do agente; já a terceira caracteriza-se por uma falta de atenção extraordinária, isto é, pela ausência de uma habilidade especial ou conhecimento específico.

Faz-se a distinção entre esses tipos de culpa porque diferente deverá ser a indenização em razão de configurar-se uma conduta grave, leve ou levissimamente culposa.

Por esta teoria o dano a ser objeto de compensação será efeito de uma falha ou descuido de alguém[440], não somente decorrente de sua atividade.

Culpa é, portanto, o resultado de um ato voluntário ativo ou passivo, um erro de conduta ou desvio da normalidade de agir ou abster-se. Uma vez a configurada, passar-se-á a análise do elemento risco, também capaz de proporcionar a responsabilidade civil.

3.4.5 Risco

A palavra risco possui estreita relação com obstáculo, cujo sentido figurativo remonta aos riscos ou perigos que os navios estavam sujeitos quando podiam ser cortados pela pedras ou obstáculos no fundo do mar.[441]

Para o direito, o risco é oriundo de uma doutrina sensível aos valores sociais, pois a responsabilidade apenas com culpa não demonstrou-se apta a solucionar inúmeros casos em que verificava-se o dano. O raciocínio, então, passou a voltar-se para a necessidade de reparação, não mais para a conduta em si.

A responsabilidade oriunda do risco, para René Savatier, repousa exclusivamente sobre um equilíbrio material, conforme a noção de imparcialidade e impessoalidade.[442]

Uma vez assumido o risco de eventual dano quando praticado determinado ato, passa o agente a responder caso o dano se confirme, ainda que não tenha desrespeitado norma ou que não tenha atuado com negligência, imprudência ou imperícia.

---

440 MAZEAUD, Henri e MAZEAUD, Leon. **Traité théorique et pratique de la responsabilité civile, delictualle et contractuelle.** 4 ed. Paris: Librarie du Recueil Sirey, 1947.

441 Dizzionario etimologico online, 2017. Disponível em <http://www.etimo.it/?term=contratto&find=Cerca> Acesso em 06 de maio 2017.

442 SAVATIER, René. **Traité de la responsabilité civile en droit français: civil, administrative, professionnel, procedural.** 12 ed. Paris: Librairie Générale de Droit et de Jurisprudence, 1951.

O início do risco por si só, como elemento da responsabilidade civil, surgirá com a ideia do risco criado, que obriga o produtor a reparar danos provenientes dos produtos por ele produzidos, ainda que sem culpa.[443]

A teoria do risco criado, segundo Guido Alpa, consiste em aplicar critérios de responsabilidade objetiva mesmo nos casos que não tenha exercício de atividade empreendedora ou que não se consiga operacionalizar a ligação entre risco, lucro e responsabilidade. A lógica é que aquele que emprega risco em sua atividade, deve suportar suas consequências negativas.[444]

A lição de Georges Ripert é oportuna ao dispor que a teoria do risco seria em sua essência a noção de que "todo prejuízo deve ser atribuído ao seu autor e reparado por aquele que o causou, porque todo problema de responsabilidade civil resolve-se em um problema de causalidade"[445].

Bruno Miragem afirma que a doutrina menciona corriqueiramente algumas espécies de risco: risco proveito, risco criado, risco profissional, risco excepcional, e, mais modernamente, o risco integral.[446]

O risco proveito seria aquele decorrente da atividade desenvolvida pelo agente com o propósito de obter proveito econômico com sua prática. É o fundamento para a responsabilidade do empresário pelo seus prepostos e do fornecedor pelos danos ao consumidor.

Risco criado decorre de atividade praticada normalmente que por si mesmo traga risco para direitos de outrem; risco profissional é oriundo da atividade profissional que possa causar dano à vitima, como é o caso do trabalhador que se acidenta laborando; risco excepcional decorre de atividade incomum mas que gera grande grau de perigo à coletividade, como é o caso dos danos decorrentes de atividade nuclear.[447]

Por último, o risco integral será aquele que dispensa a demonstração de nexo de causalidade entre conduta e dano, pois não permite a aplicação de nenhuma excludente, nem mesmo aquela proveniente de caso fortuito ou força maior. No Brasil, pode-se notar a teoria do risco integral nas atividades que causem ou possam causar dano ambiental.[448]

---

443 SAVATIER, René. **Traité de la responsabilité civile en droit français: civil, administrative, professionnel, procedural.** 12 ed. Paris: Librairie Générale de Droit et de Jurisprudence, 1951.

444 ALPA, Guido. **Trattato di diritto civile: la responsabilità civile.** Milano: Giufrré Editore, 1999.

445 RIPERT, Georges. **A regra moral nas obrigações civis.** Campinas: Bookseller, 2002, p. 205

446 MIRAGEM, Bruno. **Direito civil: responsabilidade civil.** São Paulo: Saraiva, 2015.

447 MIRAGEM, Bruno. **Direito civil: responsabilidade civil.** São Paulo: Saraiva, 2015.

448 BRASIL. **LEI 6.938/81. Política nacional do meio ambiente.** Disponível em http://www.planalto.gov.br/ccivil_03/leis/L6938.htm. Acesso em 11 de junho de 2017.

Como se pode observar, inúmeras são as correntes que emanam da teoria do risco. É certo que a responsabilidade civil lastreada apenas em situações em que consiga se identificar uma conduta culposa não é mais capaz de solucionar demanda ou reparar danos sofridos.

Em que pese pareça algo ilógico e intragável ou até inaceitável por aquele que fica responsável pelo dano, deve-se notar que de fato não se pode deixar apenas para a sociedade o risco das atividades desenvolvidas.

Por este motivo, posiciona-se ao lado de Alvino Lima quando este dispõe que "a teoria do risco, embora partindo do fato em si mesmo, para fixar a responsabilidade, tem raízes profundas nos mais elevados princípios de justiça e equidade"[449].

Na verdade, quando observa-se que direito e economia caminham alinhadamente, tocando-se um ao outro, inevitável seria responsabilizar aquele que pratica atividade que pode causar dano à outrem. O raciocínio parece simples: se um sujeito executa atividade que por si só é arriscada, se aloca funcionário para desempenhar atividade que lhe gere proveito, constatado o dano, não seria possível afastar seu conhecimento prévio desta possibilidade ou mesmo eximi-lo da obrigatoriedade de reparação do dano que economicamente optou por desenvolver tal atividade.

Por fim, deve-se considerar que a teoria do risco resolve o problema de causalidade que existe na teoria da culpa, eis que enquanto essa é pessoal e subjetiva, aquele é impessoal, ligado à prática de determinada atividade, e, consequentemente, de mais fácil apuração.

3.5 ESPÉCIES DE RESPONSABILIDADE CIVIL

Uma vez verificados os elementos da responsabilidade civil, adiante adentrar-se-á em suas espécies. Enquanto agente, dano e nexo causal serão imprescindíveis para caracterizar a responsabilidade civil em todas as suas formas, culpa ou risco irão alterar sua denominação entre responsabilidade subjetiva e objetiva.

Além das diferentes espécies de responsabilidade civil fundamentadas na culpa ou no risco, ter-se-á, também, que pode ela derivar de um negócio jurídico bilateral pretérito ou não. No primeiro caso a responsabilidade será denominada contratual, no segundo, extracontratual.

Como a responsabilidade subjetiva ou objetiva podem ser tanto contratuais como extracontratuais, iniciar-se-á o estudo das espécies por sua relação com o negócio jurídico.

---

449 LIMA, Alvino. **Culpa e risco.** 2 ed. São Paulo: Editora Revista dos Tribunais, 1999, p. 195.

3.5.1 Responsabilidade civil contratual e extracontratual

Foi analisado no primeiro capítulo deste estudo o negócio jurídico com base elementar do contrato. Naquela situação, possível observar que o encontro de vontades devidamente reconhecido pelo ordenamento jurídico é capaz de construir deveres ou obrigações que devem as partes observar compulsoriamente.

Uma vez desrespeitadas estas obrigações ou deveres decorrentes dos contratos, estar-se-á diante de uma responsabilidade civil contratual. Trata-se de uma responsabilidade decorrente de um inadimplemento contratual, cujos efeitos no Brasil estão previstos no artigo 389 do Código Civil de 2002, que leciona que não cumprida uma obrigação, o devedor deve responder por perdas e danos, juros e atualização monetária.

Por outro lado, a responsabilidade extracontratual não irá decorrer de uma pretérita manifestação da vontade das partes, mas da lei. Esta responsabilidade é oriunda do dever geral de abstenção ou omissão em relação à direitos garantidos em lei, como aqueles de personalidade.

No Brasil, os efeitos da responsabilidade civil extracontratual estão previstos no artigo 186 ao 188 conjugados com as disposições do artigo 927 e seguintes, todos do Código Civil de 2002, que trazem a ideia de que aquele que causar dano a outrem fica obrigado a repara-lo, nada mais que a antiga máxima do direito romano do *neminem leadere* positivada no ordenamento.

O dever originário que é violado na responsabilidade civil extracontratual é estritamente legal, ou seja, a relação entre agente e vítima existe apenas num contexto social, no qual o direito atribui obrigações genéricas a todos os membros da coletividade.

Dispõem Mazeaud e Mazeaud que enquanto na responsabilidade contratual existe uma relação preexistente entre agente causador do dano e vítima, naquela extracontratual não.[450]

A distinção entre responsabilidade contratual ou extracontratual, segundo Guido Alpa, já não é mais existente na *Common Law* e na França se encontra em crise. O autor sustenta que mesmo na Itália a relevância maior dá-se apenas quanto ao regime probatório, noção de caso fortuito e regimes prescricionais.[451]

No mesmo sentido dispõe Carlos Roberto Gonçalves que embora existam críticas a esta dualidade de tratamento porque os efeitos de ambas espécies de

450 MAZEAUD, Henri e MAZEAUD, Leon. **Traité théorique et pratique de la responsabilité civile, delictualle et contractuelle.** 4 ed. Paris: Librarie du Recueil Sirey, 1947.

451 ALPA, Guido. **Trattato di diritto civile: la responsabilità civile.** Milano: Giufrré Editore, 1999.

responsabilidade civil seriam uniformes, códigos de diversos países, incluso o Brasil, acolhem a teoria dualista, separando a responsabilidade civil decorrente de contrato daquela decorrente apenas da lei.[452]

No entanto, em que pese a codificação civil brasileira tenha adotado a teoria dualista, na seara consumerista a situação é um pouco diferente. O tema será tratado adiante, mas relevante já aqui demonstrar que há no microssistema de consumo brasileiro um tratamento legislativo único tanto para consumidores "originais" como para aqueles que venham a sofrer dano decorrente dum contrato de consumo perfectibilizado com terceiro.

Por último, relevante destacar que modernamente a doutrina já tem se posicionado quanto à responsabilidade civil pré-contratual e pós-contratual. Ambas são extracontratuais mas possuem ligação com um pacto que pode vir a ocorrer ou já findou-se.

A responsabilidade civil pré-contratual ocorre quando há uma esperança legítima de comportamento de outra parte com que se esteja a negociar que é infringida; já naquela pós-contratual há um dever de conduta idônea dos contratantes, como dever de não concorrência, de não impor obstáculos, entre outros.[453] Tanto numa como noutra a situação é de conduta e comportamento dos contratantes de acordo com o que legitimamente pode-se esperar, ou seja, uma obrigação de observação da boa-fé, principalmente daquela objetiva.

O objetivo deste estudo não é explorar a responsabilidade civil de forma a esgotá-la, mas tão somente de relacioná-la com a ideia presente na legislação consumerista brasileira. Por este motivo, adiante será estudada a diferença entre as espécies subjetiva e objetiva de responsabilidade, sendo a segunda aquela prevalente no Código de Defesa do Consumidor brasileiro.

3.5.2 Responsabilidade civil subjetiva e objetiva

Além da distinção em relação a sua origem contratual ou extracontratual, a responsabilidade civil sofre nova divisão entre subjetiva e objetiva.

A ideia central e original da responsabilidade civil está intrinsecamente ligada à constatação de culpa do agente. Nesta concepção clássica apenas seria possível compelir alguém a reparar sua vítima se comprovada a culpa deste agente.

---

452 GONÇALVES, Carlos Roberto. **Responsabilidade civil.** 15 ed. São Paulo: Saraiva, 2014.

453 DONNINI, Rogério Ferraz. **Responsabilidade pós-contratual. No novo código civil e no código de defesa do consumidor.** São Paulo: Saraiva, 2004.

A responsabilidade com base na culpa do agente é chamada de responsabilidade subjetiva, para esta espécie, inexistindo ou não comprovada culpa, afastada fica a responsabilidade.

Conforme lição de Celso Marcelo de Oliveira, dá-se o nome de responsabilidade subjetiva porque é identificado na pessoa que comete o ilícito um aspecto volitivo interno, ou o agente quer o resultado danoso, assume o risco de cometê-lo ou atua com imprudência, negligência ou imperícia.[454]

Segundo Sergio Cavalieri Filho, a responsabilidade subjetiva possui como pressupostos a conduta culposa do agente, nexo causal e o dano.[455] Pode ser tanto contratual como extracontratual, a diferença é que naquela contratual a culpa estará evidenciada no descumprimento do avençado entre partes.

Como mencionado acima, não apenas de atos culposos a lei atribuirá responsabilidade civil, mas também dos riscos. Foi a partir do desenvolvimento industrial e tecnológico iniciado no Século XIX que verificou-se a incapacidade de apenas atribuir responsabilidade quando demonstrada a culpa, a consequência foi a criação da teoria do risco, quando a responsabilidade civil poderia emanar não apenas de atos culposos, mas apenas da verificação do dano.

Para a responsabilidade advinda do risco deu-se o nome de objetiva. A grande diferença entre uma e outra é que naquela objetiva desnecessária a comprovação ou mesmo demonstração da culpa. Nexo causal e dano continuam necessários[456], mas não mais se exigirá a culpa para que exista o dever de indenizar.

Em suma, os elementos da responsabilidade objetiva serão nexo causal, dano, ação de um agente e o risco. Assim, irá corresponder a relação entre o fato e o dano; estando configurada, haverá o dever de indenizar.

---

454 OLIVEIRA, Celso Marcelo de. **Teoria geral da responsabilidade civil e de consumo**. São Paulo: IOB Thompson, 2005.

455 CAVALIERI FILHO, Sergio. **Programa de responsabilidade civil.** 12 ed. São Paulo: Atlas, 2015.

456 Veja-se que o Código de Defesa do Consumidor brasileiro, por sua vez, entende que a mera exposição ao dano já acarreta responsabilidade civil objetiva. No mesmo sentido é o entendimento do Superior Tribunal de Justiça que entende que a exposição do consumidor a um risco de lesão à saúde ou segurança dá ensejo à reparação por danos morais. AGRAVO REGIMENTAL. RECURSO ESPECIAL. CÓDIGO DE DEFESA DO CONSUMIDOR. RESPONSABILIDADE CIVIL. PRESENÇA DE CORPO ESTRANHO EM ALIMENTO. EXPOSIÇÃO DO CONSUMIDOR A RISCO DE LESÃO À SUA SAÚDE E SEGURANÇA. DANO MORAL EXISTENTE. 1. A disponibilização de produto considerado impróprio para consumo em virtude da presença de objeto estranho no seu interior afeta a segurança que rege as relações consumeristas na medida que expõe o consumidor a risco de lesão à sua saúde e

René Savatier explica que existe a responsabilidade civil fundamentada no risco contratual e extracontratual. Para o autor, assim como um contrato pode prever uma obrigação de reparação independente de culpa, poderá esta responsabilidade derivar apenas do risco, em ambos casos haverá uma responsabilidade sem culpa que corresponde a um benefício esperado do agente nocivo, seja contratual ou extracontratual.[457]

Uma vez compreendida a teoria do risco, não haverá maiores dificuldades com a responsabilidade objetiva, pois esta deriva daquela. A questão será apreciar se para determinado caso necessário será demonstrar a culpa ou basta obter-se o agente, nexo causal e dano.

O Código Civil brasileiro de 2002 possui como regra a responsabilidade civil subjetiva, no entanto, contém diversas hipóteses de responsabilização objetiva, como é o caso daquele que empreende atividade que por sua natureza enseja em risco para direitos de outrem, prevista no parágrafo único do artigo 927.[458]

Desta feita, tem-se que enquanto para a definição de responsabilidade contratual ou extracontratual observa-se o fato gerador, para a responsabilidade objetiva ou subjetiva o que se deve constatar é o fundamento, será subjetiva se a justificativa da responsabilidade é a culpa, e objetiva se derivar do risco.

De uma forma ou de outra, a questão cinge-se à regra máxima de não causar dano a outrem. Neste sentido leciona de forma categórica Alvino Lima que

> É preciso vencer o dano, o inimigo comum, fator de desperdício e de insegurança, lançando mão de todos os meios preventivos e repressivos sugeridos pela experiência, sem desmantelar e desencorajar as atividades úteis.[459]

De fato a grande questão que deve tratar o direito é a possibilidade e facilidade de ser reparado por um dano sofrido, mas sem que tal facilidade seja capaz de causar uma inviabilidade do desenvolvimento de atividades úteis para o progresso da sociedade.

---

segurança e, portanto, dá direito à compensação por dano moral. 2. Agravo regimental provido. (AgRg no REsp 1380274/SC, Rel. Ministro JOÃO OTÁVIO DE NORONHA, TERCEIRA TURMA, julgado em 10/05/2016, DJe 19/05/2016)

457 SAVATIER, René. **Traité de la responsabilité civile en droit français: civil, administrative, professionnel, procedural.** 12 ed. Paris: Librairie Générale de Droit et de Jurisprudence, 1951.

458 BRASIL. Lei 10.406, de 10 de janeiro de 2002. Disponível em http://www.planalto.gov.br/ccivil_03/leis/2002/L10406.htm. Acesso em 30 de dezembro de 2016.

459 LIMA, Alvino. **Culpa e risco.** 2 ed. São Paulo: Editora Revista dos Tribunais, 1999, p. 334.

3.6 O DANO MORAL

3.6.1 Conceito e reparabilidade

Dentro da gama dos danos extrapatrimoniais estão aqueles morais. Dano moral é uma agressão injusta contra bens imateriais de pessoa natural ou jurídica.

A palavra "moral", do latim "*moralem*" é derivada de "*moris*", que significa costume. Refere-se aos costumes sociais, modo de operar, bom costume, consciência, caráter.[460]

O dano moral pode ser inicialmente conceituado como todo tipo de agressão injusta à bens imateriais de pessoa física ou jurídica, insuscetível de quantificação pecuniária mas indenizável em virtude de três finalidades: satisfação da vítima, penalidade para ofensor e exemplaridade para a sociedade.[461]

Mazeaud e Mazeaud afirmam que o dano moral pressupõe uma lesão de pensamentos e sentimentos invisíveis. Trata-se de uma lesão à vítima sem resultado pecuniário, sem resultar na redução de seu patrimônio. Para os autores, enquanto o dano material é uma perda de propriedade, o dano moral é extrapatrimonial, de natureza não econômica.[462]

O termo "dano moral" pode ser interpretado de duas formas, em seu sentido amplo, abarcando uma grande variedade de danos extrapatrimoniais, ou estrita, referindo-se ao dano moral propriamente dito. Na sua acepção estrita significa uma violação ao direito à dignidade, já naquela ampla danos à vida, liberdade, saúde, honra, intimidade, dentre outros.

Neste sentido, sustenta Marcelo Zamorano que a ideia de um dano moral alude corretamente a uma lesão de bens como honra e privacidade, mas apenas imperfeitamente expressa outros danos não patrimoniais, como, por exemplo, a dor física, angústia psicológica ou a perda de oportunidades para disfrutar uma boa vida.[463]

---

460 Dizzionario etimologico online, 2017. Disponível em <http://www.etimo.it/?term=contratto&find=Cerca> Acesso em 06 de maio 2017.

461 MELO, Nehemias Domingos de. **Lições de direito civil: obrigações e responsabilidade civil.** São Paulo: Atlas, 2014. v 2.

462 MAZEAUD, Henri e MAZEAUD, Leon. **Traité théorique et pratique de la responsabilité civile, delictualle et contractuelle.** 4 ed. Paris: Librarie du Recueil Sirey, 1947.

463 ZAMORANO, Marcelo Barrientos. **Del daño moral al daño extrapatrimonial: la superación del *pretium doloris*.** Revista chilena de derecho, Santiago, v. 35, abr. 2008. <Disponível em http://dx.doi.org/10.4067/50718-34372008000100004>. Acesso em 14 jan. 2015.

Os danos extrapatrimoniais são aqueles causados contra a personalidade da vítima. Dentre eles tem-se o dano à vida, integridade física, integridade e estabilidade psíquica, honra, intimidade e privacidade, imagem, dentre outros. Por este motivo, leciona Bruno Miragem que dentre as espécies de danos extrapatrimoniais tem-se os danos morais em sentido estrito, que são a dor e sofrimento decorrente da lesão; o dano estético; dano corporal ou à saúde; dano à imagem; dentre outras.[464]

Pode-se observar que há uma distinção da própria nomenclatura "dano moral", uma em *stricto* e outra em *lato sensu*. Enquanto o dano moral em sentido estrito fica adstrito à dor ou sofrimento interno decorrentes de uma lesão, no sentido mais amplo abrange todos os danos extrapatrimoniais.

No entendimento de Maria Helena Diniz, o dano moral é a lesão ao direito da personalidade, não advém da natureza do direito subjetivo danificado, mas dos efeitos da lesão, eis que um prejuízo causado a um bem jurídico material/econômico, pode também resultar numa perda na ordem moral.[465]

Como se pode denotar, da prática de um mesmo ato podem se acumular dano patrimonial e moral.

Há uma concordância doutrinaria ao afirmar que o dano moral decorre lesões ao âmago do indivíduo que causem à vítima dor, sofrimento, angústia, vexame ou humilhação. Trata-se de um dano insuscetível de valorar pecuniariamente, por isso a indenização não irá reparar integralmente o dano, mas compensar a vítima pelas aflições sofridas.

Para Roberto Senise Lisboa, o "dano moral, em sentido lato ou amplo, também conhecido por dano extrapatrimonial, é o prejuízo causado a algum direito personalíssimo da vítima"[466]. Já, Pablo Stolze Gagliano e Rodolfo Pamplona Filho, dispõem que "é aquele que lesiona a esfera personalíssima da pessoa (seus direitos da personalidade), violando por exemplo, sua intimidade, vida privada, honra e imagem, bens jurídicos tutelados constitucionalmente".[467]

Como se vê, a doutrina em geral traz conceitos de dano moral muito similares entre si. Tais conceitos sempre observam a subjetividade do indivíduo lesado,

---

464 MIRAGEM, Bruno. **Direito civil: responsabilidade civil.** São Paulo: Saraiva, 2015.

465 DINIZ, Maria Helena. **Curso de direito civil brasileiro: responsabilidade civil**. v. 7. 28 ed. São Paulo: Saraiva, 2014.

466 LISBOA, Roberto Senise. **Manual de Direito Civil: obrigações e responsabilidade civil.** 3. ed. São Paulo: Revista dos Tribunais, 2004, p. 499.

467 GAGLIANO, Pablo Stolze. PAMPLONA FILHO, Rodolfo. **Novo curso de direito civil: responsabilidade civil.** 11 ed. São Paulo: Saraiva, 2013, p. 105.

assim, importante verificar a lição de Yussef Cahali quando aduz que deve-se caracterizar o dano moral pelos seus próprios elementos, ou seja,

> Como a privação ou diminuição daqueles bens que têm um valor precípuo na vida do homem e que são a paz, a tranquilidade de espírito, a liberdade individual, a integridade individual, a integridade física, a honra e os demais sagrados afetos.[468]

A definição de dano moral não faria sentido se este tipo de lesão não fosse passível de reparação. Ocorre que diferentemente dos danos materiais, que podem facilmente ser observados e delimitados, os danos extrapatrimoniais ou morais em sentido amplo por necessitarem de uma conversão de algo não patrimonial em patrimonial (pecúnia) sofreu ao longo dos tempos críticas quando a reparabilidade.

Acerca do dano moral e de sua reparabilidade, encontra-se na doutrina duas teorias antagônicas, a negativista e a positivista.

A corrente negativista propõe que bens como a honra, vida e liberdade não são suscetíveis de restauração pela via indenizatória, eis que não estariam no âmbito da proteção jurídica da ordem privada. Argumentam os pensadores posicionados com esta teoria que ante a subjetividade do dano extrapatrimonial seria impraticável sua reparação.[469]

Alguns negativistas chegavam a pensar que seria imoral estabelecer um preço para a dor.[470] Afirmava Savigny que os direitos inatos do homem são diferentes dos demais direitos porque se situam numa outra linha de alcance, por este motivo não poderiam ser suscetíveis de reparação pelos meios comuns de proteção jurídica.[471]

As principais críticas dos negativistas acerca da reparabilidade do dano moral decorrem de uma impossibilidade de aferição ante indeterminação do número de vítimas, pois poderia um mesmo ato causar danos a um variado número de pessoas; de uma impossibilidade de avalição pecuniária do dano; de um perigo do arbítrio judicial para a fixação de quantia a ser objeto da reparação; e do descabimento de reparar uma dor com pecúnia.

---

468 CAHALI, Yussef Said. **Dano Moral.** 3 ed. São Paulo: Revista dos Tribunais, 2005, p. 22.

469 WALD, Arnoldo. **Direito civil: responsabilidade civil.** 2 ed. São Paulo: Saraiva, 2012.

470 CAVALIERI FILHO, Sergio. **Programa de responsabilidade civil.** 12 ed. São Paulo: Atlas, 2015.

471 SAVIGNY, Friedrich Karl von. **System des heutigen Romischen Rechts.** Berlin: Scietia Verlag Aalen, 1981.

Para Yussef Cahali as principais objeções apontadas pelos negativistas quanto à reparabilidade do dano moral são: impropriedade da palavra dano; incerteza desta espécie de dano ser verdadeiramente um dano; impossibilidade de identificar o dano; impossibilidade de ressarcimento de forma equitativa (dor x reparação); imoralidade de compensar dor com dinheiro; e desmensurado arbítrio concedido aos juízes para fixar o *quantum*.[472]

Já para Pablo Stolze Gagliano e Rodolfo Pamplona Filho, os fundamentos dos negativistas são oito: i) falta de um efeito penoso durável; ii) incerteza nesta espécie de danos, de um verdadeiro direito violado; iii) dificuldade de descobrir a existência do dano; iv) indeterminação do número de pessoas lesadas; v) impossibilidade de rigorosa avaliação em dinheiro; vi) imoralidade de compensar dor com dinheiro; vii) ilimitado poder conferido ao juiz; viii) impossibilidade jurídica de admiti-se tal reparação.[473]

Como se vê, as teses apresentadas pelos negativistas gravitam ou gravitavam em torno de questões como imoralidade, incerteza e impossibilidade de quantificação do dano. Do lado oposto, no entanto, está a teoria positivista, que acredita imoral seria não impor nenhuma consequência àquele que lesionou bens intangíveis inerentes à existência do ser humano, como dignidade, honra, dentre tantos outros já mencionados neste estudo.

A corrente da reparabilidade do dano moral em seu mais amplo sentido posiciona-se no sentido de que todo o dano, independente de ser patrimonial ou extrapatrimonial deve ser reparado. O termo reparação deve ser interpretado em seu sentido mais abrangente possível, compreendendo todas as formas de diminuição do dano, seja apagando-o por completo, seja amenizando-o por uma via oblíqua.

A tese da reparabilidade do dano moral é aquela predominante nos principais centros do direito moderno. Na Itália o artigo 2.059 do Código Civil daquele país leciona que "il dano non patrimoniale deve essere risarcito solo nei casi determinati dalla lege"[474]; o Código Civil Alemão em seu ∫ 253 dispõe que o dinheiro será utilizado para compensar danos que não sejam pecuniários nos casos previstos em lei[475]; e na França, o artigo 1.382 do Código Civil Napoleônico já dispunha que

472 CAHALI, Yussef Said. **Dano Moral**. 3 ed. São Paulo: Revista dos Tribunais, 2005.

473 GAGLIANO, Pablo Stolze. PAMPLONA FILHO, Rodolfo. **Novo curso de direito civil: responsabilidade civil**. 11 ed. São Paulo: Saraiva, 2013.

474 ITALIA. **Codice civile**, 1942. Disponível em http://www.jus.unitn.it/cardozo/obiter_dictum/codciv/Codciv.htm. Acesso em 24 de junho de 2017.

475 DEUTSCHLAND. **Bürgerliches Gesetzbuch**, 1896. Disponível em http://www.fd.ulisboa.pt/wp-content/uploads/2014/12/Codigo-Civil-Alemao-BGB-German-Civil-Code-BGB-english-version.pdf. Acesso em 24 de junho de 2017.

toda ação que cause prejuízo a uma pessoa gera uma obrigação de reparação, esta disposição foi interpretada por inúmeros juristas franceses, que fizeram prevalecer a ideia de que encampado estava também os danos extrapatrimoniais nesta obrigação de reparação[476].

Como se pode observar, a tese da reparabilidade foi preponderante nas legislações mais relevantes para o direito ocidental. Seus fundamentos estão calcados em contrapontos das formulações dos negativistas, ou seja, uma argumentação após a outra dos positivistas tratou de derrubar a tese negativista.

Assim, acerca da ausência de direito violado pela ordem jurídica, sustentam os positivistas que o conceito de dano é uno e que sua reparabilidade se projete para qualquer espécie do mesmo. No que tange a efetiva existência do dano, argumentam os positivistas que o dano extrapatrimonial seria uma consequência concreta e palpável de um ato danoso cometido.[477]

A alegação negativista sobre a indeterminação do número de vítimas é rebatida com um critério que determina se haverá ou não reparação baseado na proximidade dos vínculos sócio-afetivos entre as supostas vítimas com os reflexos do ato danoso. Aquela de impossibilidade de rigorosa avaliação do dano moral é respondida com o fato de que a reparação de dano não exige perfeita igualdade entre indenização e prejuízo, bastando uma compensação para amenização do dano. Na que tange ao perigo do juízo arbitral, trata-se de caso análogo a fixação de lucro cessante quando da quantificação do dano patrimonial, por isso, também, não seria escusa para a não reparação do dano extrapatrimonial.

Por último, quando a alegação dos negativistas de que é imoral compensar dor com dinheiro, argumentam os positivistas que a reparação não seria atribuir um valor pecuniário a um dano extrapatrimonial, mas tão somente garantir por meio do dinheiro o seu respeito.[478]

Sobre o fim da discussão entre as duas correntes, destaca Arnoldo Wald que não pairam mais dúvidas acerca da reparabilidade ou não dos danos extrapatrimoniais. Trata-se de tema pacificado, ponto de partida para que se equacione as demais questões relacionadas a esta espécie de dano, principalmente quanto a sua valoração. [479]

---

476 Sobre o tema ver Mazeaud e Mazeaud, Savatier, Ripert, Planiol, dentre outros.

477 WALD, Arnoldo. **Direito civil: responsabilidade civil**. 2 ed. São Paulo: Saraiva, 2012.

478 CAHALI, Yussef Said. **Dano Moral**. 3 ed. São Paulo: Revista dos Tribunais, 2005.

479 WALD, Arnoldo. **Direito civil: responsabilidade civil**. 2 ed. São Paulo: Saraiva, 2012.

Acerca do tema, parece feliz a definição de Guido Alpa quando sustenta que deve-se considerar dano toda modificação *in pejus* de um bem socialmente apreciável[480], uma vez configurado tal dano, inevitável sua reparação.

Atualmente, portanto, prevalece a teoria positivista de reparabilidade do dano moral com natureza mista de sanção ao ofensor e compensação à vítima. Sobre o tema da natureza mista ensina Yussef Cahali:

> A sanção do dano moral não se resolve numa indenização propriamente, já que indenização significa eliminação do prejuízo e das suas consequências, o que não é possível quando se trata de dano extrapatrimonial; a sua reparação se faz através de uma compensação, e não de um ressarcimento; impondo ao ofensor a obrigação de pagamento de uma certa quantia de dinheiro em favor do ofendido, ao mesmo tempo que agrava o patrimônio daquele, proporciona a este uma reparação satisfativa.[481]

A reparabilidade do dano moral deve assumir, portanto, dois caracteres: reparatório e desestimulador.[482] A primeira concepção é aquela mesma advinda das obrigações de fazer ou de dar, que se descumpridas deve ser o ofensor obrigado a reparar o dano causado pelo descumprimento; já a segunda possui um caráter pedagógico social, isto é, um ideia de direcionar a atividade social no sentido de evitar novas lesões deste tipo.

Desta forma, pode-se afirmar que a reparação do dano moral não possui apenas escopo penal, mas também satisfativo. A noção de reparação deste tipo de dano não irá estabelecer uma perfeita equivalência entre dano e ressarcimento, mas buscará atenuar a ofensa causada por meio de compensação pecuniária.

Como visto, apesar de longas discussões acerca da reparabilidade ou não do dano moral, tem-se que atualmente o tema é pacífico quanto à sua reparabilidade, contudo, não com o intuito de tornar o ofendido indene, mas sim com a dupla função de atribuir uma sanção ao ofensor – inclusive fomentado o respeito a este tipo de bem juridicamente tutelado; e compensar o ofendido de alguma forma que possa diminuir seu sofrimento.

Por fim, relevante se faz demonstrar que não há grandes diferenças entre dano patrimonial e extrapatrimonial no que tange a função da indenização devida pelo ofensor. Tanto no primeiro como no segundo a lógica da responsabilidade civil é

---

480 ALPA, Guido. **Trattato di diritto civile: la responsabilità civile**. Milano: Giufrré Editore, 1999.

481 CAHALI, Yussef Said. **Dano Moral.** 3 ed. São Paulo: Revista dos Tribunais, 2005, p. 44.

482 FONTES. João Roberto Egydio Piza. In **Teoria do dano moral e direitos da personalidade.** Org. Rui Stoco. v. 1. São Paulo: Revista dos Tribunais, 2015.

a mesma: reparar (no sentido amplo) a vítima, sancionar o ofensor e desestimular novas situações como aquela que causou o dano.

Verificado o significado do dano moral, passar-se-á ao estudo deste instituto no Direito Brasileiro.

3.6.2 O dano moral no Direito Brasileiro

Assim como no restante do mundo ocidental, a reparabilidade do dano moral no direito brasileiro não foi sempre uníssona. Ainda que descoberto nos idos de 1500 e tornado independente em 07 de setembro de 1822, foi apenas em 1916 que o país experimentou a primeira legislação civil "tupiniquim".

Até o Código Civil de 1916 o país convivia com as Ordenações do Reino de Portugal, que nada continham acerca da defesa ou reparabilidade de danos causados à personalidade.

Sobre este assunto, lecionado Pablo Stolze Gagliano e Rodolfo Pamplona Filho que no Brasil Colonial, quando da vigência das Ordenações do Reino de Portugal, não existia nenhuma regra expressa acerca da reparabilidade do dano moral. Com o advento do Código Civil de 1916 que começam a surgir as primeiras defesas dos danos à personalidade com base na reparação, longe, contudo, do tema estar pacificamente incorporado no ordenamento jurídico nacional.[483]

Luís Felipe Salomão destaca que uma coisa seria a admissão doutrinária da tese de reparabilidade do dano moral, outra reconhecer que no direito civil interno estivesse essa ideia perfilada. Segundo o autor, o Código Civil de 1916 previa a possibilidade de uma pessoa experimentar dano não patrimonial, mas não referendava de forma expressa sua reparabilidade.[484]

Segundo Yussef Cahali, embora reconhecida há tempos pela doutrina brasileira a prevalência da reparabilidade do dano moral, no entanto, como no Código Civil de 1916 não havia a expressa previsão acerca do mesmo, e sua reparação era contestada dentro do ordenamento jurídico brasileiro.[485]

Assim, tem-se que apenas com a vigente Constituição Federal de 1988 é que passou-se à certeza da reparabilidade do dano moral. Em outras palavras, enquanto a própria doutrina brasileira já era uníssona acerca da necessidade de reparação do dano moral, o ordenamento jurídico brasileiro apenas encampou este

483 GAGLIANO, Pablo Stolze. PAMPLONA FILHO, Rodolfo. **Novo curso de direito civil: responsabilidade civil.** 11 ed. São Paulo: Saraiva, 2013.

484 SALOMÃO, Luís Felipe. In **Teoria do dano moral e direitos da personalidade.** Org. Rui Stoco. v. 1. São Paulo: Revista dos Tribunais, 2015.

485 CAHALI, Yussef Said. **Dano Moral.** 3 ed. São Paulo: Revista dos Tribunais, 2005.

conceito com o advento de sua Constituição Federal já tardiamente no final do Século XX[486].

O dispositivo divisor de águas da Constituição Federal de 1988 são aqueles previstos no artigo 5º, V, que dispõe que "é assegurado o direito de resposta, proporcional ao agravo, além da indenização por dano material, moral ou à imagem" e 5º, X, que coloca como "invioláveis a intimidade, a vida privada, a honra e a imagem das pessoas, assegurando o direito a indenização pelo dano material ou moral decorrente de sua violação".[487]

Em síntese, trouxe a norma fundamental do Direito Brasileiro em 1988 a confirmação da reparabilidade do dano moral em sentido amplo, colocando o país no mesmo patamar daqueles que se encontravam na vanguarda do tema.

A discussão, no entanto, não findou-se com o advento da Constituição Federal de 1988. A problemática passou a ser se poderia um mesmo ato praticado pelo ofensor que ensejasse dano patrimonial e moral gerar deveres de indenização tanto pelo dano patrimonial como por aquele moral.

Em 1990 o Código de Defesa do Consumidor é promulgado e dispõe de forma expressa que são direitos básicos do consumidor a vida, saúde e segurança.[488] Tais prerrogativas visam amparar direitos de personalidade do consumidor, logo, reforçam a tese de reparabilidade já prevista na Constituição Federal alguns anos antes.

A situação apenas foi se resolver em 1992, quando editada pelo Superior Tribunal de Justiça a Súmula 37, que dispõe que "são cumuláveis as indenizações por dano material e dano moral oriundos do mesmo fato"[489].

Com o advento da Súmula 37 é que de fato a reparabilidade do dano moral assume posição de destaque, pois apenas neste ponto fica superada a divergência quanto à possibilidade de cumulação dos danos morais com aqueles patrimoniais.

---

486 Veja que na França a reparabilidade é reconhecida desde o Século XIX, mesma situação ocorre com a Alemanha, e na década de 1940 com a Itália.

487 BRASIL. **Constituição da República Federativa do Brasil de 1988.** Disponível em http://www.planalto.gov.br/ccivil_03/constituicao/constituicao.htm. Acesso em 04 de junho de 2017.

488 BRASIL. **Código de defesa do consumidor**. Lei 8.078 de 11/09/90. Brasília: Diário Oficial da União, 1990.

489 BRASIL. Superior Tribunal de Justiça. Súmula 37, 1992. Disponível em http://www.stj.jus.br/docs_internet/VerbetesSTJ_asc.pdf. Acesso em 24 de junho de 2017.

Alguns anos depois o Código Civil de 2002 é promulgado, quando finalmente a legislação máxima civil brasileira passa a prever de forma expressa a necessidade de reparação por danos morais causados.[490]

Como possível denotar, é a partir do início da vigência da Constituição Federal de 1988 que ofuscam-se definitivamente todos os argumentos acerca da impossibilidade de reparação do dano moral.

Com a entrada em vigor da Carta Magna de 1988, a promulgação do Código Civil de 2002, e a criação de outras leis infraconstitucionais passam a regular o tema. Uma destas normatizações é trazida pela Lei 8.078/90 - Código de Defesa do Consumidor, que será tratado de forma específica no desenvolver deste estudo.

3.6.3 O dano moral nas relações de consumo

O legislador ordinário ao instituir as normas do Código de Defesa do Consumidor foi coerente com os preceitos constitucionais que passaram a viger apenas dois anos antes ao inserir como direito básico do consumidor a efetiva reparação de danos materiais e morais eventualmente sofridos pelos consumidores.

Neste sentido, aduz Carlos Alberto Bittar que inspirado no princípio constitucional do respeito à dignidade da pessoa humana, o Código de Defesa do Consumidor tem como uma de suas mais relevantes posturas o emprego da reparabilidade de danos morais advindos das relações de consumo.[491]

De fato o Código de Defesa do Consumidor foi responsável por atribuir novas proteções legais em relação ao dano moral do consumidor. Passou a ser a própria lei consumerista quem determina a reparabilidade de danos morais decorrentes de dor, sofrimento, perturbações emocionais, psíquicas, constrangimento, dentre outras situações.

O que fez o legislador foi realizar uma espécie de abertura de conceito com exemplificação do que entendido, nas relações de consumo, como dignidade. A ideia do que disposto no artigo 1°, III da Constituição Federal foi ramificada, expressando-se a lei com o escopo informar o que deveria ser entendido como direitos básicos inerentes ao consumidor.

Assim, além da expressa previsão do direito básico a indenização por dano moral, o legislador fornece proteção à vida, à saúde e à segurança do consumidor, tudo em perfeita consonância com o princípio do respeito à dignidade humana.

---

490 BRASIL. Lei 10.406, de 10 de janeiro de 2002. Disponível em http://www.planalto.gov.br/ccivil_03/leis/2002/L10406.htm. Acesso em 30 de dezembro de 2016.

491 BITTAR, Carlos Alberto. **Defesa do consumidor.** In Teoria do dano moral e direitos da personalidade. Org. Rui Stoco. v. 2. São Paulo: Revista dos Tribunais, 2015.

Noutra mão, não se pode deixar de lembrar que uma vez tendo o consumidor cometido ato ilícito contra o fornecedor, caberá a esta pleitear a compensação do abalo moral sofrido, contudo, o fundamento estará no Código Civil, não, necessariamente, na legislação consumerista. Desta maneira, o fornecedor, mesmo se pessoa jurídica, deverá ser compensado pela lesão causada por seu consumidor.[492]

Em outras palavras, enquanto no artigo 6º, VI dispõe o Código de Defesa do Consumidor que é direito básico do consumidor uma efetiva prevenção e reparação dos danos morais, outras serão as previsões que expandirão a ideia de dano moral, incluído, por exemplo, a segurança contra riscos provocados por práticas no fornecimento de produtos ou serviços.[493]

Desta feita, tem-se que a legislação consumerista abraçou a ideia de dano moral *lato sensu*, ou seja, dispôs que além daquele dano moral em sentido estrito acima tratado e das hipóteses até então consagradas como direito à vida, integridade física, imagem, dentre outros, também a reparabilidade do dano extrapatrimonial decorrente da insegurança causada por produtos ou serviços colocados no mercado.

A legislação consumerista foi adiante e dispôs de forma expressa a defesa da honra do consumidor com a proibição de cobranças vexatórias, com a possibilidade de repetição do indébito em dobro em casos de cobrança indevida, proteção contra publicidade enganosa, métodos desleais e abusivos, dentre outras disposições que encampam uma numerosa quantidade de danos extrapatrimoniais. Em todas estas situações enumeradas, dispõe a legislação consumerista que a reparação será feita em razão de um dano moral causado ao consumidor.

Interessa destacar que não será apenas a simples cobrança de dívida, a inserção de cláusula abusiva ou prática de publicidade enganosa, por exemplo, que ensejarão a reparação do dano moral. Necessário será que o consumidor seja exposto a expressões ou expedientes vexatórios. Sobre o tema discorre Yussef Cahali que

> [...] não induz a existência de dano moral reparável simples cobrança de dívida, mesmo que por via de ação judicial desacolhida; configura-se, isto sim, se não utilizadas expressões ou expedientes vexatórios e constrangedores à pessoa do inadimplente.[494]

---

492 Acerca da possibilidade de uma pessoa juridical sofrer dano moral há a Súmula 227 do Superior Tribunal de Justiça: "a pessoa juridical pode sofrer dano moral".

493 BRASIL. **Código de defesa do consumidor.** Lei 8.078 de 11/09/90. Brasília: Diário Oficial da União, 1990.

494 CAHALI, Yussef Said. **Dano Moral.** 3 ed. São Paulo: Revista dos Tribunais, 2005, p. 607.

Em outras palavras, não proíbe o código a realização de cobranças - mesmo as judiciais, o que se veda é que tal cobrança venha a causar dor, constrangimento, perturbações emocionais, etc. Necessário será demonstrar que por aquelas práticas o consumidor teve de fato sua honra, imagem ou qualquer outro direito de personalidade violado.

Analisando-se o Código de Defesa do Consumidor, possível seria afirmar que num contexto no qual buscava-se a afirmação dos ideais democráticos e do respeito ao consumidor, procurou o legislador aparar o maior número de arestas possíveis para facilitar a responsabilização por danos morais que pudessem vir a ocorrer.

Não há dúvidas que diz respeito à reparabilidade tanto dos danos materiais como morais a legislação consumerista é mais abrangente que aquela do Código Civil de 2002.[495]

Facilmente se pode notar que o Código de Defesa do Consumidor visa não apenas punir o infrator mas também prevenir a ocorrência de qualquer tipo de dano ao consumidor, incluso aqueles da esfera extrapatrimonial.

Com extensão das possibilidades de configuração de danos extrapatrimoniais, pode-se perceber que busca a legislação consumerista colocar num mesmo patamar, por meio de deveres objetivos dos fornecedores, situações de lesão à personalidade já consolidadas doutrinária, jurisprudencial e legalmente, como reparação pela dor, angustia, integridade física, dentre outras, àquelas nas quais há apenas um risco de lesão, como a segurança dos produtos ou serviços, acesso a informação correta e clara, dentre outras.

Conclui-se, portanto, que o Código de Defesa do Consumidor possui rol não taxativo bastante extenso de fatispécies de dano que visam proteger efetivamente o consumidor tanto de forma remediativa como preventiva. A exigência de condutas objetivas do fornecedor como o dever de segurança, informação e boa-fé, fazem com que a reparação por danos extrapatrimoniais (dano moral *lato sensu*) seja facilitada a ponto de recompor às partes a um patamar de igualdade, afastando-se a vulnerabilidade do consumidor.

495 MELO, Nehemias Domingos. **Dano moral nas relações de consumo: doutrina e jurisprudência.** 2 ed. São Paulo: Saraiva, 2012.

3.6.4 Formas de reparação do dano moral e fixação do *quantum* indenizatório

Compreendido que o dano extrapatrimonial é passível de reparação, resta verificar seu modo ou forma e montante. Como já exposto acima, danos extrapatrimoniais são assim denominados exatamente porque não possuem uma valoração.

A forma mais comum de reparação de dano moral é sua conversão em pecúnia. Como destaca Edward Kionka, "most noneconomic losses are capable of being translated into dollars"[496]. Em tradução livre, a maioria dos danos extrapatrimoniais são capazes de ser traduzidos em dólares, dinheiro.

Em que pese seja a forma mais comum, a própria legislação dispõe algumas formas diferentes de reparação, como a retratação, retificação de notícia injuriosa, republicação de material com a indicação do nome do autor anteriormente omitido, contrapropaganda, dentre outras.

Estes modos de reparação acima indicados recebem o nome de "reparação *in natura*". A lógica seria de uma reparação quase que integral, pois de uma retificação de notícia, retratação ou nova publicação de material com nome de seu real autor muitas vezes será capaz de esvaecer por completo o dano sofrido.

No entanto, nem todo dano extrapatrimonial pode ser reparado em sua integralidade, por isso geralmente será necessária uma conversão dum bem não patrimonial num bem patrimonial.

Apesar das inúmeras formas e possibilidades de reparação do abalo moral, o que se verifica atualmente é que a grande maioria das demandas que tramitam no Poder Judiciário visam a reparação por quantia em dinheiro a ser paga de imediato. É certo que tal quantia não irá apagar definitivamente a ocorrência daquele dano causado, no entanto, não há dúvidas de que servirá como caráter pedagógico para o agente causador e sociedade em geral, ainda, de certa forma compensará o sofrimento acarretado à vítima.

O fundamento da reparação do dano moral, como já levemente pincelado anteriormente, não é o mesmo daquele da reparação dos danos patrimoniais, eis que não pretende recolocar a vítima do dano ao *status quo ante* ou torna-lo indene, mas sim diminuir a dor, sofrimento, angústia, forte abalo, etc.

Sobre este tema leciona Arnoldo Wald que o dano moral não deve seguir as regras clássicas de equivalência econômica dos danos patrimoniais porque não

---

496 KIONKA, Edward J. **Torts: in a nutshell.** 6 ed. St. Paul: West Publishing Co., 2015, p. 425.

há indenização equivalente para os danos extrapatrimoniais, mas tão somente compensação.[497]

Em que pese seja já pacificado o tema de que necessária a compensação por dano moral sofrido, a conversão de um dano não patrimonial em patrimonial não é tarefa simples.

Nas palavras de Rogério Donnini, a fixação do dano moral tem se mostrado árdua "diante da complexidade natural de se avaliar não apenas o preço da dor (*pretium doloris*), mas um dano à existência, ao projeto de vida ofendido, bem assim as consequências de uma lesão física ou psicológica, temporária ou permanente"[498].

Guido Alpa segue um pouco adiante e sustenta que para fixar o *quantum* do dano extrapatrimonial seria necessário observar alguns elementos como: a gravidade do ato antijurídico; a intensidade do desgosto; a sensibilidade da vítima; condição econômica e social das partes; vínculo de matrimonial ou de parentesco e o estado de convivência entre as vitimas do dano.[499]

Enquanto a gravidade do ato jurídico estaria relacionada a maior ou menor participação do agente no ato praticado, a intensidade do desgosto é atrelada à duração do dano, e a sensibilidade da vítima diz respeito ao nível intelectual e moral do ofendido. Por sua vez, a grau de relação entre as vítimas do dano também devem ser observados para que se possa auferir com maior precisão a extensão do dano.

No Brasil, muito comenta-se da utilização da Lei da Imprensa para que se possa quantificar o dano moral, inclusive, por analogia, para situações que não sejam aquelas abarcadas pela mencionada norma.

De fato o artigo 53 da Lei 5.250/67 dispõe que para o arbitramento da indenização do dano moral deverá o juiz levar em conta: a intensidade do sofrimento do ofendido e gravidade e repercussão da ofensa; a intensidade do dolo ou grau de culpa do responsável; a situação econômica do responsável; e uma retratação anterior espontânea e cabal.[500]

---

497 WALD, Arnoldo. **Direito civil: responsabilidade civil.** 2 ed. São Paulo: Saraiva, 2012.

498 DONNINI, Rogério. **Responsabilidade civil na pós-modernidade: felicidade, proteção, enriquecimento com causa e tempo perdido.** Porto Alegre: Sergio Antonio Frabris Editor, 2015, p. 99.

499 ALPA, Guido. **Trattato di diritto civile: la responsabilità civile.** Milano: Giufrré Editore, 1999.

500 BRASIL. Lei 5.250/67 Lei da Imprensa. Disponível em http://www.planalto.gov.br/ccivil_03/leis/L5250.htm. Acesso em 24 de junho de 2017.

Ocorre que além de ser tal legislação seja anterior à Constituição Federal, ao Código de Defesa do Consumidor e ao próprio Código Civil, em 2009 o Supremo Tribunal Federal entendeu na Arguição de Descumprimento de Preceito Fundamental n. 130/DF que a Lei da Imprensa é incompatível com a Constituição Federal de 1988, afastando-a do ordenamento jurídico brasileiro.

Não obstante, importante trazer à tona que recentemente foi promulgada a Lei 13.467/2017, que altera a Consolidação das Leis do Trabalho, que traz em seu bojo relevante inovação com critérios objetivos para a fixação do quantum indenizatório por dano moral.[501]

A Lei 13.467/2017 introduz o artigo 223-G na Consolidação das Leis do Trabalho e dispõe que ao apreciar o pedido de indenização por dano moral deverá o juiz considerar a natureza do bem tutelado, intensidade do sofrimento ou humilhação, possibilidade ou não de superação física ou psicológica, reflexos do dano, grau de culpa, perdão, situação social econômica, dentre inúmeros outros critérios referente ao ato praticado e dano sofrido. Feitas estas considerações, o mesmo artigo, agora em seu parágrafo 1º, determina que o juiz fixe o quantum indenizatório de três a cinquenta vezes o último salário contratual do ofendido, dependendo se a ofensa praticado foi leve, média, grave ou gravíssima.

Note-se que com a mencionada legislação passa a existir uma espécie de tabelamento, ainda que tímido, para o arbitramento dos valores indenizatórios por abalo moral. Contudo, entende-se que tal tabelamento ou forma de fixação da indenização não é aplicável nem por analogia fora da esfera trabalhista.

Além destes elementos objetivamente dispostos na Lei 13.467/2017, a qual ante sua recente promulgação não se sabe o resultado, deve-se esclarecer que costumasmente são invocados três elementos para a conversão do dano extrapatrimonial naquele patrimonial: proporcionalidade, razoabilidade e equidade.

Proporcionalidade, seria dividir em porções iguais, advém da ideia de sobrepesar princípios ou valores sociais. Razoabilidade vem de uma lógica de razão, de relacionamento entre a aplicabilidade de uma norma ou princípio a um caso concreto. A equidade, por sua vez, é o tratamento com igualdade, donde se pode buscar a lógica aristotélica já trazida acima de tratamento desigual para os desiguais.

---

501 BRASIL. Lei 13.467/2017. Disponível em http://www.planalto.gov.br/ccivil_03/_ato2015-2018/2017/lei/L13467.htm/. Acesso em 30 de setembro de 2017.

Os critérios, no entanto, mesmo que corriqueiramente utilizados, merecem reparos. Em primeiro lugar, a questão da análise da condição econômica e social, segundo Guido Alpa, deve ser evitada porque contrasta com o sentimento humano e com o princípio da igualdade.[502]

Ainda que não se concorde por completo com a sustentação do autor italiano, sabe-se que o que se busca com a reparabilidade do dano moral é a proteção da vítima e a reparação, se não integral, pelo menos com a compensação de uma soma em dinheiro que seja capaz de auxiliar e propiciar uma visa menos tribulada.

Já os critérios de proporcionalidade, razoabilidade e equidade são fundamentais para a fixação, no entanto, nem sempre utilizados de forma correta. É evidente que para que se possa fixar um *quantum* a indenizar necessário será verificar qual o grau de reprovabilidade social do ato praticado e quão grave foi lesada a vítima. Para tais situações, imprescindível utilizar tanto a proporcionalidade, como forma da participação do agente causador do dano no ato ilícito, como a razoabilidade, como atributo que de medida do ato praticado pelo agente e a extensão do dano à vítima com relação as alterações sociais experimentadas, isto é, com a observação das práticas sociais quando da realização do dano em relação com a época de edição da norma infringida.

Neste sentido, sustenta Humberto Teodoro Júnior que o juiz ao fixar o valor da compensação do dano moral deverá levar em conta o binômio "possibilidades do lesante" e "condições do lesado", sempre com o intuito de alcançar um valor adequado ao lesado por constrangimento ou vexame experimentado e compensar razoável e equitativamente os efeitos do dano sofrido.[503]

No que diz respeito a equidade, a grande distorção é aquela causada pela própria lei. É que o artigo 944, parágrafo único, do Código Civil de 2002 dispõe que uma vez constatada excessiva desproporção entre a gravidade da culpa e o dano, poderá o juiz reduzir equitativamente a indenização.[504]

Basta uma singela análise do dispositivo para se verificar que constatada medida equivocada na indenização, deverá o juiz reduzir de acordo com a equidade, isto é, com os demais casos já julgados. Em outra palavras, constatado pelo juiz que o grau de culpa é pequeno em relação ao dano, deve ser reduzida a indenização com base na igualdade com outros casos já julgados. Ocorre que o raciocínio não pode ser feito ao contrário, ou seja, uma vez verificado que a culpa é grande

---

502 ALPA, Guido. **Trattato di diritto civile: la responsabilità civile.** Milano: Giufrré Editore, 1999.

503 THEODORO JÚNIOR, Humberto. **Dano moral.** 8 ed. Rio de Janeiro: Forense, 2016.

504 BRASIL. Lei 10.406, de 10 de janeiro de 2002. Disponível em http://www.planalto.gov.br/ccivil_03/leis/2002/L10406.htm. Acesso em 30 de dezembro de 2016.

em relação ao dano, não há permissivo legal para o juiz aumentar a indenização com base na equidade.

Sob esta prisma, leciona Arnoldo Wald dispondo que

> [...] o magistrado não pode jamais esquecer que a reparação dos danos extrapatrimoniais funda-se, pois, em um sentido de proteção social, devendo ser prestigiada e aplicada de forma condizente, objetivando-se a defesa não somente dos interesses da vítima do evento, como também a equidade e, por via oblíqua, os interesses difusos e coletivos.[505]

Em síntese, traz a codificação civil brasileira uma ideia de redução da indenização, coisa que faz com que sejam fixados valores pequenos, incapazes de fazer valer a principal lógica da responsabilidade civil: prevenção de novos danos.

Desta forma, nota-se que o ordenamento jurídico brasileiro possui sedimento suficiente para a reparabilidade do dano moral, entretanto, tanto legislador como julgadores e doutrinadores têm enfrentado grande dificuldade para adotar um critério que seja capaz de reduzir danos cada vez mais recorrentes na sociedade.

É relevante destacar que não pretende-se aqui hastear bandeira em favor da banalização da estipulação do valor indenizatório a título de dano moral. Pelo contrário, o posicionamento é de que necessário se faz uma regulação do *quantum* a ser despedindo pelo ofensor e percebido pelo ofendido.

Acerca da regulação para a transformação do dano extrapatrimonial em patrimonial, dispõe Antônio Jeová Santos que a solução para diminuição da insegurança jurídica quando se fala em fixação do *quantum* indenizatório por dano moral não está na tarifação, mas na regulação. Não se trata, portanto, de criar tetos máximos e mínimos, mas de criar parâmetros objetivos, critérios básicos nos quais o julgador possa fundamentar seu julgado.[506]

Embora seja esta uma temática que se poderia aprofundar, como, por exemplo, com a exploração do dano moral punitivo (*punitive damages*), critérios com piso flexível, teto prudente, contexto econômico do país, dentre outros, o presente estudo visa apenas analisar a relação entre as responsabilidades previstas no Código de Defesa do Consumidor com o dano moral, assim, identificados os pressupostos do dano moral e sua categorização na legislação consumerista, passar-se-á a explorar sua relação com os institutos do fato e vício do produto ou serviço.

---

505 WALD, Arnoldo. **Direito civil: responsabilidade civil.** 2 ed. São Paulo: Saraiva, 2012, p. 151.

506 SANTOS, Antônio Jeová. **Dano moral indenizável.** 6 ed. Salvador: Ed. JusPodivm, 2016.

3.7 EXCLUDENTES DE RESPONSABILIDADE CIVIL NAS RELAÇÕES DE CONSUMO

Antes de chegarmos ao item final do estudo, relevante se faz trazer quais as excludentes de responsabilidade civil trazidas na legislação consumerista brasileira.

Previstas apenas na seção II do capítulo IV, que tratam da responsabilidade do fornecedor pelo fato do produto ou serviço, as excludentes legais comuns são apenas três: não colocação do produto no mercado; inexistência de defeito no produto ou serviço; culpa exclusiva do consumidor ou de terceiro.

3.7.1 Causas excludentes de responsabilidade civil

As causas excludentes de responsabilidade civil nas relações de consumo estão expressamente previstas em rol não taxativo[507] do artigo 12, ∫3° e 14, ∫3°, ambos do Código de Defesa do Consumidor.

Embora tenha a legislação consumerista adotado a sistemática de responsabilidade objetiva que desconsidera por completo a ideia de culpa do fornecedor, o legislador outorgou três possíveis saídas nas quais o fornecedor fica isento de responsabilidade, ainda que tenha se configurado um dano.

A primeira excludente é aquela do fornecedor comprovar que não colocou o produto no mercado, a segunda que o defeito inexiste, e, a terceira, que trata-se de hipótese de culpa exclusiva do consumidor ou terceiro.

A melhor doutrina afirma que colocar o produto no mercado é introduzi-lo no ciclo produtivo-distributivo voluntária e conscientemente. Não há diferença se o produto é inserido gratuita ou onerosamente, em ambos os casos a consequência será a mesma.[508] Assim, comprovado pelo fornecedor que não introduziu tal produto no mercado, ficará eximido de responsabilidade civil mesmo que algum dano tenha sido suportado por um consumidor.

A segunda causa excludente é a demonstração que o defeito inexiste. Esta possibilidade cabe tanto para produtos como serviços e significa provar que o dano sofrido pelo consumidor não decorre de um vício do produto ou serviço colocado no mercado.

A última causa excludente será a culpa exclusiva da vítima ou de terceiro, quando demonstra o fornecedor que não há relação de causalidade entre defeito

---

507 Pois existem outras excludentes de responsabilidade como caso fortuito e força maior e riscos do desenvolvimento, por exemplo.

508 GRINOVER, Ada Pellegrini *et al.* **Código brasileiro de defesa do consumidor: comentado pelos autores do anteprojeto**. v. 1.Rio de Janeiro: Forense, 2011.

do produto e evento danoso. É o caso do mau uso do produto ou da intervenção de terceiro estranho, que não se identifique com os partícipes da relação de consumo descrita no *caput* do artigo 12 do Código de Defesa do Consumidor.

Não se deve confundir culpa exclusiva da vítima ou terceiro com culpa concorrente. A primeira irá exonerar o fornecedor de responsabilidade, a segunda não. Culpa concorrente irá eventualmente atenuar o *quantum* indenizatório, mas não será capaz de afastar por completo a responsabilidade civil do fornecedor.

Todas estas causas de excludente de responsabilidade têm o condão de afastar o nexo de causalidade entre dano e conduta do fornecedor, diferentemente do que ocorre com a exoneração de responsabilidade consubstanciada nos riscos do desenvolvimento, analisada a seguir.

3.7.2 Caso fortuito e força maior

Caso fortuito e força maior são situações nas quais depara-se com aquilo que é necessário, inevitável e alheio à vontade do agente. Em regra geral o caso fortuito e força maior, por estas características informadas, são capazes de romper o nexo causal entre conduta e dano e por isso eximem o agente de responsabilidade.

No campo das relações de consumo o tema merece maior atenção porque doutrina e jurisprudência estabeleceram uma diferenciação peculiar: caso fortuito interno e caso fortuito externo. Apenas esta última situação é que afasta a responsabilidade civil do fornecedor, a primeira não é capaz de romper o elo entre conduta e dano.

O caso fortuito interno é aquele fato inevitável e em geral imprevisível, mas que é inerente à atividade do agente. Por estar dentro dos riscos assumidos para o exercício de suas atividades, há o entendimento que deve o agente responder por esses danos decorrentes destas atividades potencialmente lesiva à sociedade.[509]

Por outro lado, caso fortuito externo é aquele inevitável e em geral imprevisível que não possui relação com a atividade do fornecedor, afastam a responsabilidade porque o risco não fora assumido para o desempenho de suas atividades.

Em suma, para o direito consumerista brasileiro, a distinção de responsabilidade por caso fortuito e força maior dá lugar a outra análise: aquela de estar tais riscos inevitáveis atrelados a atividade habitual do fornecedor ou não. Caso seja inerente este risco à sua atividade, responderá por ela, caso contrário, fica exonerado.

---

509 MIRAGEM, Bruno. **Curso de direito do consumidor**. 5 ed. São Paulo: Revista dos Tribunais, 2014.

3.7.3 Riscos do desenvolvimento

Antes de findar o presente tema, merece destaque o chamado risco do desenvolvimento, que são os defeitos apenas constatados após o ingresso do produto ou serviço no mercado.[510]

O tema é polêmico e já foi amplamente debatido, quando uma vertente aduz que trata-se de transferência de riscos do negócio ao consumidor e outra que sustenta ficar inviável o desenvolvimento Os países da atual União Europeia editam, em 1985, a Diretiva 374/85, que em seu artigo 7º, "e" dispõe que um produto não é considerado defeituoso se no momento da colocação em circulação do produto não era cientificamente possível detectar a existência de tal defeito. Tal indicação, no entanto, não é de observância obrigatória por todos os Estados-membros, que podem, em razão do artigo 15 da mesma Diretiva, incluir em suas legislações internas a responsabilização do fornecedor que coloque tal tipo de produto no mercado.[511]

No Brasil a doutrina diverge se o risco do desenvolvimento está a cargo da sociedade ou do fornecedor/desenvolvedor.

Uma parte da doutrina aduz que há previsão acerca do tema no ordenamento jurídico brasileiro, (artigos 10 e 12, ∫1º, III, do Código de Defesa do Consumidor). Esta corrente sustenta que como o artigo 10 versa sobre a impossibilidade de se colocar no mercado produto que se saiba ser altamente nocivo ou perigoso à saúde e segurança humana, e o artigo 12, ∫1º, III aduz que para que seja um produto considerado defeituoso deverá ser considerada à época que colocado no mercado, há uma posição legal de que afastada a responsabilidade pelo risco do desenvolvimento ao fornecedor/desenvolvedor.[512]

Já a outra, composta por Antônio Herman Benjamin, Bruno Miragem e outros, diverge. Sustenta esta vertente que como o rol de excludentes do artigo 12, ∫3º e artigo 14, ∫3º do Código de Defesa do Consumidor não contém o risco de desenvolvimento, não estaria o fornecedor eximido de aludida responsabilidade.[513]

---

510 MIRAGEM, Bruno. **Curso de direito do consumidor**. 5 ed. São Paulo: Revista dos Tribunais, 2014.

511 UNIÃO EUROPEIA. **Directiva 85/374/CEE do Conselho de 25 de julho de 1985 relativa à aproximação das disposições legislativas, regulamentares e administrativas dos Estados-membros em matéria de responsabilidade decorrente de produtos defeituosos**. Disponível em <http://eur-lex.europa.eu/legal-content/PT/TXT/?uri=celex%3A31985L0374>. Acesso em 13 de maio de 2017.

512 BRASIL. **Código de defesa do consumidor**. Lei 8.078 de 11/09/90. Brasília: Diário Oficial da União, 1990.

513 MIRAGEM, Bruno. **Curso de direito do consumidor**. 5 ed. São Paulo: Revista dos Tribunais, 2014.

Em que pese já até existir menções por parte do Superior Tribunal de Justiça em dois casos[514], ambos de relatoria do Min. Antônio Herman Benjamin, entende-se que no país ainda não há pacificidade acerca do tema, que merecerá melhor análise em outra oportunidade porque não é fundamental para o desenvolvimento do presente estudo.

3.8 A RESPONSABILIDADE CIVIL NO CÓDIGO DE DEFESA DO CONSUMIDOR E SUA RELAÇÃO COM O DANO MORAL

Observado que a responsabilidade civil decorrerá de uma obrigação contratual ou não contratual prévia, inicia-se esta parte do estudo afirmando-se que a responsabilidade civil decorrente do dever de qualidade dos produtos e serviços no Código de Defesa do Consumidor pode ensejar tanto obrigações solidárias como subsidiárias.

As obrigações solidárias são aquelas nas quais há uma pluralidade de credores ou devedores. Nelas um credor pode exigir de um ou todos os devedores a integralidade da prestação. Neste sentido, leciona Orlando Gomes que "a obrigação solidária caracteriza-se pela coincidência de interesses, para satisfação dos quais se correlacionam os vínculos constituídos"[515].

A obrigação solidária irá estender a responsabilidade pelo adimplemento de certa prestação numa forma integral para todos os devedores, por isso, pode-se afirmar que se trata de uma situação menos vantajosa para o devedor que aquele decorrente de uma obrigação comum.

Por este motivo, segundo ditames do Código Civil de 2002, "a solidariedade não se presume; resulta da lei ou da vontade das partes"[516], em outras palavras, sustenta a legislação civil que a regra será que as obrigações que contenham pluralidade no polo passivo não serão solidárias, a lógica é não presumir uma situação pior do que já se encontra o devedor.

A responsabilidade solidária irá decorrer, portanto, de uma obrigação solidária. Como já mencionado no capítulo anterior, o Código de Defesa do Consumidor visa diminuir a vulnerabilidade do consumidor, por este motivo,

514 Vide BRASIL. **Superior Tribunal de Justiça.** REsp. 1581410/RS. Min. Rel. Antônio Herman Benjamin, 2016; e BRASIL. **Superior Tribunal de Justiça.** REsp. 1635384/RS. Min. Rel. Antônio Herman Benjamin, 2016

515 GOMES, Orlando. **Obrigações.** 17 ed. Rio de Janeiro: Forense, 2007, p. 79.

516 BRASIL. Lei 10.406, de 10 de janeiro de 2002. Disponível em http://www.planalto.gov.br/ccivil_03/leis/2002/L10406.htm. Acesso em 30 de dezembro de 2016.

possível encontrar em seu corpo algumas disposições que atribuirão responsabilidade solidária a determinados entes com escopo de facilitar a reparação de eventual dano causado no mercado de consumo.

O primeiro dispositivo que trata da responsabilidade solidária está previsto no parágrafo único do artigo 7° da legislação consumerista.[517] Segundo tal normativa, existindo uma ofensa causada por mais de um autor, poderá aquele consumidor lesado intentar medidas reparatórias contra todos os ofensores.

Para Ada Pelegrini Grinover *et al*, a responsabilidade prevista no parágrafo único do artigo 7° é aquela que confere o direito de pleitear reparação contra todos aqueles que estejam na cadeia de responsabilidade que propiciou a colocação do mesmo produto ou serviço no mercado.[518]

Possível extrair desta primeira regra de responsabilidade solidária inserida no capítulo que trata dos direitos básicos do consumidor que uma vez identificada a responsabilidade de um conjunto de agentes, todos eles poderão simultânea e integralmente serem chamados para responder.

É relevante destacar que não pretende este dispositivo atribuir para toda cadeia de fornecimento uma solidariedade, mas tão somente facultar ao consumidor lesado demandar contra todos os fornecedores identificados como responsáveis por aquele dano. Assim, atribuída pela legislação responsabilidade por um dano para dois fabricantes, dispõe o parágrafo único do artigo 7° que poderá o consumidor intentar as medidas de direito que lhe cabe contra ambos.

Além desta forma legal de responsabilidade solidária, possível encontrar na legislação consumerista disposições expressas nos artigos 18, 19, 25, 28 e 34. Por uma questão de raciocínio tratar-se-á primeiro daquelas previstas nos artigos 28, ∫3° e 34.

O ∫3° do artigo 28 do Código de Defesa do Consumidor trata da responsabilidade solidária entre sociedades consorciadas, isto é, reuniões de sociedades com finalidade de executar um determinado empreendimento.[519]

Por sua vez, o artigo 34 da legislação consumerista irá dispor que o fornecedor responderá solidariamente pelos atos de seus prepostos, ou seja, aquele que representa o fornecedor, independentemente de ser autônomo ou vinculado.

---

517 BRASIL. **Código de defesa do consumidor.** Lei 8.078 de 11/09/90. Brasília: Diário Oficial da União, 1990.

518 GRINOVER, Ada Pellegrini *et al.* **Código brasileiro de defesa do consumidor: comentado pelos autores do anteprojeto.** v. 1.Rio de Janeiro: Forense, 2011.

519 GRINOVER, Ada Pellegrini *et al.* **Código brasileiro de defesa do consumidor: comentado pelos autores do anteprojeto.** v. 1.Rio de Janeiro: Forense, 2011.

Verificadas as regras existentes de responsabilidade solidária no Código de Defesa do Consumidor fora da esfera específica do dever de qualidade de produtos e serviços, e, cientes que não é admitida a presunção deste tipo de responsabilidade pelo ordenamento jurídico vigente, passar-se-á, enfim, às diferenças de responsabilidade civil existentes entre vício e fato do produto ou serviço.

Como já especificado no capítulo anterior, vício e fato do produto ou serviço são institutos distintos e tal diferenciação, trazida no capítulo antecedente, é o início do fundamento no qual lastreia-se a tese apresentada. Enquanto o primeiro refere-se a problemas de adequação do produto ou serviço, o segundo possui como fatispécie uma situação em que o dano extrapola o produto ou serviço e atinge o consumidor.

Para Bruno Miragem, a responsabilidade pelo fato do produto ou serviço irá decorrer da violação do dever de segurança, já aquela pelo vício do produto ou serviço do dever de adequação.[520]

Tanto fato como vício do produto ou serviço podem ser imputados em razão de responsabilidade contratual como extracontratual, mas se observado de forma aprofundada, a responsabilidade extracontratual do vício será um pouco diferente daquela do fato do produto ou serviço.

A responsabilidade extracontratual do vício irá decorrer da superação da noção de responsabilidade contratual entre consumidor e fornecedor-direto, no sentido de ultrapassarem-se barreiras para imputar a responsabilidade ao maior número de agentes.[521] A lógica desta responsabilidade é estender o rol de responsáveis, mas sempre haverá um negócio jurídico entre alguém da cadeia de fornecimento com o consumidor lesado.

Já para a responsabilidade extracontratual por fato do produto ou serviço não precisa, necessariamente, existir um negócio jurídico prévio entre o consumidor e a cadeia da relação de consumo, basta que o dever de segurança seja infringido ou que qualquer sujeito venha a sofrer um acidente de consumo, como, por exemplo, um avião que cai sobre determinada residência. Em relação aos passageiros do avião a responsabilidade será contratual, já àqueles proprietários ou usuários da residência, extracontratual.

---

520 MIRAGEM, Bruno. **Curso de direito do consumidor**. 5 ed. São Paulo: Revista dos Tribunais, 2014.

521 MARQUES, Claudia Lima. **Contratos no código de defesa do consumidor: o novo regime das relações contratuais.** 7 ed. São Paulo: Revista dos Tribunais, 2014.

Ocorre que a diferença entre um instituto e outro não fica adstrita a esfera teórica. Há relevante diferenciação nas consequências de constatação de um vício ou fato do produto ou serviço.

Conforme disposição dos artigos 18 e 19 do Código de Defesa do Consumidor[522], a responsabilidade por vícios no produto ou serviço será solidária entre toda a cadeia de fornecedores, isto é, desde fabricante, importador, produtor, construtor até o comerciante. Isto quer dizer que uma vez constatado um problema de adequação no produto será possível o consumidor ou o lesado exigir de qualquer dos participantes da cadeia de fornecimento a integralidade da obrigação prevista em lei: substituição do produto, restituição valores pagos, abatimento proporcional do preço, complementação do peso ou medida, ou, ainda, reexecução do serviço.

Por outro lado, constatado o fato do produto ou serviço a responsabilidade é expressamente restrita ao fabricante, produtor, construtor e importador.[523] Ou seja, de forma intencional o artigo 12 do Código de Defesa do Consumir retira o comerciante do rol de responsáveis pelo fato do produto ou serviço.

Segundo Sergio Cavalieri Filho, "o comerciante foi excluído em via principal porque ele [...] não tem nenhum controle sobre a segurança e qualidade das mercadorias"[524].

A exclusão do comerciante como responsável por situações que extrapolem a esfera do produto ou serviço fica ainda mais evidente quando observado o artigo 13 do Código de Defesa do Consumidor. Este dispositivo irá determinar que apenas será o comerciante responsável pelo fato do produto se não for possível identificar aquele rol de fornecedores previstos no *caput* do artigo antecedente, se o produto for fornecido sem identificação do fabricante, produtor, construtor ou importador, ou se o comerciante não conservar adequadamente os produtos perecíveis.[525]

Isto quer dizer que para o comerciante há grande relevância na distinção entre uma situação de fato ou vício no produto ou serviço. Uma vez constatado que

522 BRASIL. **Código de defesa do consumidor.** Lei 8.078 de 11/09/90. Brasília: Diário Oficial da União, 1990.

523 BRASIL. **Código de defesa do consumidor.** Lei 8.078 de 11/09/90. Brasília: Diário Oficial da União, 1990.

524 CAVALIERI FILHO, Sergio. **Programa de responsabilidade civil.** 12 ed. São Paulo: Atlas, 2015, p. 599.

525 BRASIL. **Código de defesa do consumidor.** Lei 8.078 de 11/09/90. Brasília: Diário Oficial da União, 1990.

trata-se de fato do produto, isento de responsabilidade estará se não preenchidas as hipóteses previstas no artigo 13 do Código de Defesa do Consumidor, já se configurada uma situação de vício, sua responsabilidade será solidária com aquela dos demais participantes da cadeia de fornecedores.

Veja-se que os demais dispositivos da legislação consumerista que tratam da responsabilidade solidária não são capazes de estender este tipo de obrigação derivada para as situações de fato do produto. As previsões do artigo 28 e 34, como já visto, versam, respectivamente, sobre responsabilidade solidária entre empresas consorciadas e entre fornecedor e seus prepostos; já a previsão do parágrafo único do artigo 7º trata da possibilidade de exercício do direito em face de dois fornecedores causadores do vício do produto ou do fato do produto.

Por sua vez, o disposto no 25, §§1º e 2º, corresponde a uma reafirmação do artigo 7º, parágrafo único, e a uma extensão do rol de coobrigados aos fornecedores de peças e componentes defeituosos que tenham sido incorporados aos produtos e serviços defeituosos.[526]

Assim, imperioso concluir que de fato há uma diferença substancial, em especial para o comerciante, quanto à responsabilidade decorrente de fato ou vício.

Averiguado o sistema de responsabilidade previsto na legislação civil por problemas de segurança ou de adequação do produto ou serviço, para finalizar este estudo resta correlaciona-lo com o dano moral.

Restou demonstrado acima que o dano moral, seja em sentido amplo ou estrito, é aquele decorrente da violação de um direito de personalidade da vítima. Numa relação de consumo a ideia não é diferente, haverá dano moral ao consumidor quando houver uma lesão à sua personalidade.

O tema, no entanto, possui uma peculiaridade, pois o dano à personalidade do consumidor decorrerá de um produto ou serviço colocado no mercado. Desta forma, tem-se que o motor propulsor da responsabilidade civil por dano moral dentro da esfera consumerista será o dano causado por produto ou serviço à personalidade do consumidor.

A proposta deste estudo diz respeito à responsabilidade civil dos comerciantes em razão dos danos morais (em sentido amplo) causados ao consumidor. A questão a ser debatida, após todas as exposições feitas, é a dúvida de estar-se diante de um vício ou fato do produto quando constatado um dano moral na relação de consumo, ou seja, verificado o dano moral, para a legislação brasileira, pode-se

---

526 GRINOVER, Ada Pellegrini *et al.* **Código brasileiro de defesa do consumidor: comentado pelos autores do anteprojeto.** v. 1.Rio de Janeiro: Forense, 2011.

estar tanto diante de um vício como de um fato do produto, ou, pelo contrário, já não se estaria mais na esfera do produto ou serviço então trata-se aplicação apenas do instituto de fato do produto.

É extremamente comum que um consumidor sinta que violada sua personalidade quando se depara com um problema de adequação do produto. Para estas situações, deve-se indagar se continua-se diante da hipótese de vício em razão de falta de adequação, ou, por outro lado, não mais adstrito o dano ao produto ou serviço, caracterizada estaria a fatispécie de fato do produto ou serviço.

Como visto, para o comerciante esta indagação é fundamental a ponto de eximi-lo por completo da responsabilidade civil porque o dever de reparar restaria ao fabricante, construtor, produtor e importador.

Como o tema é recorrente, são inúmeras as manifestações do Superior Tribunal de Justiça, que se posiciona pacificamente no sentido de atribuir a responsabilidade solidária prevista no artigo 18 do Código de Defesa do Consumidor por vício no produto mesmo nas hipóteses em que há configuração de dano moral.[527]

O posicionamento jurisprudencial atual segue no sentido de que configuradas as hipóteses do artigo 18 do Código de Defesa do Consumidor cumulado com algum agravante, como o atraso no reparo de produto essencial ao uso ou a necessidade de constantes reparos em veículo automotor, constatado fica o dano moral e aplicável a sistemática da responsabilidade solidária entre toda a cadeia de fornecedores, incluso comerciante.

Com o devido respeito aos julgados e julgadores, parece que o posicionamento jurisprudencial não é acertado porque não se coaduna com o que expresso pelo legislador consumerista brasileiro. Foi visto que a grande diferença da fatispécie de fato do produto para aquela de vício do produto é a extrapolação da adequação do produto ou serviço à segurança do consumidor.

A ideia de segurança prevista no Código de Defesa do Consumidor refere-se a todos os aspectos do consumidor, sejam físicos ou psíquicos. Assim, tem-se que a legislação vigente dispõe ser responsabilidade por fato do produto quando se está numa situação de lesão à sua pessoa ou personalidade.

Por esta razão, ainda que verificado inicialmente um problema de adequação do produto ou serviço, caso este venha a se agravar a ponto de causar um dano ao consumidor em si, tem-se que o dever de segurança é que foi infringido, motivo

527 Sobre o tema há recentes decisões como o AgInt no AREsp 1033286, Rel. Min. Raúl Araújo, Dje 12/05/2017; o AgInt no AResp 490543, Rel. Min. Maria Isabel Galotti, Dje 18/04/2017; e o REsp 1632762, Rel. Min. Nancy Andrighi, Dje 21/03/2017, dentre inúmeros outros.

pelo qual a sistemática de responsabilização deve ser aquela de fato do produto ou serviço (defeito).

Observa-se que a partir do momento em que há uma lesão ao consumidor, como ocorre com a lesão à personalidade/moral, está-se diante de um acidente de consumo, por isso ilegal seria a responsabilização do comerciante de forma solidária em razão de norma que atribui esta forma de responsabilidade apenas à problemas de adequação do produto ou serviço.

Note-se que a responsabilidade solidária não se presume, ou é pactuada pelas partes ou decorre de lei, aliás, são esses exatos termos utilizados pelo artigo 265 do Código Civil de 2002. Assim, não se pode presumir que o artigo 12 esteja abarcando também hipótese de responsabilização solidária do comerciante com a cadeia de fornecedores.

Fortalece este posicionamento uma interpretação teleológica da norma. Se excluído deliberadamente o comerciante do rol de responsáveis por fato do produto ou serviço porque não possui força suficiente para interferir na segurança e qualidade dos produtos ofertados no mercado pelo fabricante, importador, construtor ou produtor, qual fundamento para responsabilizá-lo quando este produto ou serviço causa um dano à segurança do consumidor?

É interessante lembrar que nem sempre a cadeia de fornecedores possui uma paridade econômica ou informacional entre seus participantes. Esta foi a razão de excluir-se o comerciante da responsabilidade original por fato do produto. Por outro lado, como se tratam de problemas menos graves, optou o legislador por atribuir responsabilidade solidária, inclusive comerciante, às situações de vícios de adequação.

Em outras palavras, o que buscou o legislador foi facilitar e agilizar a reparação de danos menos graves atribuindo um dever para toda a cadeia de fornecedores, mas, em contrapartida, diminuiu sensivelmente tais prerrogativas quando constatado danos mais graves ao consumidor.

Tal diferenciação obedece os princípios da igualdade e da continuidade da empresa, pois não seria possível tratar igualmente àqueles que tiveram participação e ingerência diversa na colocação daquele produto ou serviço no mercado. Nota-se que responsar solidariamente comerciantes (em especial aqueles pequenos) em razão de graves problemas nos produtos ou serviços colocados no mercado de consumo por grandes fabricantes, construtores, importadores ou produtores, seria fulminar com a possibilidade de continuação de suas atividades.

Sendo o direito inspirado "alternada e simultaneamente, ao mesmo tempo no útil e no justo"[528], tem-se que a proposital e relevante diferenciação legislativa infelizmente não vem sendo observada pela jurisprudência. Atribuir a responsabilidade solidária decorrente do artigo 18 do Código de Defesa do Consumidor quando constatado dano moral é o mesmo que apagar a distinção trazida na legislação consumerista e imputar, tanto no fato como no vício do produto ou serviço, responsabilização solidária.

Não se trata de afastar a solidariedade sempre que houver dano moral, pois constatada a participação de mais de um ofensor[529], em razão dos artigos 7º, parágrafo único e 25, ∫1º seriam solidariamente responsáveis pela reparação, mas, não em razão do artigo 18 do Código de Defesa do Consumidor.

Uma possível solução para esta situação cujo entendimento distorcido da norma já está impregnado na jurisprudência, ainda que possa-se entender que já há previsão legal que confirme a tese agora apresentada, poderia ser a criação de norma específica acerca do afastamento do dano moral nas situações em que se constata inicialmente um vício no produto ou serviço.

De mais a mais, vê-se que em que pese pacificada a ideia de reparabilidade do dano moral, existe relevante discussão acerca dos responsáveis pela sua reparação nas relações de consumo, eis que enquanto a legislação claramente afasta a responsabilidade dos comerciante, a jurisprudência insiste em mantê-los como corresponsáveis.

Inevitável, para finalizar este estudo, afirmar de forma destacada que está positivado no direito brasileiro que o comerciante é apenas responsabilizado por fato do produto quando não identificado o produtor, fabricante, importador ou construtor, logo, uma vez constatado um dano ao consumidor que extrapole a esfera do produto ou serviço, como o caso do dano moral, inexiste responsabilidade solidária a ser atribuída ao comerciante.

528 BERGEL, Jean-Louis. **Teoria geral do direito.** São Paulo: Martins Fontes, 2001, p. 27.

529 Como mais de um construtor, fabricante, produtor ou importador.

CONSIDERAÇÕES FINAIS

Este estudo procurou responder a seguinte indagação: identificado um dano moral numa relação de consumo, está-se obrigatoriamente diante de um fato do produto ou serviço?

Para que fosse possível trazer uma resposta fundamentada iniciou-se o primeiro capítulo com a verificação do que é, e como se interpreta um negócio jurídico. Com o escopo de elucidar o tema, foi trazido o contexto do negócio jurídico, a diferença entre negócio, fato e ato jurídico, além das correntes doutrinárias acerca do negócio jurídico.

É relevante destacar que fundamental foi transitar por este capítulo porque apenas assim foi possível trazer elemento essencial para a conclusão da pesquisa: a origem do enigma. Ora, numa absoluta ausência de negócio jurídico inexistiria qualquer tipo de relação de consumo. Em que pese seja plenamente possível existir uma responsabilidade civil extracontratual no campo das relações de consumo, não se pode olvidar que sem um primeiro contrato não há fornecedor nem consumidor.

Outro ponto que o primeiro capítulo contribuiu para a pesquisa foi a demonstração dos diferentes planos (existência, validade e eficácia) da análise do negócio jurídico, que, junto com sua interpretação, torna possível uma melhor compreensão deste dever original, que, uma vez desrespeitado, dará lugar à responsabilidade civil.

Ultrapassada esta etapa, necessário se fez passar pelo contrato de consumo. Em razão de suas peculiaridades, em especial pela proteção especial trazida pelo Código de Defesa do Consumidor, passou-se pelos aspectos históricos da regulamentação das relações de consumo, foram trazidos os princípios gerais deste microssistema e buscou-se definir com precisão como se caracteriza uma relação consumerista, isto é, quem é considerado pela legislação consumidor e fornecedor.

Neste instante, discorreu-se acerca das duas grandes teorias trazidas pela doutrina: maximalista e finalista, aproveitando-se o ensejo para discorrer também acerca daquela chamada de finalista mitigada, que faz preponderar a ideia de vulnerabilidade técnica ou econômica para que seja caracterizado um ente como consumidor.

Adiante, atravessou-se ponto crítico do estudo com a diferenciação entre vício e fato do produto ou serviço, este último denominado por muitos como defeito. A distinção dos institutos foi capaz de demonstrar que enquanto o vício é um problema "menor", que fica adstrito ao produto ou serviço em si, o defeito ou fato do produto ou serviço ultrapassa a barreira patrimonial e chega ao próprio consumidor a ponto de causar-lhe danos extrapatrimoniais, como lesão corporal, dano moral, dentre outros.

Vencidas estas duas primeiras etapas, chega-se ao terceiro e último capítulo. Aqui reservou-se espaço para a responsabilidade civil, noção fundamental para a sustentação da tese e conclusão do estudo.

Foi no terceiro capítulo que tratou-se da evolução, noção, funções e elementos da responsabilidade civil. Viu-se que a função de prevenir danos, mais interessante para toda a sociedade, é costumeiramente deixada de lado nas decisões judicias porque sofre com a mentalidade de redução do *quantum* indenizatório imposta principalmente pelo artigo 944, parágrafo único, do Código Civil de 2002.

No que tange aos elementos, pode-se perceber que para que seja caracterizada a responsabilidade civil imprescindível que exista uma conduta antijurídica, dano e nexo de causalidade. O elemento culpa, em especial nas relações de consumo, passa a dar lugar a ideia de risco. Trata-se da passagem da responsabilidade subjetiva para aquela objetiva, na qual desnecessária a demonstração da culpa para que seja caracterizado o dever de indenizar do agente

Também foi destinado espaço neste terceiro capítulo para tratar da responsabilidade civil contratual e extracontratual, enquanto uma tem como fundamento um dever secundário originado de obrigações convencionadas, outra origina-se de um dever decorrente de obrigações legais.

Neste sentido, importante relembrar que nas relações de consumo a responsabilidade extracontratual prepondera, mas pode possuir origem diferente em função de uma situação enquadrada como vício ou como fato do produto ou serviço. No vício, apesar de ser possível a responsabilidade extracontratual, esta decorrerá de algum contrato de consumo com um dos entes participantes da cadeia de fornecimento, já no fato do produto ou serviço esta responsabilidade extracontratual pode ser totalmente alheia a qualquer relação pretérita com qualquer dos entes da cadeia de fornecimento.

Tendo em vista que a tese busca responder questionamento acerca do dano moral nas relações de consumo, foi dada especial atenção ao assunto no que tange à sua reparabilidade e fixação de seu *quantum*. No entanto, grande destaque mereceu a identificação do dano moral *lato* e *stricto* senso. O primeiro abrange todo e qualquer dano à personalidade da vítima, como à vida, integridade física e psíquica, honra, intimidade, privacidade, imagem, dentre outros; já o segundo fica adstrito à dor ou sofrimento interno. Ambos, evidentemente, são guarnecidos de reparação, mas fato é que tanto doutrina como jurisprudência utilizam o termo "dano moral" costumasmente em seu sentido amplo.

Por fim, terminou-se o terceiro capítulo e o próprio estudo com seu ponto mais relevante: as formas de responsabilidade civil do Código de Defesa do Consumidor e sua relação com o dano moral.

Este último item do estudo é de fato aquele que irá reunir todos os pontos abertos nos capítulos antecedentes. Inicialmente foi observado que a responsabilidade civil decorrente de fato do produto ou serviço difere daquela de vício no produto ou serviço. Enquanto na primeira a responsabilidade fica adstrita, ainda que solidariamente, aos fabricante, importador, construtor e produtor; na segunda acrescenta-se a figura do comerciante, também de forma solidária.

Isto quer dizer que deliberadamente o legislador optou por afastar o comerciante de uma responsabilidade (inicial) pelo fato do produto ou serviço, para este, ficam reservadas as hipóteses de responsabilidade quando não identificado o fabricante, produtor ou importador, ou quando não conservar adequadamente o produto.

Desta feita, denota-se que, em especial para o comerciante, há grande interesse pela distinção entre vício e fato do produto ou serviço, pois no primeiro caso estará este sujeito à reparar danos, no segundo, em regra não.

A questão passa a ser, então, quando se está diante de um fato do produto ou serviço e quando está-se diante de um vício do produto ou serviço, assunto tratado no segundo capítulo.

Evidenciou-se que a responsabilidade pelo fato no produto ou serviço é o dever de reparar decorrente da infração ao dever de segurança do produto ou serviço; já aquela pelo vício decorre do dever de adequação do produto ou serviço. Enquanto num caso se fala em segurança, noutro na adequação, isto quer dizer que a legislação aponta no primeiro caso à defesa da integridade física e psíquica do consumidor, noutro apenas ao produto ou serviço comercializado.

Nesta linha de raciocínio, outra não poderia ser a conclusão de que uma vez causado um dano psicológico ou extrapatrimonial ao consumidor, fatalmente se estaria na seara de fato do produto ou serviço, não de vício.

O ápice da obra, no entanto, é a conjugação da responsabilidade civil do comerciante com o dano moral na relação de consumo. Constatado que existe um dano moral na relação de consumo, a responsabilidade seria aquela oriunda do fato do produto, logo, não haveria, *a priori,* dever de reparação deste dano para o comerciante.

O tema parece singelo, mas fica embaraçado se observado o consistente posicionamento jurisprudencial brasileiro. Foram colacionados no estudo inúmeros julgados que condenam o comerciante solidariamente aos demais integrantes da cadeia de consumo quando constatado dano moral, coisa que, ao nosso ver, é ilegal.

Por este motivo, tem-se que cumprido o objetivo do estudo, motivo pelo qual o direcionamento do direito consumerista brasileiro é aquele de que sempre que houver um pedido ou condenação por dano moral sofrido pelo consumidor decorrente de um fato do produto ou serviço, deve ser afastada a responsabilidade do comerciante.

REFERÊNCIAS BIBLIOGRÁFICAS

ABREU, José. **O negócio jurídico e sua teoria geral.** 2 ed. São Paulo: Saraiva, 1988.

ALEXY, Robert. **Teoria dos direitos fundamentais.** Trad. Virgílio Afonso da Silva. São Paulo: Malheiros, 2008.

ALPA, Guido e BESSONE, Mario. **La responsabilità del produttore.** 4 ed. Milano: Dott A. Giuffré Editore, 1999.

__________. I principi generali, **Tratatto di Diritto Privato, a cura di Giovanni Iudica e Paolo Zatti.** 2ª ed. Milano: Giuffrè, 2006.

__________. **Trattato di diritto civile: la responsabilità civile.** Milano: Giufrré Editore, 1999.

ALVIM NETTO, José Manoel Arruda *et al.* **Código do consumidor comentado.** 2 ed. São Paulo: Revista dos Tribunais, 1995.

AMARAL, Francisco. **Direito civil: introdução.** 8 ed. Rio de Janeiro: Renovar, 2014.

ARISTÓTELES. Ética a **Nicômaco.** Trad. Pietro Nasseti. São Paulo: Matrin Claret, 2006.

AZEVEDO, Antônio Junqueira. **Negócio jurídico: existência, validade e eficácia.** 4 ed. São Paulo: Saraiva, 2010.

BENJAMIN, Antônio Herman V. *et al.* **Manual de direito do consumidor.** 6 ed. São Paulo: Revista dos Tribunais, 2014.

BENJAMIN, Walter. **Escritos sobre mito e linguagem.** 2 ed. São Paulo: Editora 34, 2013, p. 133.

BERGEL, Jean-Louis. **Teoria geral do direito.** São Paulo: Martins Fontes, 2001.

BETTI, Emílio. **Teoria geral do negócio jurídico.** Campinas: Servanda, 2008.

BITTAR, Carlos Alberto. **Defesa do consumidor.** In Teoria do dano moral e direitos da personalidade. Org. Rui Stoco. v. 2. São Paulo: Revista dos Tribunais, 2015.

BLUM, Brian A. **Contracts.** New York: Wolters Kluwer, 2013.

BOBBIO, Norberto. **Teoria do ordenamento jurídico.** Brasília: Editora Polis. 1989, p. 43.

BRASIL, **Superior Tribunal de Justiça.** Recurso especial n. 1.176.323/SP, rel. Min. Ricardo Villas Bôas Cueva, 2005.

_________, **Superior Tribunal de Justiça.** Recurso especial n. 684.613/SP, rel. Min. Fátima Nancy Andrighi, 2005.

_________, **Supremo Tribunal Federal.** Arguição de descumprimento de preceito fundamental n. 130/DF, rel. Min. Carlos Britto, 2009.

_________. **Código de defesa do consumidor.** Lei 8.078 de 11/09/90. Brasília: Diário Oficial da União, 1990.

_________. **Constituição da República Federativa do Brasil de 1988.** Disponível em http://www.planalto.gov.br/ccivil_03/constituicao/constituicao.htm. Acesso em 04 de junho de 2017.

_________. Lei 10.406, de 10 de janeiro de 2002. Disponível em http://www.planalto.gov.br/ccivil_03/leis/2002/L10406.htm. Acesso em 30 de dezembro de 2016

_________. Lei 10.406, de 10 de janeiro de 2002. Disponível em http://www.planalto.gov.br/ccivil_03/leis/2002/L10406.htm. Acesso em 30 de dezembro de 2016.

_________. Lei 3.071, de 1 de Janeiro de 1916. Disponível em https://www.planalto.gov.br/ccivil_03/leis/L3071.htm. Acesso em 27 de dezembro de 2016.

_________. Lei 3.071, de 1 de Janeiro de 1916. Disponível em https://www.planalto.gov.br/ccivil_03/leis/L3071.htm. Acesso em 27 de dezembro de 2016.

_________. Lei 5.250/67 Lei da Imprensa. Disponível em http://www.planalto.gov.br/ccivil_03/leis/L5250.htm. Acesso em 24 de junho de 2017.

_________. Lei 6.938/81. Política nacional do meio ambiente. Disponível em http://www.planalto.gov.br/ccivil_03/leis/L6938.htm. Acesso em 11 de junho de 2017.

________. Lei 13.467/2017. Lei que altera a Consolidação das Leis do Trabalho. Disponível em http://www.planalto.gov.br/ccivil_03/_ato2015-2018/2017/lei/L13467.htm. Acesso em 30 de setembro de 2017.

________. **Superior Tribunal de Justiça.** Recurso Especial 1358615/SP. Relator: Min. Luis Felipe Salomão, 2013.

________. **Superior Tribunal de Justiça.** REsp 1.424.304/SP, Rel. Min. Nancy Andrighi, 3a Turma, 2014.

________. **Superior Tribunal de Justiça.** REsp 567333/RN. Rel. Min. Raúl Araújo, 2013.

________. **Superior Tribunal de Justiça.** REsp. 1581410/RS. Min. Rel. Antônio Herman Benjamin, 2016; e BRASIL. **Superior Tribunal de Justiça.** REsp. 1635384/RS. Min. Rel. Antônio Herman Benjamin, 2016

________. **Superior Tribunal de Justiça.** Súmula 37, 1992. Disponível em http://www.stj.jus.br/docs_internet/VerbetesSTJ_asc.pdf. Acesso em 24 de junho de 2017.

________. **Superior Tribunal de Justiça.** Súmula n. 297. < Disponível em https://ww2.stj.jus.br/docs_internet/revista/eletronica/stj-revista-sumulas-2011_23_capSumula297.pdf> Acesso em 06 de maio 2017.

BULOS, Uadi Lamêgo. **Curso de direito constitucional.** 7 ed. São Paulo: Saraiva, 2012.

CAHALI, Yussef Said. **Dano Moral.** 3 ed. São Paulo: Revista dos Tribunais, 2005.

CAVALIERI FILHO, Sergio. **Programa de responsabilidade civil.** 12 ed. São Paulo: Atlas, 2015, p. 599.

COELHO, Fábio Ulhoa. **Direito civil: parte geral.** v. 1. 5 ed. São Paulo: Saraiva, 2012.

COLOMBIA. **Estatudo del Consumidor.** Ley 1480 de 2011. Disponível em < www.anato.org/sites/default/files/LEY%201480%20DE%202011.pdf> Acesso em 06 de maio 2017.

CUNHA, Antônio Geraldo. **Dicionário etimológico da língua portuguesa.** 4 ed. Rio de Janeiro: Lexikon, 2010.

DAIBERT, Jefferson *apud* RIZZARDO, Arnaldo. **Contratos.** 15 ed. Rio de Janeiro: Forense, 2015.

Declaração dos Direitos do Homem, 1789. Disponível em http://www.direitoshumanos.usp.br/index.php/Documentos-anteriores-à-criação-da-Sociedade-das-Nações-até-1919/declaracao-de-direitos-do-homem-e-do-cidadao-1789.html. Acesso em 04 de junho de 2017.

DEUTSCHLAND. **Bürgerliches Gesetzbuch**, 1896. Disponível em http://www.fd.ulisboa.pt/wp-content/uploads/2014/12/Codigo-Civil-Alemao-BGB-German-Civil-Code-BGB-english-version.pdf. Acesso em 24 de junho de 2017.

DIGEST OF JUSTINIAN. Disponível em http://www.thelatinlibrary.com/justinian/digest1.shtml. Acesso em 28 de maio de 2017.

DINIZ, Maria Helena. **Código civil anotado.** 14 ed. São Paulo: Saraiva, 2009,

________. **Curso de direito civil brasileiro: 1. Teoria geral do direito civil.** 29 ed. São Paulo: Saraiva, 2012.

________. **Curso de direito civil brasileiro: responsabilidade civil.** v. 7. 28 ed. São Paulo: Saraiva, 2014.

Dizzionario etimologico online, 2017. Disponível em <http://www.etimo.it/?term=contratto&find=Cerca> Acesso em 06 de maio 2017.

DONNINI, Rogério Ferraz. **Responsabilidade pós-contratual. No novo código civil e no código de defesa do consumidor.** São Paulo: Saraiva, 2004.

________. ***Bona fides*: do direito material para o processual.** Disponível em: http://www.revistas.unifacs.br/index.php/redu/article/view/4597/3015. Acesso em 22 de abril de 2017.

________. **Responsabilidade civil na pós-modernidade: felicidade, proteção, enriquecimento com causa e tempo perdido.** Porto Alegre: Sergio Antonio Frabris Editor, 2015.

ENGLAND. **Consumer Rights Act 2015.** Disponível em < http://www.legislation.gov.uk/ukpga/2015/15/section/2/enacted> Acesso em 06 de maio 2017.

EPICURO. **Máximas principais.** São Paulo: Loyola, 2010, p. 49.

ESPAÑA. **Ley general para la defense de los consumidores y usuarios y otras leyes complementarias**, 2007. Disponível em < https://boe.es/buscar/act.php?id=BOE-A-2007-20555. Acesso em 06 de maio 2017.

FERRAZ JR., Tércio Sampaio. **Introdução ao estudo do direito:** técnica, decisão, dominação. 8 ed. São Paulo: Atlas, 2015.

FIÚZA, César. **Direito civil: curso completo.** 7 ed. Belo Horizonte: Del Rey, 2003.

FONTES. João Roberto Egydio Piza. In **Teoria do dano moral e direitos da personalidade.** Org. Rui Stoco. v. 1. São Paulo: Revista dos Tribunais, 2015.

FOUCAULT, Michel. **Microfísica do poder.** 25 ed. Rio de Janeiro: Graal, 1979. p. 179-191.

FRANCE. **FRENCH CIVIL CODE OF 1804.** Disponível em< http://files.libertyfund.org/files/2353/CivilCode_1566_Bk.pdf> Acesso em 27 de maio de 2017.

GAGLIANO, Pablo Stolze, PAMPLONA FILHO, Rodolfo. **Novo curso de direito civil.** v. 1. 14 ed. São Paulo: Saraiva, 2012.

GALGANO, Francesco. **Diritto private: con atlante di diritto comparato**. 9 ed. Milano: Casa Editrice Dott. Antonio milani, 1996.

GOMES, José Jairo. **Direito Civil: introdução e parte geral**. Belo Horizonte: Del Rey, 2006. P. 371.

GOMES, Orlando. **Contratos**. 26 ed. Rio de Janeiro: Forense, 2008.

_________. **Obrigações**. 17 ed. Rio de Janeiro: Forense, 2007.

GONÇALVES, Carlos Roberto. **Direito civil brasileiro: parte geral**. v. 1. 10 ed. São Paulo: Saraiva, 2012.

_________. **Responsabilidade civil**. 15 ed. São Paulo: Saraiva, 2014.

GRINOVER, Ada Pellegrini *et al*. **Código brasileiro de defesa do consumidor: comentado pelos autores do anteprojeto**. v. 1.Rio de Janeiro: Forense, 2011.

ITALIA. **Codice civile**, 1942. Disponível em http://www.jus.unitn.it/cardozo/obiter_dictum/codciv/Codciv.htm. Acesso em 24 de junho de 2017.

_________. **Codice del consumo**, 2005. Disponível em <http://www.codicedelconsumo.it>. Acesso em 13 de maio de 2017.

JELLINEK, Georg. **Teoria General del Estado**. Buenos Aires: Albatroz, 1970.

KELSEN, Hans. **Teoria pura do direito**. São Paulo, Martins Fontes, 1999.

_________. **Teoria pura do direito**. Trad. João Batista Machado. 6 ed. São Paulo: Martins Fontes, 1998.

KIONKA, Edward J. **Torts: in a nutshell**. 6 ed. St. Paul: West Publishing Co., 2015.

LARENZ, Karl. **Base del negócio jurídico y cumplimiento de los contratos**. Traz. Carlos Fernandes Rodriguez. Granada: Editorial Comares, 2002. p. 163.

LENZA, Pedro. **Direito civil: parte geral**. v. 1. 3 ed. São Paulo: Saraiva, 2013.

LIMA, Alvino. **Culpa e risco**. 2 ed. São Paulo: Editora Revista dos Tribunais, 1999, p. 334.

LISBOA, Roberto Senise. **Manual de Direito Civil: obrigações e responsabilidade civil**. 3. ed. São Paulo: Revista dos Tribunais, 2004, p. 499.

LOSANO, Mario G. Modelos teóricos, inclusive na prática: da pirâmide à rede. Novos paradigmas nas relações entre direitos nacionais e normativas supraestatais. **Revista do Instituto dos Advogados de São Paulo**.. v. 8. n. 16. São Paulo: Revista dos Tribunais, 2005.

MACKAAY, Ejan e ROUSSEAU, Stéphane. *Análise econômica do direito*. Trad. Rachel Sztajn. 2 ed. São Paulo: Atlas, 2015.

MARQUES, Claudia Lima. **Contratos no código de defesa do consumidor: o novo regime das relações contratuais.** 7 ed. São Paulo: Revista dos Tribunais, 2014.

MAZEAUD, Henri e MAZEAUD, Leon. **Traité théorique et pratique de la responsabilité civile, delictualle et contractuelle.** 4 ed. Paris: Librarie du Recueil Sirey, 1947.

MELLO, Marcos Bernardes de. **Teoria do fato jurídico: plano da validade.** 13 ed. São Paulo: Saraiva, 2014.

MELLO, Celso Antônio. **Conteúdo jurídico do princípio da igualdade.** 3 ed. São Paulo: Malheiros, 2005.

MELO, Nehemias Domingos de. **Lições de direito civil: obrigações e responsabilidade civil.** v. 2. São Paulo: Atlas, 2014.

_________. **Dano moral nas relações de consumo: doutrina e jurisprudência.** 2 ed. São Paulo: Saraiva, 2012.

MENDES, Gilmar Ferreira *et al.* **Curso de direito constitucional.** 2 ed. São Paulo: Saraiva, 2008, p. 155.

MEXICO. Articulo 7 e 10. **Ley Federal de protección al consumidor**, 1992. Disponível em < http://www.profeco.gob.mx/juridico/pdf/l_lfpc_ultimo_CamDip.pdf> Acesso em 13 de maio de 2017.

MIRAGEM, Bruno. **Curso de direito do consumidor.** 5 ed. São Paulo: Revista dos Tribunais, 2014.

_________. **Direito civil: responsabilidade civil.** São Paulo: Saraiva, 2015.

MIRANDA, Pontes de. **Tratado de direito privado.** Tomo III. Atualizado por Vilson Rodrigues Alves. Campinas: Bookseller, 2000.

MONTEIRO, Washington de Barros. **Curso de direito civil: direito das obrigações: 2a. parte.** São Paulo: Saraiva, 2007.

MORAES, Alexande de. **Direito constitucional.** 18 ed. São Paulo: Atlas, 2005.

MUNIZ, Elisabete Lins e CASTRO, Hermínia Maria Totti de. **Dicionário Barsa de língua portuguesa.** São Paulo: Barsa Planeta, 2005, p. 441.

NEW YORK. Court of appels. **217 NY 382: Macpherson v Buick Motor Co.** 1916. Disponível em https://www.nycourts.gov/reporter/archives/macpherson_buick.htm. Acesso em 13 de maio de 2017.

NERY, Rosa Maria de Andrade e NERY, Nelson Nery Junior. **Instituições do direito civil.** Vol. I, tomo II: parte geral. São Paulo: Editora Revista dos Tribunais, 2015.

NUNES JÚNIOR, Vidal Serrano e SERRANO, Yolanda Alves Pinto. **Código de defesa do consumidor interpretado: doutrina e jurisprudência.** 2 ed. São Paulo: Saraiva, 2005.

NUNES, Rizzato. **Curso de direito do consumidor.** 6 ed. São Paulo: Saraiva, 2011.

OLIVEIRA, Celso Marcelo de. **Teoria geral da responsabilidade civil e de consumo.** São Paulo: IOB Thompson, 2005.

PALMA, Rodrigo Freitas. **História do direito.** 5 ed. São Paulo: Saraiva, 2015.

PEREIRA, Caio Mário da Silva. **Instituições do direito civil: contratos.** v. 3. 18 ed. Rio de Janeiro: Forense, 2014.

PHILLIPPINES. **Consumer Act of the Phillippines, 2002.** <disponível em www.wipo.int/wipolex/en/text.jsp?file_id=224742> Acesso em 06 de maio 2017.

RÁO, Vicente. **Ato jurídico: noção, pressupostos, elementos essenciais e acidentais. O problema do conflito entre os elementos volitivos e a declaração.** 4 ed. São Paulo: RT, 1999.

RAWLS, John. **Uma teoria da justiça.** São Paulo: Martins Fontes, 2000.

RIBEIRO, Joaquim de Sousa. **Direito dos contratos: estudos.** Coimbra: Coimbra Editora, 2007.

RIO GRANDE DO SUL. Tribunal de Justiça do Estado do Rio Grande do Sul. Apelação Cível 70014332050. Relator: Des. Jorge Alberto Schreiner Pestana, 2007.

RIPERT, Georges. **A regra moral nas obrigações civis.** Campinas: Bookseller, 2002, p. 205.

RIZZARDO, Arnaldo. **Contratos.** 15 ed. Rio de Janeiro: Forense, 2015.

RODRIGUES, Silvio. **Direito Civil: parte geral.** v. 1. 34 ed. São Paulo: Saraiva, 2003.

ROUSSEAU, Jean-Jacques. **Do contrato social.** São Paulo: Martin Claret, 2003, p. 26.

RUGGIERO, Roberto de. **Instituições de direito civil: direito das obrigações e direito hereditário.** v. III. 1 ed. Campinas: Bookseller, 1999.

SAAD, Eduardo Gabriel. **Comentários ao código de defesa do consumidor. Lei n. 8.078 11.9.90.** Rev e amp. 5 ed. São Paulo: LTr, 2002.

SALOMÃO, Luís Felipe. In **Teoria do dano moral e direitos da personalidade.** Org. Rui Stoco. v. 1. São Paulo: Revista dos Tribunais, 2015.

SANTA CATARINA. Tribunal de Justiça do Estado de Santa Catarina. Apelação Cível n. 2010.082042-7. Relator: Des. Ronei Danielli, 2011.

__________. Tribunal de Justiça do Estado de Santa Catarina. Apelação Cível n. 2007.015538-2. Relator: Des. Monteiro Rocha, 2008).

SANTOS, Antônio Jeová. **Dano moral indenizável**. 6 ed. Salvador: Ed. JusPodivm, 2016.

SÃO PAULO. Tribunal de Justi;ca do Estado de São Paulo. Apelação Cïvel 4000142-91.2013.8.26.0482. Relator(a): Daise Fajardo Nogueira Jacot; Comarca: Presidente Prudente; Órgão julgador: 27ª Câmara de Direito Privado; Data do julgamento: 11/04/2017; Data de registro: 27/04/2017.

SAVATIER, René. **Traité de la responsabilité civile en droit français: civil, administrative, professionnel, procedural**. 12 ed. Paris: Librairie Générale de Droit et de Jurisprudence, 1951.

SAVIGNY, Friedrich Karl von. **System des heutigen Romischen Rechts**. Berlin: Scietia Verlag Aalen, 1981.

SCHIOPPA, Antonio Padoa. **História do direito na Europa: da Idade Média à Idade Contemporânea**. São Paulo: Martins Fontes, 2014.

SCOTISH COUNCIL OF LAW REPORTING. **Donoghue v Stevenson**. 1932. Disponível em http://www.scottishlawreports.org.uk/resources/dvs/donoghue-v-stevenson-report.html. Acesso em 13 de maio de 2017.

TEIXEIRA, Odelmir Bilhalva e DAL PONT, Lucia. **Aspectos principiológicos do código de defesa do consumidor: legislação e jurisprudência**. Campinas: Russel Editores, 2009.

TERRÉ, François *e al*. **Droit Civil: les obligations**. 6 ed. Paris: Éditions Dalloz, 1996.

THEODORO JÚNIOR, Humberto. **Dano moral**. 8 ed. Rio de Janeiro: Forense, 2016.

TUHR, A. Von. **Tratado de las obligaciones**. Granada: Editorial Comares S.L., 2007.

UNIÃO EUROPEIA. **Directiva 85/374/CEE do Conselho de 25 de julho de 1985 relativa à aproximação das disposições legislativas, regulamentares e administrativas dos Estados-membros em matéria de responsabilidade decorrente de produtos defeituosos**. Disponível em <http://eur-lex.europa.eu/legal-content/PT/TXT/?uri=celex%3A31985L0374>. Acesso em 13 de maio de 2017.

VENOSA, Silvo de Salvo. **Direito Civil: parte geral**. São Paulo: Atlas, 2007.

VINEY, Geneviève. **Introduction à la responsabilitè**. 3 ed. Paris: Librairie Générale de Droit et de Jurisprudence, 2008.

WALD, Arnoldo. **Direito civil: introdução e parte geral**. v. 1. 13 ed. São Paulo: Saraiva, 2011.

_________. **Direito civil: responsabilidade civil**. 2 ed. São Paulo: Saraiva, 2012.

ZAMORANO, Marcelo Barrientos. **Del daño moral al daño extrapatrimonial: la superación del *pretium doloris***. Revista chilena de derecho, Santiago, v. 35, abr. 2008. <Disponível em http://dx.doi.org/10.4067/50718-34372008000100004>. Acesso em 14 jan. 2015.